财务管理
与金融创新研究

王鲁泉 ◎ 著

吉林出版集团股份有限公司
全国百佳图书出版单位

图书在版编目（CIP）数据

财务管理与金融创新研究 / 王鲁泉著. -- 长春：
吉林出版集团股份有限公司, 2020.6
    SBN 978-7-5581-8694-3

    Ⅰ. ①财… Ⅱ. ①王… Ⅲ. ①财务管理—研究②金融
改革—研究 Ⅳ. ①F275②F832.1

    中国版本图书馆CIP数据核字(2020)第103771号

财务管理与金融创新研究

作　　者 / 王鲁泉
责任编辑 / 蔡宏浩
封面设计 / 万典文化
开　　本 / 787mm×1092mm　1/16
字　　数 / 290 千字
印　　张 / 13
版　　次 / 2020 年 6 月第 1 版
印　　次 / 2022 年 9 月第 2 次印刷

出　　版 / 吉林出版集团股份有限公司
发　　行 / 吉林音像出版社有限责任公司
地　　址 / 长春市福祉大路 5788 号
印　　刷 / 北京世纪海辉制版技术有限公司

ISBN 978-7-5581-8694-3　　　　　　　定价 / 78.00 元

前　言

21 世纪的经济发展无疑是围绕金融体系所展开的，因为其不仅作为整体经济体系的核心进行循环，而且还起着对经济发展的推动作用。然而，在国际化交流程度加深，企业间交流活动频繁的同时，企业的财务风险也逐渐增多，包括汇率波动、利率变化和物价上涨等问题，不仅改变企业的预期价值，更对企业的实际现金流入问题造成影响，不断诱发企业的财务风险，甚至国外市场毫不相关的波动也会对国内的企业产生蝴蝶效应，引发连锁性的财务风险。因此，积极制定相应的管理决策体系，对于企业有效地控制投融资所带来的决策风险具有十分重要的意义。世界经济一体化、全球金融市场高度融合、我国经济飞速发展、资本市场的发育与成长，推动了财务管理理念和方法的创新。金融体系的不确定性、汇率与利率的波动、股票市场的动荡、通货膨胀等外部环境的复杂变化，赋予了高等院校财务管理的理论、教学与实践新的挑战。

财务管理是企业管理的重要组成部分，科学高效的财务管理是企业生存乃至可持续发展的基础和前提。财务管理是利用资金价值形式对企业筹资管理活动、投资管理活动、营运资金管理活动和利润分配活动四项财务活动，以及所体现的投资与受资关系、债权与债务关系、供应与需求关系、雇佣与被雇佣关系等财务关系进行综合性管理的工作。

近年来，全球进入数字化时代，金融科技迅猛发展，大数据、区块链、云计算、人工智能、生物识别等新兴技术的快速发展给个人金融业务带来新的转型机遇。全球各地的精英们持续不断地开展个人金融领域各种创新，在存款、消费金融、信用卡、养老金融、客户管理、支付业务的各个细分领域，都开展了多种多样的尝试，对传统的经营模式不断进行革新和改造。了解国外同行的创新实践与思路，对提升我国商业银行个人金融业务的服务能力和客户体验至关重要。国际领先的商业银行坚持以客户为中心，利用上述创新，开展精确的客户定位，不断推进产品设计的场景化、定价精细化、营销精准化和组合化，极大地提高了金融服务的效率和产品的竞争力。

财务管理是一门应用性、实践性很强的课程，是高等院校经济学类专业、金融类专业、管理学类专业的核心课程之一。

财务管理这一学科正处于迅速发展时期，很多问题有待进一步深入探讨。由于时间仓促，加之编者水平有限，书中疏润之处在所难免，恳请各位专家。读者批评指正。

编　者

目 录

第一章 财务管理总论

第一节 财务管理的概念

财务管理是组织企业财务活动、处理财务关系的一项经济管理工作。财务管理本质上是一种价值管理，利用价值规律和货币关系配置经济资源，通过对企业各项资金的筹集、使用、收入和分配进行预测、决策、控制、核算、分析与考核，提高企业的资源配置效率，使得企业消耗尽可能少的资源获取尽可能大的经济效果。

一、财务管理的内容

财务管理的内容是财务管理对象的具体化。财务管理的对象是企业再生产过程中的资金活动，因此财务管理的内容就是企业资金活动所表现出来的各个方面。企业通常通过筹资、投资、营运资金管理、利润及其分配等各项活动以达到合理配置资源、实现企业持续增长的目的。因此，筹资管理、投资管理、营运资金管理、利润分配管理也就构成了公司财务管理的基本内容。

（一）筹资管理

对企业而言，投资是生产经营的基础，而筹资则是进行投资的前提条件。因此，筹资管理是企业财务管理的首要环节。企业的生产经营必须有一定的资金保证，需要按照国家法律和政策的要求，以不同的渠道和方式进行筹集，实现既在数量上满足生产经营的需要，又降低资金成本、减少财务风险、提高筹资效益的目的。

筹资管理通常需要考虑如下这些问题：一是筹资规模，即预测企业需要筹集多少资金；二是筹资方式，即根据企业内外部环境等因素决定是债务融资还是股权融资；三是筹资结构与成本，即根据投资报酬率决定债务融资和股权融资的比例结构，优化资本结构，控制筹资成本，降低资金风险。另外，筹资管理还需要考虑到债务融资的期限问题，降低企业未来还本付息时面临的现金流量压力，保持一定的举债余地和偿债能力，为企业的稳定发展创造条件。

（二）投资管理

投资管理是企业财务管理的又一重要环节。企业若想在激烈的市场竞争中获得良好的经济效益，必须选择合适的项目，运作、耗费、收回资金。投资决策是实现企业战略目标、提高竞争力、提升企业价值的重要决策。投资管理的成功与否，对企业未来的经营发展有着根本性的影响。

广义而言，投资包括长期投资和短期投资两个方面。但财务管理学中所指的投资，通常是指长期投资。投资管理的首要任务是决定投资方向的选择，如一体化投资、专业化投资、多元化投资等。在具体项目的投资决策分析中，企业不仅需要谨慎地估算现金流量，而且需要充分考虑到投资风险。在投资项目的运营过程中，还应加强跟踪管理，以确保投资项目的实施取得预期效果。

（三）营运资金管理

营运资金管理是对企业流动资产和流动负债的管理。在一定时期内，若企业的资金周转足够快，则可以利用相同数量的资金，生产更多的产品，获得更多的报酬。企业应当加快资金周转速度，提高资金使用效率，合理配置资金，保证企业的偿债能力，尽可能避免营运资金的闲置。

营运资金管理的首要任务是合理安排流动资产与流动负债的比例关系，确保企业具有较强的短期偿债能力。其次，如何加强流动资产管理，提高流动资产的周转效率，也是改善企业财务状况的重要途径。另外，还应该注意流动资产与流动负债的内部结构优化，使企业短期资金周转得以顺利进行，维持企业的短期信用能力。

（四）利润分配管理

企业通过资金的筹集、投放和使用，取得收入并形成利润，需要进行合理有效的分配。利润分配就是研究对企业实现的税后净利润如何进行分配，即多少用于发放股利，多少用于企业留存。在进行利润分配决策时，股东的短期利益与企业的长远利益是一对需要权衡的矛盾。股利分派水平过低，则不能满足股东的短期利益，可能引起股东对未来预期不确定性程度增加，股价也会下降。而股利分派水平过高，保留盈余过少，影响对主营业务和投资项目的支持能力，从而不利于企业的长远发展。

影响利润分配决策的因素，包括未来企业的投资机会、股东对当前收入和未来收入的相对偏好、外部融资能力及其成本等。企业应当根据自身实际情况，确定最佳利润分配政策。

二、企业财务关系

企业财务关系是指企业在组织财务活动的过程中与有关各方发生的经济利益关系。企业的财务活动表面上看是资金和物资的增减变动，这些变动离不开人与人、组织与组织之间的经济利益关系。财务关系体现着财务活动的本质特征，影响着财务活动的规模与速度。企业的筹资活动、投资活动、经营活动、利润分配活动与企业各方有着广泛的联系。企业的财务关系可概括为以下几个方面。

（一）企业与所有者之间的财务关系

企业所有者通常指国家、法人单位、个人投资者及外商投资者等。企业所有者按照合同、协议、章程约定等履行出资义务，及时形成企业的资本金。企业利用该资本金进行生产经营，实现利润后按照出资比例或者合同、章程的规定，向所有者分配利润。企业的所有者向企业投入资金，而企业需向其所有者支付相应的报酬，由此形成经济关系就是企业与所有者之间的财务关系。

（二）企业与债权人之间的财务关系

企业债权人通常指债券持有人、贷款机构、商业信用提供者以及其他出借资金给企业的单位和个人。企业进行生产经营活动，不仅需要利用资本金，而且还需要借入一定数量的资金，以降低资金成本，扩大经营规模。企业使用债权人的资金后，要按照约定的利息率，及时向债权人支付利息。债务到期时，要合理调度资金，按时向债权人归还本金及利息。企业向债权人借入资金，并按照借款合同的规定按时支付利息和归还本金所形成的债务债权关系就是企业与债权人之间的财务关系。

（三）企业与被投资单位之间的财务关系

企业在日常的生产经营活动中，往往会将闲置基金用以购买股票或者以直接投资的形式向其他企业投资，以实现资本增值。企业向被投资单位进行投资，应当按照约定履行出资义务，参与被投资单位的利润分配，由此体现出的所有权性质的投资与受资的经济关系就是企业与被投资单位之间的财务关系。

（四）企业与债务人之间的财务关系

企业往往会将资金以购买债券、提供借款或商业信用等形式出借给其他单位。资金借出，企业有权要求其债务人按照约定的条件归还本金并支付利息，由此所形成的债务债权关系就是企业与债务人之间的财务关系。

（五）企业与内部各单位之间的财务关系

企业内部各单位在日常生产经营中并不是完全独立的，而是在各环节相互提供产品或劳务。在实行内部经济核算的条件下，企业各生产单位以及供、产、销各部门之间，相互提供的产品和劳务也需要进行计价结算，由此形成的企业内部资金结算关系就是企业与内部各单位之间的财务关系，体现了企业内部各单位之间的利益关系。

（六）企业与职工之间的财务关系

企业利用自身的产品销售收入，按照职工提供的劳动数量和质量，向职工支付工资、奖金、津贴、福利等劳动报酬。这种企业向职工支付劳动报酬而形成的经济关系就是企业与职工之间的财务关系，体现了企业和职工在劳动成果上的分配关系。

（七）企业与税务机关之间的财务关系

任何企业都需要按照国家税法的规定缴纳各种税款，以保证国家财政收入的实现，满足社会各方面的需要。及时足额地纳税是企业对国家的贡献，也是对社会应尽的义务。企业按照税法的规定依法纳税而与国家税务机关所形成的经济关系就是企业与税务机关之间的财务关系，反映了依法纳税和依法征税的权利义务关系。

三、财务管理的职能

财务管理的职能是指财务管理所具有的职责和功能。财务管理的职能包括财务分析、财务预测、财务决策、财务计划、财务控制、财务评价与考核等。

（一）财务分析

财务分析是指以财务报表及其他相关资料为依据，采用一系列专门的技术和方法，对企业过去的筹资活动、投资活动、经营活动、利润分配活动进行分析，旨在帮助企业及其利益相关者了解企业过去、评价企业现状、预测企业未来，为他们做出正确的决策提供准确的信息或依据。

财务分析的方法包括比较分析法、比率分析法、趋势分析法等。通过比较分析，有助于发现有利或不利的差异；通过比率分析，则能进一步发现差异产生的原因主要在于哪一方面或哪些方面；通过趋势分析，有助于了解相关指标的增减变动方向、数额和幅度。当然，要想知道各种具体因素对财务活动的影响程度，则需运用因素分析等具体方法。

（二）财务预测

财务预测是指根据财务活动的历史资料，考虑现实的要求和条件，对未来的财务活动和财务成果做出科学的预计和测算。财务活动是企业各项具体活动的综合反映，因此，财务预测是一项综合性的预测工作。财务预测不能脱离企业各项业务预测，但它不是各项业务预测的简单拼凑，而是根据业务活动对资金活动的作用与反作用关系，将业务预测结果进行合乎逻辑的综合。财务预测的目的是，测算企业投资、筹资各项方案的经济效益，为财务决策提供依据，预计财务收支的发展变化情况，为编制财务计划服务。

财务预测按预测对象可分为投资预测和筹资预测；按预测时间可分为长期预测和短期预测；按预测值多少可分为单项预测和多项预测。财务预测的常用方法包括时间序列法、相关因素法、概率分析法。

（三）财务决策

财务管理效果的优劣很大程度上取决于财务决策的成败。决策建立在预测的基础之上，根据财务预测的结果，采用一定的决策方法，在若干备选方案中选取最优财务活动方案，就是财务决策。财务决策的目的在于确定合理可行的财务方案。在现实中,财务方案既包括投资方案、筹资方案,还包括投资筹资综合方案。

财务决策是对财务预测结果的分析与选择,是多标准的综合性决策,可能既有货币化、可计量的经济标准,又有非货币化、不可计量的非经济标准,因此决策方案往往是多种因素综合平衡的结果。

(四)财务计划

财务决策所解决的问题仅仅是财务活动方案的选择。财务决策的正确与否,对于财务目标的实现固然十分关键,但是,它还不是保证财务目标实现的全部条件。当通过财务决策选定了财务活动方案之后,应该编制相应的财务计划,并按照一定的财务计划组织实施,以实现既定的财务目标。财务计划是以货币形式协调安排计划期内投资、筹资及财务成果的文件。制订财务计划的目的是为财务管理确定具体量化的目标。

从时间上来说,财务计划包括长期计划和短期计划。长期计划是指1年以上的计划,短期计划是指一年一度的财务预算。从内容上说,财务计划主要包括资金筹集计划、资金使用计划、费用成本计划、利润及其分配计划等。

(五)财务控制

在财务计划的实施过程中,由于主、客观两方面的原因,财务活动的实施进展与计划要求可能会发生差异。对于这种差异,如果不加以控制,就不能保证财务计划目标的顺利实现。所谓财务管理的控制职能,广义上说,包括事前预测、事中控制和事后分析三个方面;狭义上说,则就是指事中控制。这里我们采用狭义概念,财务控制就是在实施财务计划、组织财务活动的过程中,根据反馈信息,如会计信息和金融市场信息等,及时判断财务活动的进展情况,与财务计划要求进行对比,发现其中的差异,并根据具体原因及时采取措施,保证财务活动按照计划要求进行。因此,建立科学、灵敏的财务信息反馈系统和严格的财务控制制度,具有特别重要的意义。

(六)财务评价与考核

财务评价是指按照一定的依据,如财务计划、企业历史业绩、同行业平均水平或先进水平等,评价企业财务绩效的优劣及其程度。企业应当根据评价的具体目的,选取适当的评价指标进行评价。

财务考核与财务评价有着密切联系,但并不是一回事。财务考核的基本目的是贯彻责任与利益统一原则。因此,财务考核就是对一定责任单位(部门或个人)的财务责任完成情况进行考察和核定。财务考核的基本作用,主要在于强化各责任单位的财务责任感,从而能促进各责任单位更好地完成所承担的财务责任。

四、财务管理的特点

企业生产经营活动的复杂性，决定了企业管理必须覆盖多方面内容，如采购管理、生产管理、技术管理、销售管理、财务管理等。各项工作相互联系、紧密配合，同时又有科学的分工，具有各自的特点。

（一）财务管理是价值管理

财务管理主要是对财务活动进行管理，财务活动反映企业价值的形成、实现和分配。财务管理使用资金、成本、收入、利润等指标，运用财务分析、财务预测、财务决策、财务计划、财务控制、财务评价与考核等手段，处理价值运动中的经济关系。通过价值形式把企业的物质条件、经营过程和经营成果合理地规划和控制起来，达到提高经济效益、增加企业财富的目的。价值管理是财务管理的最基本的特点。

（二）财务管理能及时反映企业状况

在企业管理中，决策是否得当、技术是否先进、产销是否顺畅，都可以迅速地在企业财务指标中得到反映。例如，如果企业生产的产品适销对路，质量优良可靠，则可以带动生产发展，实现产销两旺，加速资金周转，增强盈利能力，这一切都可以通过财务指标迅速反映出来。同时，这也说明财务管理工作既有其独立性，又受到整个企业管理工作的制约。财务部门应当及时向企业管理当局通报相关财务指标的变化情况，以便于把各部门的工作都纳入到提高企业整体经济效益的轨道中，保证企业财务目标的顺利实现。

（三）财务管理具有综合性

企业财务管理是围绕着资金运动展开的，而企业生产经营活动各方面的质量和效果，多数可以通过资金运动的过程和结果反映出来。资金运动的综合性决定了财务管理具有综合性。财务管理所使用的指标是以价值形式综合反映企业经营能力、成果、状态。通过价值形式，把企业的一切物质条件、经营过程和成果都合理地加以规划和控制，达到提高企业效益、增加企业财富的目的。因此，财务管理既是企业管理的一个独立方面，又是一项综合性的管理工作。

（四）财务管理具有广泛性

企业生产经营过程中的每一项活动都涉及资金的收付，每一个部门都要通过资金的使用与财务部门发生关系，每一个部门都要在合理使用资金、节约资金等方面受到财务制度的约束，接受财务部门的指导，同时也需要财务部门与这些部门密切配合，因此，财务管理的触角常常伸向企业内部的各个角落。另外，财务管理涉及筹资管理，金融市场作为筹资的场所，使财务活动融入金融市场体系，也使财务活动由企业内部延伸到企业外部。企业管理的任何内容都要在资金运动和价值的变化上反映出来。这些都决定了财务管理具有广泛性。

综上所述，财务管理的概念可以概括为：企业财务管理是企业管理的一个重要组成部分，它是根据财经法规制度，按照财务管理的原则，组织企业财务活动，处理财务关系的一项经济管理工作。

第二节　财务管理的目标

财务目标是企业全部财务活动所追求的总体性导向，是引导企业财务决策的指南。财务管理是企业管理的一个方面，因此，从本质上看，财务目标应当取决于企业目标，并受到企业目标的制约。由于财务管理本质上是价值管理，这种价值管理体现在财务决策和财务活动的过程中，因此企业财务目标不是对企业目标的简单重复，而是企业目标在财务管理上的具体体现。

在确定企业财务目标时，需要分析哪些利益相关者会对企业财务产生重大影响。不同的利益相关者对财务目标理解或强调的侧重点是不同的，例如企业管理层在任期内可能会强调利润最大化，而股东则从投资价值的角度强调股东财富最大化。在财务管理的理论与实践中，对财务管理目标存在利润最大化、每股收益最大化、股东财富最大化和企业价值最大化等不同观点。

一、以利润最大化为目标

利润最大化的观点认为，利润代表了企业新创造的财富，利润越多，说明企业的财富增加得越多，越接近企业的目标。

以利润最大化作为财务管理的目标，有其合理的一面。企业追求利润最大化，就必须注重经济核算，加强管理，提高劳动生产率，降低生产成本。这些措施有利于资源的合理配置，有利于经济效益的提高。

利润最大化的观点也存在一定的局限性：

没有考虑利润的取得时间。例如，今年获利500万元和明年获利500万元，哪一个更符合企业的目标？若不考虑资金的时间价值，就难以做出正确判断。

没有考虑所获利润和投入资本额的关系。例如，同样获得500万元的利润，一个企业投入资本3000万元，另一个企业投入5000万元，哪一个更符合企业的目标？若不与投入的资本数额联系起来，就难以做出正确判断。

没有考虑获取利润和所承担风险的关系。例如，同样投入3000万元，本年获利500万元，一个企业的获利已全部转化为现金，另一个企业则全是应收账款，并可能发生坏账损失，哪一个更符合企业的目标？若不考虑风险大小，就难以做出正确判断。

片面追求利润最大化容易导致财务决策者的短视行为，只为实现当前的最大利润，而忽视了企业的长远发展，这也不利于企业目标的顺利实现。

如果投入资本相同、利润取得时间相同、相关风险也相同，利润最大化是一个可以接受的观点。因此，许多经理人员都把提高利润作为公司的短期目标。

二、以每股收益最大化为目标

每股收益最大化的观点认为，应当把企业的利润和股东投入的资本联系起来考察，用每股收益（或权益净利率）来概括公司的财务管理目标，以克服"利润最大化"目标的局限。

以每股收益最大化为目标仍然存在局限性：

第一，仍然没有考虑每股收益取得的时间；

第二，仍然没有考虑到每股收益的风险；

第三，以每股收益最大化为作为财务目标，意指股票市价是每股收益的函数，而这种假设在实际情况中很难实现。股票市价除了受到企业经营盈亏的影响，还要受到经济、政治、市场等其他因素的影响，所以每股收益最大化未必会使得股票市价达到最高可能水平。

如果风险相同、每股收益的时间相同，则每股收益最大化也是一个可以接受的观点。因此，许多投资人都把每股收益作为评价公司业绩的关键指标。

三、以股东财富最大化为目标

股东财富最大化的观点认为，股东创办企业的目的是扩大财富，他们是企业的所有者，股东财富最大化是企业财务管理的目标。股东财富最大化在于企业能给所有者带来未来报酬，包括获得股利和出售其股权换取现金。如同商品的价值一样，企业的价值只有投入市场才能通过价格表现出来。以股东财富最大化作为企业财务目标，强调股东承担企业全部的剩余风险，也因此享受企业经营发展带来的全部剩余收益。

有时股东财富最大化被表述为股价最大化。在股东投资资本不变的情况下，股价上升可以反映股东财富的增加，股价下跌可以反映股东财富的减损。股价的波动代表了投资者对公司股权价值的客观评价。它用每股价格表示，反映了资本和获利之间的关系；它受预期每股收益的影响，反映了每股收益大小和取得的时间；它受企业风险大小的影响，可以反映每股收益的风险。假设股东投资资本不变，股价最大化与股东财富最大化具有同等意义。

与以利润最大化为目标相比，股东财富最大化目标体现出以下优点：

第一，以股东财富最大化为目标考虑了现金流量的时间价值和风险因素，因为现金流量获得时间的早晚和风险的高低会对股票价格产生重要影响；

第二，股东财富最大化在一定程度上能够克服企业管理者在追求利润上的短视行为，因为股票的价格很大程度上取决于企业未来获取现金流量的能力；

第三，股东财富最大化反映了资本与收益之间的关系，因为股票价格是对每股股份的一个标价，反映了单位投入资本的市场价格。

另外，股东财富最大化目标也是判断企业财务决策是否正确的标准，因为股票的市场价格是企业投资、融资和资产管理决策效率的直观反映。

以股东财富最大化为目标仍然存在一定的不足，具体表现为：

第一，只适用于上市公司，通过股票市价反映股东财富的价值很难适用于非上市公司；

第二，只强调了股东的利益，而对企业其他利益相关方的利益重视程度不够；

第三，股票价格波动受到多重因素的影响，如经济、政治、市场等，并非都为公司所能控制，把不可控因素引入理财目标是不合理的。

四、以企业价值最大化为目标

现代企业是多边契约关系的总和。股东要承担风险，但债权人和职工承担的风险也很大，政府也承担了相当大的风险。所以，财务管理的目标应与企业多个利益集团相关，是多个利益集团共同作用和相互妥协的结果，只强调某一集团的利益是不妥的。

企业价值最大化是指通过企业的合理经营，采用最优的经营和财务政策，充分考虑资金的实际价值、风险和报酬的关系，在实现持续增长的过程中实现企业总价值的最大化。企业价值的增加，是由股东权益价值增加和债务价值增加引起的。假设债务价值不变，则增加企业价值与增加股东权益价值具有相同的意义。假设股东投资资本和债务价值不变，企业价值最大化与增加股东财富具有相同的意义。

以企业价值最大化作为财务管理的目标具有以下特点：

第一，考虑了货币的时间价值，因此评估企业价值时考虑了企业未来收益获得的时间，并用时间价值的原理进行计量；

第二，考虑了投资所承担的风险；

第三，企业价值最大化能克服企业管理者在追求利润上的短视行为，企业价值最大化目标要求管理层对企业长期发展进行科学的预测和规划，恰当地权衡企业当前与未来的利润以及投资项目的报酬和风险。

五、财务管理目标与利益冲突

在现代公司制企业中，所有权和经营权是相分离的，管理者和投资者之间形成了以法人财产受托管理为主要内容的公司受托责任。股东作为权益资本的投资者拥有财产所有权，除了业主型的独资企业以外，一般的大型公司制企业的股东并不直接经营和管理企业日常业务。而董事会作为连接股东和管理层的纽带，是成功实施公司治理的最有效的制度安排。董事会最重要的职责之一是聘任、解雇CEO并制定其薪酬标准。

由所有权和经营权相分离而产生的委托–代理问题不可避免地引起了一系列利益冲突，这是财务管理目标更深层次的问题。委托–代理问题的存在及其利益冲突的有效协调直接关系到财务管理目标实现的程度。委托–代理问题的存在必然带来相应的委托人与代理人之间的利益冲突。

（一）股东与管理层的利益冲突

股东作为企业的所有者，委托管理层对企业进行经营和管理。但是，管理层努力工作创造的财富并不能由其单独享有，而是由全体股东分享。因此，管理层希望在提高股东财富的同时能够获得更大的利益，如增加报酬、增加休闲时间、避免风险等。但是，所有者则希望以最小的管理成本获得最大的股东财富，由此便产生了管理层个人目标与股东目标的冲突，管理者可能为了自身利益而背离股东的利益，主要表现为逆向选择和道德风险。

为了防止管理者背离股东目标，一般采用监督和激励两种方式。监督是指股东获取更多的信息，对管理者进行监督，在管理者背离股东目标时，减少其报酬甚至解雇。而激励是使管理者分享企业增加的财富，鼓励他们采取符合股东利益的行动，例如给管理者以股票期权奖励。监督成本、激励成本、偏离股东目标的损失之间，此消彼长，相互制约。股东应当权衡轻重，力求找出能使三项之和最小的解决方法，即为最佳解决方法。

（二）股东与债权人的利益冲突

当公司向债权人借入资金后，二者也形成了一种委托–代理关系。债权人把资金借给企业，要求到期收回本金，并获得约定的利息收入；公司借款的目的是用于扩大经营，投入有风险的经营项目。因此，二者的利益并不完全一致。

股东在获得债权人的资金后，在实施其财富最大化目标时会在一定程度上损害债权人的利益。例如，股东不征得债权人的同意，投资于被债权人预期风险更高的项目，如果项目成功，大部分盈利归股东所有，如果项目失败，债权人将遭受损失；再如，股东不征得债权人的同意而发行新债，使得企业负债比重上升，破产可能性增大，一旦破产，原债权人和新债权人要共同分配破产财产，原债权人可能因此蒙受损失。

债权人为了保护自身利益，除了寻求法律保护，如破产时优先接管、优先于股东分配剩余财产等外，通常还会采取相应的措施。例如，在债务协议中设定限制性条款来保护其利益免受侵害。同时，债权人一旦发觉公司企图利用他们，便会拒绝与该公司有进一步的业务往来，不再提供新的借款或者提前收回款项。

（三）大股东与中小股东的利益冲突

大股东通常指控股股东，他们持有企业大多数股份，能够左右股东大会和董事会的决议，往往还委派企业的最高管理者，从而掌握企业的重大经营决策，拥有对企业的控制权。人数众多但持有股份数量很少的中小股东基本没有机会接触到企业的经营管理，尽管他们按照各自的持股比例对企业利润具有索取权，但由于与控股股东之间存在严重的信息不对称，使得他们的权力很容易被控股股东以各种形式侵害，例如发布虚假信息，操纵股价，欺骗中小投资者；利用不合理的股利政策，掠夺中小投资者的既得利益。

由于我国制度背景较为特殊，大股东侵害中小股东利益的情况尤为突出，如何完善中小股东的利益保护成为亟待解决的问题。目前的保护机制包括：

第一，完善上市公司治理结构，使股东大会、董事会和监事会三者有效运作，形成相互制约的机制；

第二，规范上市公司的信息披露制度，保证信息的完整性、真实性和及时性。

第三，优化上市公司股权结构，通过融资方式引入特定机构投资者，积极引导机构投资者参与公司治理；

第四，完善上市发行制度等。

第三节　财务管理的环境

财务管理的环境又称理财环境，是指对企业财务管理产生影响的企业外部因素的总和。不同时期、不同国家、不同领域的财务管理具有不同特征，归根结底都是因为影响财务管理的环境因素不尽相同。因此，善于分析和研究环境因素，是做好企业财务管理工作的前提和基础。财务管理的环境涉及范围很广，本节主要讨论企业难以控制的几种重要环境，即经济环境、金融市场环境、政治法律环境和社会文化环境。

一、经济环境

影响企业财务管理的环境因素固然是多方面的，但其中起决定性作用的还是经济环境。没有经济的发展，就不会有企业财务的发展。经济政策、经济发展水平，经济周期等是企业财务管理经济环境的基本因素，此外，还有通货膨胀、产业及行业特征等诸多具体经济因素。

（一）经济政策

国家经济政策包括经济发展计划、产业政策、财政与税收政策、货币政策、外汇政策、外贸政策以及政府的行政法规等，这些政策对企业的财务管理活动都有着重大影响。顺应经济政策的导向，会给企业带来一定的经济利益，因此，财务人员应当认真研究政府的经济政策，按照政策导向行事，从而能够趋利避害，保证企业目标的顺利实现。

（二）经济发展水平

经济发展水平是一个相对概念。按照常用概念，把世界不同的国家划分为发达国家、发展中国家和不发达国家三大类，不同的经济发展水平对财务管理产生了不同的影响。

发达国家已经历了较长时期的资本主义经济发展历程，形成了较为复杂的经济关系以及较为完善的生产方式，因此，企业财务管理的内容丰富多彩，财务管理的方法和手段科学而严密。

发展中国家目前经济发展水平还不够高，基础较为薄弱，但发展速度较快，经济政策变更较为频繁，因此，发展中国家的企业财务管理受政策影响显著而不甚稳定，财务管理的内容、方法和手段更新较快。

不发达国家一般以农业为主要经济部门，工业不够发达，经济发展水平低，企业规模小，组织结构简单，财务管理水平低、发展慢，严重落后于发达国家和发展中国家。

（三）经济周期

在市场经济条件下，经济发展通常带有一定波动性，大体上经历复苏、繁荣、衰退、萧条几个阶段的循环，即经济周期。经济周期的客观存在已经被越来越多的经济学家所证实。经济周期的不同阶段，给企业带来不同的机遇和挑战，这就要求企业财务管理人员把握其一般规律，合理预测经济变化情况，适当调整财务政策。

（四）通货膨胀情况

通货膨胀是现代经济生活中普遍存在的现象。持续的通货膨胀给社会经济生活、给企业财务管理活动带来重要影响，突出表现为资金供求的严重失衡：一方面，由于原材料价格上涨、囤积物资、债券资产膨胀、产品滞销等原因，导致普遍的流动资金需求膨胀，以及投资饥渴导致长期资金需求膨胀；另一方面，由于通货膨胀时期政府紧缩银根、银行信贷风险增大、投资领域吸纳大量资金等原因，导致资金供给的相对不足。

企业财务管理人员应当分析通货膨胀对资金成本的影响以及对投资报酬率的影响。为了实现预期的报酬率，企业应当及时调整收入和成本，同时用套期保值等方法尽量减少损失。

（五）产业及行业特征

对企业财务管理而言，企业所处的产业即行业特征，是最为直接的环境因素。企业财务管理的产业及行业因素分析，应当包括行业寿命周期分析、行业规模结构分析、行业内竞争结构分析、政府产业政策分析等。只有充分把握产业及行业特征，才能做出正确的财务决策，从而顺利实现企业的财务目标。

二、金融市场环境

企业财务管理的环境是企业决策难以改变的外部约束条件，企业财务决策更多的是适应他们的要求和变化，而不是设法改变它们。金融市场是企业财务管理环境的重要组成部分。作为资金融通的场所，企业资金的取得与投放都与金融市场密不可分。熟悉金融市场的各种类型以及管理规则，可以让企业财务人员有效地组织资金的筹措和资本投放活动。

（一）金融市场

金融市场种类繁多，每个金融市场服务于不同的交易者，有不同的交易对象。金融市场可能是一个有形的交易场所，如在某一个建筑物中进行交易，也可能是无形的交易场所，如通过通信网络进行交易。按照不同的标准，金融市场有着不同的分类：

第一，按交易期限划分为资本市场和货币市场。资本市场又称长期资金市场，主要供应一年以上中长期资金，如股票与长期债券的发行与流通；货币市场又称短期资金市场，是一年以下的短期资金的融通市场，如票据贴现、短期债券。

第二，按证券属性划分为债务市场和股权市场。债务市场的交易对象是债务工具，如公司债券、抵押票据等；股权市场的交易对象是股票。

第三，按交易性质划分为一级市场和二级市场。一级市场又称发行市场，是新证券发行的市场，可以增加公司资本；二级市场又称流通市场，是已经发行、处在流通中的证券买卖市场，并不会增加资本，只是在不同的投资者之间流通。

第四，按交易程序划分为场内市场和场外市场。场内市场是指各种证券的交易所，有着固定的场所、固定的交易时间和规范的交易规则；场外交易市场没有固定场所，而由很多拥有证券的交易商分别进行，包括股票、债券、可转让存单、银行承兑汇票、外汇交易市场等。

第五，按交割期限划分为现货市场和期货市场。现货市场是指交易活动成交后立即付款交割；期货市场是指交易活动成交后按合同约定在指定日期付款交割。

金融市场由主体、客体和参与人员组成。主体是指金融中介机构，是连接投资者和筹资者的桥梁，分为银行和非银行金融机构两类。银行是指存款性金融机构，包括商业银行、邮政储蓄银行、农村合作银行等；非银行金融机构是指非存款性金融机构，包括保险公司、投资基金、证券市场机构等。客体是指金融市场上的交易对象，如债券、股票、商业票据等。参与人员是指客体的提供者和需求者，如居民、公司、政府等。

作为资金融通的场所，金融市场对整个市场体系的发展发挥了重要作用。金融市场的功能包括基本功能和附带功能两方面。其中，基本功能是指金融市场具有资本融通功能和风险分配功能。附带功能是指金融市场具有价格发现功能和调节经济功能，并能够有效节约信息成本。

（二）金融工具

金融工具是使一个公司形成金融资产，同时使另一个公司形成金融负债或权益工具的任何合约。公司可以借助金融工具进行筹资和投资。财务管理人员了解金融市场，必须熟悉各种金融工具。金融工具按发行和流通的场所，划分为货币市场证券和资本市场证券。

第一，货币市场证券。货币市场证券属于短期债务，到期日通常为一年或者更短的时间，主要是政府、银行及工商企业发行的短期信用工具，包括商业本票、银行承兑汇票、国库券、银行同业拆借、短期债券等。货币市场证券具有期限短、流动性强、风险较小的特点。

第二，资本市场证券。资本市场证券是公司或政府发行的长期证券，到期期限一般超过一年，通常包括普通股、优先股、国债、长期公司债券、衍生金融工具等。

（三）利率

在金融市场上，利率是资金使用权的价格。一般来说，金融市场上资金的价格可以用以下公式表示：

利率 = 纯粹利率 + 通货膨胀附加率 + 流动性附加率 + 违约风险附加率 + 到期风险附加率纯粹利率是无风险、无通货膨胀条件下的利率，一般等于短期国库券的利率。

通货膨胀附加率是预期的通货膨胀率，根据适应性预期理论，过去和目前的通货膨胀率将影响通货膨胀附加率。

流动性附加率是在其他条件不变的前提下，投资人承担了流动性风险而要求的补偿。

违约风险附加率是在其他条件不变的前提下，投资人承担了违约风险而要求的补偿。

到期风险附加率。在现实中利率是变化的，利率上升时，证券的市场价格下降，由利率的变化可能给投资人带来损失的风险称为利率风险。为了补偿到期日不同时的利率风险，投资人额外要去的利率即为到期风险附加率。

二、政治法律环境

财务管理的政治法律环境是指影响企业财务活动的各种法律、法规和规章。影响企业财务管理的政治法律环境主要有企业组织法规、财务会计法规、税法等。

企业组织法规包括《公司法》《个人独资企业法》《合伙企业法》《中外合资经营企业法》等。这些法规详细规定了不同类型的企业组织设立的条件、程序、组织机构、组织变更及终止的条件及程序等。企业组织必须依法设立，不同类型的企业组建过程适用于不同的法律。而《公司法》是约束公司财务管理活动的最重要的法规，公司的财务活动都不能违反《公司法》的规定。

财务会计法规主要包括《企业财务通则》、《企业会计准则》、会计制度、证券法规、结算法规等。《企业财务通则》是各类企业进行财务活动、实施财务管理的基本规范，它围绕企业财务管理的各个环节，明确了资金筹集、资产运营、成本控制、收益分配、信息管理、财务监督六大财务管理要素，对财务管理方法和政策要求做出了规范。《企业会计准则》则是针对所有企业制定的会计核算规则，分为基本准则和具体准则。企业财务人员应当在遵守法律法规的前提下完成财务管理的职能，实现企业的理财目标。

税法是国家制定的用以调整国家与纳税人之间的在征纳税方面的权利义务的法律规范的总称。税法是国家法律的重要组成部分，是保证国家和纳税人合法权益的法律规范。企业在生产经营过程中有依法纳税的义务。税负是企业的一种支出，因此企业都希望能在不违反税法的前提下减少税负。财务人员应当熟悉并精通税法，在理财活动中精心安排、仔细筹划，实现税负的减少，而不能通过偷税漏税的方式来实现。

三、社会文化环境

人类生活的精神方式构成了社会文化。社会文化的内容十分广泛，包括教育、科学、文学、艺术、舆论、广播电视、新闻出版、卫生体育、道德文化、风俗传统、价值观念等。作为人类的一项社会实践活动，财务管理必然会受到社会文化的影响。但是，社会文化的各个方面对财务管理的影响程度不尽相同。有的具有直接影响，有的只有间接影响；有的影响较为明显，有的影响微乎其微。

相对而言，教育、科学及社会观念等因素对财务管理的影响较为显著。社会总体教育水平，决定社会成员总体的受教育程度，对企业财务管理工作具有显著影响；科学，包括自然科学和社会科学，其发展为财务管理提供了理论指导和管理手段，并丰富了财务管理的内容；而社会观念是人们对失误的传统看法，在人们的头脑中根深蒂固。社会对财务管理工作的态度，将影响到财务管理工作的社会地位，以及从事财务管理工作人员的类型。财务管理人员是否具有全局观念和长远观念，将影响到财务管理工作的基本导向。

第二章 财务管理的价值观念

第一节 资金的时间价值

企业的各项财务活动，都是在特定的时间发生的。同样金额的现金流量在不同时点价值不同的原因就在于货币时间价值的存在。不同时间发生的现金流入或流出，只有在考虑了时间价值因素之后，才可以进行比较，才能恰当地说明企业绩效。企业的筹资、投资、营运资金管理和利润分配都需要考虑到货币的时间价值，时间价值概念及其计算方法是以后各章的基础。

一、货币时间价值的概念

货币时间价值是指货币经历一定时间的投资和再投资所增加的价值，也称为资金的时间价值。资金作为一种必需的生产要素，在投入生产经营过程中会带来价值的增值，所增加的价值即为资金的时间价值，它构成了资金作为一种生产要素在投资过程中所应得到的报酬。

从量的规定来看，资金在运用过程中所增加的价值并不全部是资金的时间价值，这其中还包括投资者因承担投资风险和通货膨胀而获得的补偿，因此，所谓的货币时间价值应当是在没有风险和通货膨胀的条件下的社会平均资金收益率。

简单地说，在市场经济环境中，当前的1元钱和1年后的1元钱，经济价值并不相等。即使不存在风险和通货膨胀，当前的1元钱也比1年后的1元钱经济价值更大一些。例如，将当前1元钱存入银行，假设存款利率为10%，那么1年后将得到1.10元，经过1年时间投资增值了0.10元，这就是货币的时间价值。

货币时间价值有两种表现形式，一种是用绝对数值表示，即资金价值的绝对增加额；另一种使用相对数值来表示，即资金的利润率。相对而言后一种形式便于进行比较，是常用的表示方法。例如，前述货币的时间价值为10%。

单位货币在不同时间段的价值并不相等，因此，不同时间的货币收入或支出不应当直接进行比较，需要将它换算到相同的时间价值基础上，方可进行比较与分析。货币时间价值原理正确揭示了在不同时点上资金之间的换算关系，是财务决策的基本依据。

二、终值与现值

货币时间价值的表现形式，主要有终值和现值两种：

第一，终值又称将来值、本利和，是指现在一定量的资金在未来某个时点的价值。

第二，现值又称本金，是指未来某一时点上的一定量现金折算到现在的价值。

现值与终值是相对的，现值可以由终值扣除货币时间价值的因素后求得，这种由终值求得现值的方法称为贴现。

终值与现值的计算与利息计算有关，在实际工作中有两种计息方式：单利和复利。单利是指只对借（贷）的原始金额或本金支付（收取）的利息，而不将以前计息期产生的利息累加到本金中再次计算利息的一种计息方法，即利息不再生息。

复利是指不仅借（贷）的本金需要支付（收取）利息，而且本金所产生的利息也要在后续各期计息，即"利滚利"。复利计息模式在财务管理的价值分析中非常重要，因为企业的筹资、投资决策都是连续不断进行的，其前期所产生的现金流需要重新投入到企业后续经营活动中进行循环运动，因此，财务管理中的筹资、投资决策往往都建立在复利的基础之上。

1.单利终值与现值

单利是指一定期间内只根据本金计算利息，产生的利息在以后各期不作为本金，不重复计算利息。单利的计算模式普遍存在于期限小于1年的债券市场中。

在单利计算中，常用符号及其含义如下：

FV——终值，又称本利和、本金与利息之和；

PV——现值，又称本金或期初金额；

i——利率，通常指每年利息与本金之比；

I——利息；

n——时间，通常以年为单位。

单利利息的计算公式为

$$I = PV \times i \times n$$

2.复利终值与现值

复利就是不仅本金要计算利息，本金所产生的利息在下一期也要加入本金一起计算利息，即通常所说的"利滚利"。1年期以上的证券终值和现值计算通常都采用复利模式。在复利计算中，常用符号及其含义如下：

FV——终值，又称本利和、本金与利息之和；

PV——现值，又称本金或期初金额；

i——利率，通常指每年利息与本金之比；

I——利息；

n——时间，通常以年为单位。

第一，复利终值。复利终值是指现在的一笔资金按复利计算的未来价值。其计算公式为

$$FV_n = PV(1+i)^n$$

其中，$(1+i)^n$ 称为复利终值系数，可以用符号 $FVIF_{i,n}$；或者 $F/P,i,n$ 表示，则复利终值的计算公式也可以写作

$$FV = PV \times FVIF_{i,n}$$

三、年金

终值和现值都是在某一时点发生的一次性货币收付金额，是货币时间价值计量的基础。但是在财务管理的实践中也出现了很多连续发生的货币收付，我们将在一定期限内一系列相等金额的收付款项称为年金。年金在日常生活中十分常见，如分期偿还贷款、分期付款赊购、发放养老金、支付租金等都属于年金的收付形式。

年金现金流量具有四个特点：

第一，等额，即现金流量大小相等；

第二，定期，即现金流量时间间隔相等；

第三，同向，即现金流量方向相同；

第四，等利，即现金流量持续期间内利率保持不变。

按照收付的次数和支付时间划分，年金可以分为普通年金、先付年金、递延年金和永续年金。

在年金计算中，常用符号及其含义如下：

A——年金数额，即每次收付的金额；

i——利率；

n——计息期数；

FVA_n——年金终值；

PVA_n——年金现值。

1.普通年金

普通年金又称后付年金，是指每期期末有等额的收付款项的年金，是现实经济生活中最为常见的一种年金。

第一，普通年金终值。普通年金终值，是指一定时期内每期期末等额收付现金流量的复利终值之和。

普通年金终值的计算公式为

$$FVA_n = A(1+i)^0 + A(1+i)^1 + \cdots + A(1+i)^{n-2} + A(1+i)^{n-1}$$
$$= A\left[(1+i)^0 + (1+i)^1(1+i)^2 \cdots + (1+i)^{n-2} + (1+i)^{n-1}\right]$$
$$= A\sum_{i=1}^{n}(1+i)^{t-1}$$

其中，$A\sum_{i=1}^{n}(1+i)^{t-1}$ 称为年金终值系数或年金复利系数，可以用符号 $FVIF_{i,n}t$ 或者 $F/P,i,n$ 表示，则普通年金终值的计算公式也可以写作

$$FVA_n = A \times FVIF_{i,n}$$

简化计算如下：

$$FVA_n = A(1+i)^0 + A(1+i)^1 + \cdots + A(1+i)^{n-2} + A(1+i)^{n-1}$$

等式两边同时乘以 $(1+i)$，可得

$$(1+i)FVA_n = A(1+i)^1 A(1+i)^2 A(1+i)^3 \cdots + A(1+i)^{n-1} + A(1+i)^n$$

两式相减可得

$$(1+i)FVA_n - FVA_n = A(1+i)^n - A$$
$$FVA_n = A \times \frac{(1+i)^n - 1}{i}$$

则年金终值系数

$$FVIF_{i,n} = \frac{(1+i)^n - 1}{i}$$

第二节 风险与报酬

财务活动的过程伴随着经济利益的协调，它是通过各个利益主体的讨价还价以便实现收益风险均衡予以达成的。风险报酬均衡观念对于证券估价、筹资管理、营运资本管理等具有重要影响。因此，在研究各项具体的财务管理内容之前，有必要掌握和理解风险报酬均衡的基本概念及相关计算方法。

一、风险与收益的概念

对于大多数投资者而言，投资是为了在未来赚取更多的资金。收益为投资者提供了一种恰当地描述投资项目财务绩效的方式。收益大小可以用收益率来衡量。例如，某投资者购入 10 万元的证券，一年后获得 12 万元，那么这一年的投资收益率为 20%。收益率的基本计算公式如下：

$$r = \frac{P^1 - P_0}{P_0}$$

式中符号及其含义如下：

r——投资于某一项资产所获得的收益率；

P_0——该资产的期初价值；

P_1——该资产的期末价值。

风险是指在一定条件下和一定时期内可能发生的各种结果的变动程度。风险是事件本身的不确定性，投资者不能主观去改变，但是是否愿意承担风险、承担多大风险是投资者可以主观选择的。

项目投资所面临的风险来自许多方面，多种因素都会在不同程度上影响项目投资所能实现的收益率。风险一般有以下几种分类：

第一，项目投资风险。一个项目可能会比预期拥有更高的或更低的现金流量，这可能是因为投资项目分析者错误地估计了该项目的现金流入或是因为该项目的一些特有的因素。投资多元化、分散化可以有效降低投资风险。

第二，项目竞争风险。公司任何一个项目的收入和现金流量都会受到竞争对手行为的影响。显然，公司难以通过投资多元化来消除竞争风险，但是公司股东可以通过持有其竞争对手的股票来降低这一风险。

第三，行业特有风险。行业特有风险作为影响一个特有行业的收入和现金流量的因素，必然会影响到公司的项目投资收益。公司股东可以通过持有不同行业股票的投资组合来分散行业特有风险。

第四，市场风险。通常指影响所有公司和所有项目投资的宏观经济因素，如利率变化。投资者很难通过创造风险投资组合（如股票）来分散风险，因为所有风险投资价值都受到市场风险的影响。

第五，汇率风险。当一家公司计算收入和股票价格所使用的货币不同于其现金流量计算所使用的货币时，就面临着汇率风险。在不同国家投资且持有多种货币的国际投资者，在一定程度上可以分散汇率风险。

公司的财务决策几乎都是在包含风险和不确定性的情况下做出的。离开了风险，就无法正确评价公司收益的高低。风险是客观存在的，按风险的不同，公司的财务决策可以分为三种类型：

第一，确定型投资。决策者对未来情况已知或者基本确定，可以明确知道投资结果。例如购买国债，到期时投资者可以按规定取得预期利息并收回本金。确定型投资在所有投资活动中非常少见。

第二，风险型投资。投资者对投资的未来情况不能完全确定，但事先知道所有可能出现的结果，以及每种结果出现的概率。例如抛一枚硬币，结果只有两个——正面或者反面，并且二者的概率各为50%。

第三，不确定型投资。投资者事先不知道投资决策的所有可能结果，或者虽然知道可能出现的结果，但并不知道它们出现的概率。例如股票投资的结果可能有三种—盈利、保本、亏损，但是无法知道这三种结果出现的概率。

从理论上说，不确定型投资是无法计量的。但是在财务管理的实践中，通常为不确定型投资主观规定一些概率，以便进行定量分析。规定了主观概率后，不确定型投资就等同于风险型投资了。因此，财务管理学对不确定型投资和风险型投资并不做严格区分，统称风险型投资。

任何一项风险型投资，不论是固定资产投资还是证券投资，投资者总是在风险和收益率之间相互权衡。通常，投资者承担的风险越大，期望的收益率也就越高；投资者对风险采取谨慎保守的态度，那么期望的收益率也会比较低。

二、单项投资风险与收益

单项投资的风险和收益是指某一投资项目方案实施后，将会出现各种投资结果的概率。常用的方法是把项目投资价值看成随机变量，运用概率统计思想来衡量项目投资的风险和收益情况。

（一）单项投资的收益分析——概率分布

概率是指随机事件发生的可能性大小。人们通常把确定发生的事件概率定为1，确定不会发生的事件概率定为0，而一般随机事件的概率介于0和1之间。投资活动可能出现的各种收益情况可以看成一个个随机事件，其发生的可能性可以用相应的概率描述。概率分布即为一系列可能的结果以及每种结果发生的可能性大小。

假设有两个投资项目，其收益情况的概率分布如表2-1所示。从表中可以看出，市场经济状况繁荣的概率为30%，此时两个项目的收益率都较高；市场经济状况正常的概率为50%，此时两个项目的收益率比较适中；市场经济状况衰退时，投资B项目收益率较低，而投资A项目则会遭受损失。

表2-1 A、B两项目的风险与收益概率分布

市场经济状况	各类状况发生的概率	各类需求状况下的收益率	
		A项目	B项目
繁荣	0.3	80%	40%
正常	0.5	20%	30%
衰退	0.2	−60%	10%
合计	1		

（二）单项投资的收益分析——预期收益率

由于投资结果的不确定性，未来的投资收益会出现多种可能。投资的预期收益率是由各种可能的收益率按其概率进行加权平均而得到的，它反映了一种集中趋势。

（三）单项投资的风险分析——标准差

实际生活中存在很多投资机会，它们的预期收益率可能相同也可能不同，同时，

收益的概率分布差别也很大，这就是前面提到的投资风险。对于期望收益相同的投资项目，比较其风险大小时通常用标准差，而对于期望收益不同的投资项目，比较其风险大小则用变异系数。

标准差是描述各种可能结果相对于期望值离散程度的常用指标。标准差越小，概率分布越集中，相应的风险就越小。

（四）单项投资的风险分析——变异系数

在两种预期收益率相同而标准差不同的投资方案之间进行选择时，投资者会选择标准差较小的方案，以降低风险；相应地，在两种标准差相同而期望报酬率不同的投资方案之间选择时，投资者会选择期望报酬率较高的方案。投资者都想以尽可能小的风险获得尽可能大的收益。

然而当两个投资项目中，一个预期收益率较高，另一个标准差较小，就不能再单独使用标准差来判断了。上文中提到，比较期望收益不同的投资项目的风险大小，采用变异系数这一指标。

变异系数的经济含义是，为了获得每个单位的预期收益所需要承担的风险。变异系数实际上是把标准差按照预期收益进行平均化的过程。在预期收益不同的情况下，变异系数越大，则为了获得单位收益所需要承担的风险越大；变异系数越小，则为了获得单位收益所需要承担的风险越小。

三、投资组合风险与收益

以上都是单项投资的风险与收益分析，事实上很少有投资者只选取一个项目进行投资，而是将不同的项目结合在一起，以减少总投资的风险程度。这种将不同投资项目结合在一起的总投资，称为投资组合。

（一）投资组合的预期收益率

投资组合的预期收益率等于投资组合中各项资产预期收益率的加权平均数，其中权数是投资于各项资产的资金占投资于整个组合的比例。

（二）协方差和相关系数

在一个投资组合中如果某一投资项目的收益率呈上升趋势，其他投资项目的收益率可能上升，也可能下降或者保持不变。在统计学中，计算投资组合中任意两个项目的收益率之间变动关系的指标是协方差或者相关系数，这也是投资组合风险分析中的两个核心概念。

（三）投资组合的风险与收益

投资组合的总风险通常包括两部分：系统风险和非系统风险。

系统风险是指市场报酬率整体变化所引起的市场上所有资产的报酬率的变动性，从而使投资者遭受经济损失的可能性。系统风险包括政策风险、经济周期性波动风险、利率风险、购买力风险、汇率风险等。这种风险不能通过分散投资加以消除，因此又被称为不可分散风险。系统风险可以用贝塔系数来衡量。

非系统风险是指对某个行业或个别证券产生影响的风险，它通常由某一特殊的因素引起，与整个证券市场的价格不存在系统的全面联系，而只对个别或少数证券的收益产生影响。也称微观风险。例如，公司的工人罢工，新产品开发失败，失去重要的销售合同，诉讼失败或宣告发现新矿藏等。这类事件是非预期随机发生的，它只影响一个或少数公司，不会对整个市场产生太大的影响。这种风险可以通过多样化投资来分散，即发生于一家公司的不利事件可以被其他公司的有利事件所抵消。由于非系统风险是个别公司或个别资产所特有的，所以也称"特有风险"。由于非系统风险可以通过投资多样化分散掉，也称"可分散风险"。

四、主要资产定价模型

投资者只有在预期收益足以补偿其承担的投资风险时才会投资于风险性项目。根据风险收益均衡原则，风险越高，必要收益率也越高。一些基本的资产定价模型将风险和收益率联系在一起，把收益率表示成风险的函数。下面介绍几种主要的资产定价模型。

（一）资本资产定价模型

资产组合理论认为，无论资产之间的相关系数如何，投资组合的收益不低于各单项资产的加权平均收益，而投资组合的风险小于单项资产的加权平均风险，也就是说，投资组合可以有效地分散风险。

构造了证券投资组合并计算了它们的收益率之后，资本资产定价模型可以进一步测算投资组合中每一种证券的收益率。资本资产定价模型建立在一系列严格的假设基础上：

第一，市场上存在众多投资者，每位投资者的投资额都很小，所有投资者只能是价格的接受者，并不能影响价格，市场处于完善的竞争状态；

第二，所有投资者都关注单一持有期，且所有投资者都只关心短期内的风险与收益情况，追求财富效用的最大化；

第三，投资者只能投资于公开交易的金融工具，如股票、债券等，并且可以不受限制地以固定的无风险利率进行借贷，卖空任何资产均无限制；

第四，投资者有相同的期望，即对预期收益率、标准差以及任何资产的协方差评价一致；

第五，投资者都是理性的，并且能获得完全可靠的信息；

第六，资产无限可分，并具有完美的流动性，可以以任何价格进行交易；

第七，没有税收和交易费用。

（二）多因素模型

资本资产定价模型的一个核心假设条件是，均值和标准差包含了资产未来收益率的所有相关信息。这种假设很难实现，因为影响资产预期收益率的因素很多。原则上资本资产定价模型认为资产的预期收益率取决于单一因素，但是在现实中多因素模型更符合实际。因为即使无风险收益率保持稳定，受风险影响的那部分风险溢价仍然可能受到多重因素的影响。

（三）套利定价模型

套利定价模型是基于套利定价理论，从多因素角度考虑证券收益，假设证券收益是由一系列产业方面和市场方面的因素确定的。

套利就是在两个不同的市场上以两种不同的价格同时买入和卖出证券，通过在一个市场上低价买进并同时在另一个市场上高价卖出，套利者就可以在无风险的情况下获利。

套利定价模型与资本资产定价模型都是建立在资本市场效率的原则上，套利定价模型仅仅是在统一框架之下的另一种证券估价方式。套利定价模型把资产的收益率放在一个多变量的基础上，它并不试图规定一组特定的决定因素，而是认为，资产的预期收益率取决于一组因素的线性组合。相对于资本资产定价模型，套利定价理论更加一般化，因此，在一定条件下，资本资产定价模型是套利定价理论的特殊形式。

第三节　价值观念在证券估价中的运用

当公司决定扩大企业规模，而又缺少必要的资金时，可以通过出售金融证券来筹集资金。债券和股票是两种最常见的金融证券。当企业发行债券或股票时，无论是筹资者还是投资者都会对该种证券的价值进行合理评估，以决定以何种价格发行或购买证券比较合理。因此，证券估价是财务管理中一个十分重要的问题。

证券的内在价值是投资者获得的未来预期现金流量按投资者要求的必要报酬率在一定期限内贴现的现值。因此，证券的价值受以下三个因素的影响：

一是未来各期预期现金流量数值；

二是未来预期现金流量的持续时间；

三是投资者进行该项投资所要求的必要报酬率，该收益率必须能够补偿投资者认为获取该项资产未来预期现金流量的风险。

现金流量贴现模型，对证券进行估价需要事先预期该项证券能产生的未来现金流量的水平、持续时间，预期投资所要求的必要报酬率，然后用投资者要求的报酬率把未来预期现金流量贴现为现值即可。

一、债券估价

债券是发行者为筹集资金而向债权人发行的，在约定时间支付一定比例的利息，并在到期时偿还本金的一种有价证券。作为一种有价证券，其发行者和购买者之间的权利和义务是通过债权契约固定下来的。

（一）债券的基本要素

债券的基本要素包括以下几个方面：

票面价值：票面上标明的金额，是发行人约定到期偿还的本金。

票面利率：每年的利息与面值的比率，不论市场利率如何变动，票面利率是固定的，按票面利率支付利息。

到期日：票面标明的固定偿还期限。

市场利率：决定债券市场价格的主要因素。

（二）债券的特点

债券具有如下特征：

偿还性：债券必须规定到期日期限，由债务人按期向债权人支付利息并偿还本金。

收益性：债券能为投资者带来一定的收入，包括债券利息收入和在市场上买卖债券取得的资本收益。

流动性：债券能迅速转变为货币而又不会在价值上蒙受损失的能力，债券的流动性与发行者的信誉和到期期限密切相关。

安全性：债券的安全性是相对于债券价格下跌的风险性而言的，通常流动性高的债券安全性也较高。

（三）债券投资的优缺点

债券投资具有以下优点：

第一，收益稳定。债券票面标明了价值和利率，债券发行人有按时付息的法定义务。

第二，流动性强。债券一般都可以在金融市场上迅速出售，流动性较强。

第三，安全性高。债券投资与股票投资相比风险较小。如果公司破产，债券持有者可以凭借优先求偿权优先于股东分得公司资产。

债券投资具有以下缺点：

第一，购买力风险较大。如果投资期间内通货膨胀率较高，则本金和利息的购买力将受到影响。当通货膨胀率很高时，投资者名义上获得收益，实际上遭受损失。

第二，需要承受利率风险。利率随时间上下波动，利率的上升会导致流通在外的债券价格下降。

第三，没有经营管理权。投资于债券只是获得收益的一种手段，投资者并没有权利对债券发行单位施加影响和控制。

（四）债券的估价方法

债券估价是根据债券在持有期内的现金流入，以市场利率或要求的回报率进行贴现而得到的现值。对固定票面利率债券而言，债券产生的现金流是由固定利息/加上到期偿还的本金组成的。对于浮动利率债券而言，利息随时间变化而变化。对零息债券而言，没有利息支付，只在债券到期时一次性支付面额。

二、股票估价

股票投资是证券投资的一个重要方面。股票是虚拟资本的一种形式，它本身没有价值，从本质上讲，股票仅仅是拥有某一所有权的凭证。股票之所以具有了价值，是因为股票持有人，即股东，不但可以参加股东大会，对股份公司的经营决策施加影响，还享有参与分红与派息的权利，从而获得相应的经济利益。股票投资是一种最具有挑战性的投资，其收益和风险都比较高。

股票有两种基本分类：普通股和优先股。优先股票是特殊股票中最主要的一种，在公司盈利和剩余财产的分配上享有优先权。二者的主要区别在于：

第一，普通股股东享有公司的经营参与权，而优先股股东一般不享有公司的经营参与权；

第二，普通股股东的收益要视公司的盈利状况而定，而优先股的收益是固定的；

第三，普通股股东不能退股，只能在二级市场上变现，而优先股股东可依照优先股股票上所附的赎回条款要求公司将股票赎回。

（一）股票的基本要素

股票的基本要素包括以下几个方面：

股票价值：也称股票内在价值。进行股票投资通常是为了在未来获得一定的现金流入，包括每期将获得的股利以及出售股票时得到的价格收入。

股票价格：股票在市场上进行交易时的价格，分为开盘价、收盘价、最高价、最低价等。股票价格波动性较大，影响因素十分复杂。

股利：股息和红利的总称，是股东所有权在分配上的体现。但是，只有当公司获得利润并且管理层愿意将利润分给股东而不是将其进行再投资时，股东才有可能获得股利。

（二）股票投资的优缺点

股票投资具有以下优点：

第一，投资收益高。虽然普通股票的价格变动频繁，但优质股票的价格总是呈上涨趋势。随着股份公司的发展，股东获得的股利也会不断增加。只要投资决策正确，股票投资收益是比较高的。

第二，能降低购买力风险。普通股票的股利是不固定的，随着股份公司收益的增长而提高。在通货膨胀时期，股份公司的收益增长率一般仍大于通货膨胀率，股东获得的股利可全部或部分抵消通货膨胀带来的购买力损失。

第三，流动性强。上市股票的流动性很强，投资者有闲散资金可随时买入，需要资金时又可随时卖出。这既有利于增强资产的流动性，又有利于提高其收益水平；

第四，拥有一定的经营控制权。投资者是股份公司的股东，有权参与或监督公司的生产经营活动。当投资者的投资额达到公司股本一定比例时，就能实现控制公司的目的。

股票投资具有以下缺点：

第一，普通股的收入不稳定。普通股股利的多少，视企业经营状况和财务状况而定，其有无、多少均无法律上的保证，风险远远大于固定收益证券。

第二，普通股价格波动频繁。普通股的价格受众多因素影响，如政治因素、经济因素、投资者心理因素、企业盈利状况等，使得股票价格很不稳定，风险也较大。

第三，普通股对公司资产和盈利的求偿权居于最后。公司破产时，股东的投资可能得不到全数补偿，甚至可能一无所有。

（三）股票的估价方法

股票有两种基本类别：普通股和优先股。两种股票的估价方法不同，下面分别进行介绍。

第一，优先股估价。优先股是介于债券和普通股之间的一种混合证券。优先股的价值是其未来股利按投资者要求的报酬率贴现的现值。大多数优先股在各期间支付固定的股利，这一特点使其具有债权固定利息的特征。有到期期限的优先股价值计算可用如下公式表示：

$$V = D \times PVIFA_{r,n} + P \times PVIF_{r,n}$$

式中符号及其含义如下：

V——优先股价值；

D——优先股每年支付的股息；

r——贴现率，即股票投资者所要求的报酬率；

P——发行公司回购优先股的价格；

n——年份。

第三章　财务分析与评价

第一节　财务分析与评价概述

一、财务分析的意义和内容

财务分析与评价是根据企业财务报表等信息资料，采用专门方法，系统地分析和评价企业的财务状况、经营成果以及未来发展趋势的过程。

财务分析以企业财务报告及其他相关资料为主要依据，对企业的财务状况和经营成果进行评价和剖析，反映企业在运营过程中的利弊得失和发展趋势，从而为改进企业财务管理工作和优化经济决策提供重要财务信息。

（一）财务分析的意义

财务分析对不同的信息使用者具有不同的意义。具体来说，财务分析的意义主要体现在如下方面。

第一，可以判断企业的财务实力。通过对资产负债表和利润表有关资料进行分析，计算相关指标，可以了解企业的资产结构和负债水平是否合理，从而判断企业的偿债能力、营运能力及获利能力等财务实力，揭示企业在财务状况方面可能存在的问题。

第二，可以评价和考核企业的经营业绩，揭示财务活动存在的问题。通过指标的计算、分析和比较，能够评价和考核企业的盈利能力和资金周转状况，揭示其经营管理的各个方面和各个环节问题，找出差距，得出分析结论。

第三，可以挖掘企业潜力，寻求提高企业经营管理水平和经济效益的途径。企业进行财务分析的目的不仅仅是发现问题，更重要的是分析问题和解决问题。通过财务分析，应保持和进一步发挥生产经营管理中成功的经验，对存在的问题应提出解决的策略和措施，以达到扬长避短、提高经营管理水平的经济效益的目的。

第四，可以评价企业的发展趋势。通过各种财务分析，可以判断企业的发展趋势，预测其生产经营的前景及偿债能力，从而为企业领导层进行生产经营决策、投资者进行投资决策和债权人进行信贷决策提供重要的依据，避免因决策错误给其带来重大的损失。

（二）财务分析的内容

财务分析信息的需求者主要包括企业所有者、企业债权人、企业经营决策者和政府等。不同主体出于不同的利益考虑，对财务分析信息有着各自不同的要求。

第一，企业所有者作为投资人，关心其资本的保值和增值状况，因此较为重视企业获利能力指标，主要进行企业盈利能力分析。

第二，企业债权人因不能参与企业剩余收益分享，首先关注的是其投资的安全性，因此更重视企业偿债能力指标，主要进行企业偿债能力分析，同时也关注企业盈利能力分析。

第三，企业经营决策者必须对企业经营理财的各个方面，包括运营能力、偿债能力、获利能力及发展能力的全部信息予以详尽的了解和掌握，主要进行各方面综合分析，并关注企业财务风险和经营风险。

第四，政府兼具多重身份，既是宏观经济管理者，又是国有企业的所有者和重要的市场参与者，因此政府对企业财务分析的关注点因所具身份不同而异。

尽管不同企业的经营状况、经营规模、经营特点不同，作为运用价值形式进行的财务分析，归纳起来其分析的内容不外乎偿债能力分析、营运能力分析、获利能力分析、发展能力分析和综合能力分析等五个方面。

二、财务分析的方法

财务分析的方法有比较分析法、因素分析法、综合分析法三种。这里重点介绍前两种。

（一）比较分析法

比较是认识事物最基本的方法，没有比较，分析就无法开始。财务分析的比较法是指对两个或以上的相关数据进行对比，以揭示差异和矛盾的一种分析方法。根据比较的参照物不同，比较分析法可分为两大类。

1.按照比较对象分类

按照比较对象（和谁比）分类，比较分析法可以进一步分为比较趋势分析法、横向比较法以及预算差异比较法。比较趋势分析法是指与本公司历史（不同时期，一般选取2~10年）指标进行比较，也称趋势分析。横向比较分析法是指与同类型公司进行比较，即与行业平均数或竞争对手比较，也称横向比较。预算比较分析法是指本公司与计划、预算比较，即实际结果与计划指标比较，也称预算差异分析。

2.按照比较内容分类

按照比较内容（比什么）分类，比较分析法可以分为总量比较分析法、结构百分比比较分析法以及财务比率比较分析法。其中，总量比较分析法主要用于时间序列分析，研究发展变化趋势，有时也用于同业比较，评价公司的相对规模与竞争地位，例如总资产、净资产、净利润比较等。结构百分比比较分析法是指通过分析同一类别中局部占总体的比重变化，进而揭示重点问题以及主要形成原因的一种分析方法，例如结构百分比利润表分析等。财务比率分析法是指借助同一报表或者不同报表中两个或以上不同类别，但相互关联的指标，构造成一个比率，用以分析比较企业某一方面财务能力的方法，例如资产负债率、销售净利率等。

（二）因素分析法

每一个公司都是一个有机整体，任一单个财务指标的高低都受诸多其他因素的影响与驱动。从数量上测定各因素的影响程度，可以帮助人们抓住主要矛盾，更有说服力地评价企业经营状况。因素分析法是指依据财务指标与其驱动因素之间的关系，从数量上确定各因素对指标影响程度的一种方法。在具体运用中，一般在分析某一因素变化时，假定其他因素不变，分别测定各个因素变化对分析指标影响程度的计算方法，所以又称连环替代法。

因素分析法的基本特点是：在有两个以上因素存在着相互联系的制约关系时（具体表现为构成经济指标各因素之间存在相乘或相除的关系），对于一个经济指标发生变化，为了确定各个因素的影响程度，首先要以基期指标为基础.把各个因素的基期数按照一定顺序依次地以实际数来代替.尚未代替的因素仍保持基期水平，每次代替就得出一个新结果，直到每个影响因素全部替代完为止。每次替代后的新结果与上一次替代的结果的差额，即为这一被代替因素的影响。将各因素的影响数值相加，应等于实际指标与基期指标之间的总差异。

三、财务分析的基本程序与步骤

财务分析的程序是指进行财务分析时所应遵循的一般章程与顺序。研究财务分析程序是进行财务分析的基础与关键，它为开展财务分析工作、掌握财务分析技术指明了方向。

从财务分析目标与作用出发，财务分析的程序可以归纳为四个阶段10个步骤。

（一）财务分析信息搜集整理阶段

财务分析信息搜集整理阶段主要由以下三个步骤组成。

1.明确财务分析的目的

在进行财务分析前，首先必须明确为什么要进行财务分析，是要评价企业经营业绩？是要进行投资决策？还是要制定未来经营策略？只有明确了财务分析的目的，才能正确地搜集整理信息，选择正确的分析方法，从而得出正确的结论。

2.制订财务分析计划

在明确财务分析目的的基础上，应制订财务分析计划，包括财务分析的人员组成及分工、时间进度安排、财务分析的内容及拟采用的分析方法等。财务分析计划是财务分析顺利进行的保证.当然，这个计划并不一定要形成文件，可能只是一个草案，也可能是口头的，但没有这个计划是不行的。

3.搜集整理财务分析信息

财务分析信息是财务分析的基础，信息搜集整理的及时性、完整性、准确性，对分析的正确性有着直接的影响。信息的搜集整理应根据分析的目的和计划进行。但这并不是说不需要经常性、一般性的信息搜集与整理。其实，只有平时日积月累各种信息，才能根据不同的分析目的及时提供所需信息。

（二）战略分析与会计分析阶段

战略分析与会计分析阶段主要由以下两个步骤组成。

1.企业战略分析

企业战略分析通过对企业所在行业或企业拟进入行业的分析.明确企业自身地位及应采取的竞争战略。企业战略分析通常包括行业分析和企业竞争策略分析。行业分析的目的在于分析行业的盈利水平与盈利潜力，因为不同行业的盈利能力和潜力大小可能是不同的。

影响行业盈利能力的因素有许多，归纳起来主要可分为两类：一是行业的竞争程度；二是市场谈判或议价能力。企业战略分析的关键在于企业如何根据行业分析的结果，正确选择企业的竞争策略，使企业保持持久竞争优势和高盈利能力。企业进行竞争的策略有许许多多，最重要的竞争策略主要有两种，即低成本竞争策略和产品差异策略。

企业战略分析是会计分析和财务分析的基础和导向，通过企业战略分析，分析人员能深入了解企业的经济状况和经济环境，从而能进行客观、正确的会计分析与财务分析。

2.财务报表会计分析

会计分析的目的在于评价企业会计所反映的财务状况与经营成果的真实程度。会计分析的作用是，一方面通过对会计政策、会计方法、会计披露的评价，揭示会计信息的质量；另一方面通过对会计灵活性、会计估价的调整，修正会计数据，为财务分析奠定基础，并保证财务分析结论的可靠性。

会计分析一般可按以下步骤进行：第一，阅读会计报告；第二，比较会计报表；第三，解释会计报表；第四，修正会计报表信息。

会计分析是财务分析的基础，通过会计分析，对发现的由于会计原则、会计政策等原因引起的会计信息差异，应通过一定的方式加以说明或调整，消除会计信息的失真问题。

（三）财务分析实施阶段

财务分析的实施是在战略分析与会计分析的基础上进行的，它主要包括以下两个步骤。

1.财务指标分析

财务指标包括绝对数指标和相对数指标两种。对财务指标进行分析，特别是进行财务比率指标分析，是财务分析的一种重要方法或形式。财务指标能准确反映某方面的财务状况。进行财务分析，应根据分析的目的和要求选择正确的分析指标。债权人要进行企业偿债能力分析，他必须选择反映偿债能力的指标或反映流动性情况的指标进行分析，如流动比率指标、速动比率指标、资产负债率指标等；而一个潜在投资者要进行对企业投资的决策分析，他则应选择反映企业盈利能力的指标进行分析，如总资产报酬率、资本收益率，以及股利报偿率和股利发放率等。正确选择与计算财务指标是正确判断与评价企业财务状况的关键所在。

2.基本因素分析

财务分析不仅要解释现象，而且应分析原因。因素分析法就是要在报表整体分析和财务指标分析的基础上，对一些主要指标的完成情况，从其影响因素角度，深入进行定量分析，确定各因素对其的影响方向和程度，为企业正确进行财务评价提供最基本的依据。

（四）财务分析综合评价阶段

财务分析综合评价阶段是财务分析实施阶段的继续，可分为三个步骤。

1.财务综合分析与评价

财务综合分析与评价是在应用各种财务分析方法进行分析的基础上，将定量分析结果、定性分析判断及实际调查情况结合起来，以得出财务分析结论的过程。财务分析结论是财务分析的关键步骤，结论的正确与否是判断财务分析质量的唯一标准。一个正确分析结论的得出，往往需要经过几次反复。

2.财务预测与价值评估

财务分析既是一个财务管理循环的结束，又是另一财务管理循环的开始。应用历史或现实财务分析结果预测未来财务状况与企业价值，是现代财务分析的重要任务之一。因此，财务分析不能仅满足于事后分析原因，得出结论，而且要对企业未来发展及价值状况进行分析与评价。

3.财务分析报告

财务分析报告是财务分析的最后步骤。它将财务分析的基本问题、财务分析结论，以及针对问题提出的措施建议以书面的形式表示出来，为财务分析主体及财务分析报告的其他受益者提供决策依据。财务分析报告作为对财务分析工作的总结，还可作为历史信息，以供后来的财务人员分析参考，保证财务分析的连续性。

不同的人，出于不同的目的，使用不同的财务分析方法。财务分析不是一种有固定程序的工作，不存在唯一的通用分析程序，而是一个研究和探索的过程。财务分析的具体程序和步骤，应根据分析目的由分析人员个别设计。

四、财务分析的局限性

财务分析对于了解企业的财务状况和经营成绩，评价企业的偿债能力和经营能力，帮助制定经济决策，有着显著的作用。但由于种种因素的影响，财务分析也存在着一定的局限性。在分析中，应注意这些局限性的影响，以保证分析结果的正确性。

（一）资料来源的局限性

1.报表数据的时效性问题

财务报表中的数据，均是企业过去经济活动的结果和总结，将其用于预测未来的发展趋势，只有参考价值，并非绝对合理。

2.报表数据的真实性问题

在企业形成其财务报表之前，信息提供者往往会对信息使用者所关注的财务状况以及对信息的偏好进行仔细分析与研究，并尽力满足信息使用者对企业财务状况和经营成果信息的期望。其结果极有可能使信息使用者所看到的报表信息与企业的实际状况相距甚远，从而误导信息使用者的决策。

3.报表数据的可靠性问题

财务报表虽然是按照会计准则编制的，但不一定能准确地反映企业的客观实际。例如：报表数据未按通货膨胀进行调整；某些资产以成本计价，并不代表其现在真实价值；许多支出在记账时存在灵活性，既可以作为当期费用，也可以作为资本项目在以后年度摊销；很多资产以估计值入账，但未必正确；偶然事件可能歪曲本期的损益，不能反映盈利的正常水平。

4.报表数据的可比性问题

根据会计准则的规定，不同的企业或同一个企业的不同时期都可以根据情况采用不同的会计政策和会计处理方法，使得报表上的数据在企业的不同时期和不同企业之间的对比在很多时候失去意义。

5.报表数据的完整性问题

由于报表本身的原因，其提供的数据是有限的。对报表使用者来说，可能不少需要的信息在报表或附注中根本找不到。

（二）财务分析方法的局限性

对于比较分析法来说，在实际操作时，比较的双方必须具备可比性才有意义。对于比率分析法来说，比率分析是针对单个指标进行分析，综合程度较低，在某些情况下无法得出令人满意的结论。比率指标的计算一般都是建立在以历史数据为基础的财务报表之上的，这使得比率指标提供的信息与决策之间的相关性大打折扣。对于因素分析法来说，在计算各因素对综合经济指标的影响时，主观假定各因素的变化顺序而且规定每次只有一个因素发生变化，这些假定往往与事实不符。并且，无论何种分析法均是对过去经济事项的反映。随着环境的变化，这些比较标准也会发生变化。而在分析时，分析者往往只注重数据的比较，而忽略经营环境的变化，这样得出的分析结论也是不全面的。

（三）财务分析指标的局限性

1.财务指标体系不严密

每一个财务指标只能反映企业的财务状况或经营状况的某一方面，每一类指标都过分强调本身所反映的方面，导致整个指标体系不严密。

2.财务指标所反映的情况具有相对性

在判断某个具体财务指标是好还是坏，或根据一系列指标形成对企业的综合判断时，必须注意财务指标本身所反映情况的相对性。因此，在利用财务指标进行分析时，必须掌握好对财务指标的"信任度"。

3.财务指标的评价标准不统一

比如，对流动比率，人们一般认为指标值为2比较合理，速动比率则认为1比较合适。但许多成功企业的流动比率都低于2，不同行业的速动比率也有很大差别，如采用大量现金销售的企业，几乎没有应收账款，速动比率大大低于1是很正常的。相反，一些应收账款较多的企业，速动比率可能要大于1。因此，在不同企业之间用财务指标进行评价时没有一个统一标准，不便于不同行业间的对比。

4.财务指标的计算口径不一致

比如，对反映企业营运能力的指标，分母的计算可用年末数，也可用平均数，而平均数的计算又有不同的方法，这些都会导致计算结果不一样，不利于评价比较。

第二节　财务能力分析

财务报表中有大量的数据，可以组成许多有意义的财务比率，这些比率涉及企业经营管理的各个方面，体现着企业的财务能力。企业的财务能力主要反映在以下三个方面：偿债能力、营运能力、盈利能力。

一、偿债能力分析

偿债能力是指企业偿还到期各种债务的能力。偿债能力分析是财务分析的一个重要方面，它对于债权人判断企业的财务风险、投资人分析企业的股利支付能力、企业调整资本结构、政府调控经济政策等都具有十分重要的作用。企业的偿债能力可以从短期和长期两个角度进行分析。

（一）短期偿债能力分析

短期偿债能力是指企业偿还流动负债的能力。而用于偿还流动负债的资产一般来源于流动资产，如果企业具有较好的现金流量，就能按期偿还债务，避免陷入财务危机。衡量短期偿债能力的指标包括流动比率、速动比率、现金比率等。其中流动比率与速动比率是衡量短期偿债能力最重要的两个指标。

1.流动比率

流动比率是企业流动资产与流动负债之比，其计算公式为：

$$流动比率 = \frac{流动资产}{流动负债}$$

流动资产一般包括现金、有价证券、应收账款及存货。流动负债一般包括应付账款、应付票据、本年到期的债务、应付未付的所得税及其他未付开支。

流动比率是衡量企业短期偿债能力的一个重要财务指标。这个比率越高，说明企业偿还流动负债的能力越强，流动负债得到偿还的保障越大。如果流动负债上升的速度过快，如果流动比率过低，公司近期可能会有财务方面的困难。但过高的流动比率并非好现象，应注意分析公司的具体情况，检查是否是资产结构不合理造成的，或者是募集的长期资金没有尽快投入使用，或者是别的什么原因。根据西方企业的经验，流动比率在2左右比较合适。

2.速动比率

速动比率也称酸碱度测试比率，是速动资产和流动负债之比。速动资产是流动资产减去变现能力较差且不稳定的存货、预付账款、一年内到期的非流动资产和其他流动资产等后的余额。其计算公式为：

$$速动比率 = \frac{速动资产}{流动负债}$$
$$= \frac{流动资产 - 存货 - 预付账款1年内到期的非流动资产 - 其他流动资产}{流动负债}$$

一般情况下，速动比率越高，说明企业偿还流动负债的能力越强。但速动比率过高，则表明企业会因现金及应收账款占用过多而增加企业的机会成本。通常认为正常的速动比率为1，低于1的速动比率被认为是短期偿债能力偏低。

3.现金比率

速动资产中，流动性最强、可直接用于偿债的资产称为现金资产。现金资产包括货币资金、交易性金融资产等。与其他速动资产不同，它们本身就是可以直接偿债的资产，而其他速动资产需要等待不确定的时间，才能转换为不确定金额的现金。

现金资产与流动负债的比值称为现金比率，计算公式如下：

$$现金比率＝货\frac{货币资金－交易性金融资产}{流动负责债}$$

（二）长期偿债能力分析

长期偿债能力是指企业偿还非流动负债的能力。反映长期偿债能力的指标包括资产负债率、已获利息倍数等。

1.资产负债率

资产负债率是企业负债总额与资产总额之比，也称负债比率，它反映企业的资产总额中有多少是通过举债而得到的。资产负债率反映企业偿还债务的综合能力，该比率越高，企业偿还债务的能力越差；反之，偿还债务的能力越强。其计算公式为；

$$资产负债率＝\frac{负债总额}{资产总额}×100\%$$

注意：在对该指标进行分析时，不能简单地从指标数值的高低进行考察。不同的人对资产负债比率取值的要求不同。比如新的贷款人喜欢公司有较低的负债率，当企业发生清偿事件时，贷款人的保障就多一些。而股东一般喜欢较高的负债率，这样可以利用财务杠杆效应增加收益。当然负债率越高，企业财务风险也越大。

2.产权比率和权益乘数

产权比率和权益乘数是资产负债率的另外两种表现形式，和资产负债率的性质一样。

产权比率又称负债权益比率，是负债总额与股东权益总额之比。该比率反映了债权人所提供的资金与股东所提供资金的对比关系，从而揭示企业的财务风险以及股东权益对债务的保障程度。该比率越低，说明企业长期财务状况越好，债权人贷款的安全越有保障，企业风险越小。权益乘数是总资产与股东权益之比。

产权比率表明每1元股东权益借入的债务额度，权益乘数表示每1元股东权益拥有的资产额度，它们是两种常用的财务杠杆比率。财务杠杆即表明债务多少，与偿债能力有关。财务杠杆影响总资产净利率和权益净利率之间的关系，还表明权益净利率的风险高低，与盈利能力有关。其计算公式为：

$$产权比率＝\frac{负债总额}{股权权益总额}×100\%$$

$$权益乘数＝\frac{资产总额}{股东权益总额}×100\%$$

3.已获利息倍数（利息保障倍数）

利息保障倍数是税前利润加利息支出之和（即息税前利润）与利息支出的比值，反映了企业用经营所得支付债务利息的能力。该比率越高，说明企业用经营所得支付债务利息的能力越强，它会增强贷款人对公司支付能力的信任程度。其计算公

式为:

$$利息保障倍数 = \frac{税前利润 + 利息支出}{利息支出利} = \frac{息税前利润}{利息支出}$$

国际上通常认为,该指标为3时较为适当,从长期来看至少应大于1。

二、营运能力(资产管理能力)分析

营运能力,也称资产管理能力。营运能力分析只要用来分析企业的资产管理水平。存货的积压状况、应收账款的回收天数、资产结构是否合理等,都可以用营运能力的比率做出分析判断。按照企业的资产构成,与销售收入相关的资产主要包括流动资产和固定资产。因此,在实务中,营运能力分析主要是通过计算应收账款周转率、存货周转率、流动资产周转率、固定资产周转率和总资产周转率五项指标进行分析。

1.应收账款周转率

应收账款周转率是反映年度内应收账款转换为现金的平均次数的指标。用时间表示的应收账款周转速度是应收账款周转天数,也称为平均应收款回收期,它表示企业从取得应收账款的权利到收回款项所需要的时间。其计算公式为:

$$应收账款周转率 = \frac{营业收入}{平均应收账款余额}$$

$$应收账款周转天数 = \frac{360}{应收账款周转率}$$

一般而言,应收账款周转率越高,应收账款周转天数越短,说明应收账款的收回越快,可以减少坏账损失。但该指标不适合季节性经营的企业。应收账款周转天数同时还考察了企业的信用管理能力。如果与行业平均值偏离过大,应考虑公司的信用政策是否合理,或是否还有其他原因。

2.存货周转率

存货周转率是衡量和评价企业购入存货、投入生产、销售收回等各环节管理状况的综合性指标。它是销售成本被平均存货所除而得到的比率,又称存货的周转次数。用时间表示的存货周转率就是存货周转天数。其计算公式为:

$$存货周转率(周转次数) = \frac{营业成本}{平均存货余额}$$

$$存货周转天数 = \frac{360}{存货周转率}$$

其中

$$平均存货 = \frac{期初存货余额 + 期末存货余额}{2}$$

存货周转速度的快慢对企业的偿债能力及其获利能力产生决定性的影响。一般来讲，存货周转率越高越好。存货周转率越高，表明存货变现的速度越快，周转额越大，资金占用水平越低。

3.流动资产周转率

流动资产周转率是销售收入与流动资产平均余额之比，它反映的是全部流动资产的利用效率。其计算公式为：

$$流动资产周转率 = \frac{营业收入}{平均流动资产}$$

其中

$$平均流动资产 = \frac{期初流动资产余额 + 期末流动资产余额}{2}$$

4.固定资产周转率

固定资产周转率是企业销售收入与平均固定资产净值之比。该比率越高，说明固定资产的利用率越高，管理水平越好。其计算公式为：

$$固定资产周转率 = \frac{营业收入}{平均固定资产净值}$$

其中

$$平均固定资产净值 = \frac{期初固定资产净值 + 期末固定资产净值}{2}$$

固定资产周转率是用来考察设备厂房利用情况的。当固定资产周转率处于较低水平时，反映固定资产利用得不够，需要分析固定资产没有充分利用的原因。通常计划新的固定资产投资时，财务管理人员需要分析现有固定资产是否已被充分利用。如果公司的固定资产周转率远高于行业平均值，有可能是需要增加固定资产投资的信号。

一般情况下，固定资产周转率越高，表明企业固定资产利用越充分。

5.总资产周转率

总资产周转率是企业销售收入与平均资产总额之比.可以用来分析企业全部资产的使用效率。如果该比率较低，企业应采取措施提高销售收入或处置资产，以提高总资产利用率。其计算公式为；

$$总资产周转率（周转次数） = \frac{营业收入}{平均资产总额}$$

其中

$$平均资产总额 = \frac{期初资产总额 + 期末资产总额}{2}$$

如果公司的总资产利用率较低，说明企业的资产利用不充分。若公司有闲置资产，则应设法变卖，若公司在建工程未完工，则占用的资产暂时不能带来效益，这一点在分析时应注意。

三、盈利能力分析

通常，评价一个企业的盈利能力往往是以企业赚取利润的能力来进行衡量的，这里的利润指会计方法确认的利润。但以会计方法确认的利润来评价企业的盈利能力有一定的局限性。从经济意义的角度来说，企业具有较强的盈利能力应是企业的收益率大于投资人自己能从资本市场上赚取利润的收益率。但这并不可否认企业可以根据会计方法对其当期盈利能力进行判断。反映盈利能力的指标主要有营业利润率、资产利润率、权益净利率等。

1.营业利润率

营业利润率反映了企业的营业利润与营业收入的比例关系。其计算公式为：营

$$营业利润率 = \frac{营业利润}{营业收入} \times 100\%$$

营业利润率越高，表明企业市场竞争力越强，发展潜力越大，获利能力越强。

2.资产利润率

总资产报酬率也称资产利润率或资产收益率，是企业在一定时期内的净利润与平均资产总额之比。该比率用来衡量企业利用资产获取利润的能力，反映了企业总资产的利用效率。如果企业的资产报酬率较低，说明该企业资产利用效率较低，经营管理存在问题。其计算公式为：

$$总资产报酬率 = \frac{净利润}{平均资产总额} \times 100\%$$

其中

$$平均资产总额 = \frac{期初资产总额 + 期末资产总额}{2}$$

3.权益净利率

股东权益报酬率也称净资产收益率，是在一定时期内企业的净利润与平均股东权益总额之比。该比率是评价企业获利能力的一个重要财务指标，反映了企业股东获取投资报酬的高低。该比率越高，说明企业的获利能力越强。其计算公式为：

$$股东权益报酬率 = \frac{净利润}{平均股东权益总额} \times 100\%$$

四、上市公司财务指标分析

上市公司不同于一般企业，外部报表使用者要求上市公司披露更多的信息，以便投资者和债权人等能根据对财务报表资料的分析做出自己的判断。按照我国上市公司信息披露的有关规定，对于上市公司来说，最重要的财务指标是每股收益、每股净资产和净资产收益率。证券信息机构要定期公布按以上三项指标排序的上市公

司排行榜。由此可见，对上市公司而言，其财务指标更应引起关注。

（一）每股收益

每股收益是综合反映企业获利能力的重要指标，可以用来判断和评价管理层的经营业绩。

1.基本每股收益

基本每股收益的计算公式为：

$$基本每股收益 = \frac{归属于公司普通股东的净利润}{发行在外的普通股加权平均数}$$

2.稀释每股收益

企业存在稀释性潜在普通股的，应当计算稀释每股收益。潜在普通股主要包括可转换公司债券、认股权证和股份期权等。

第一，可转换公司债券。

对于可转换公司债券，计算稀释每股收益时，分子的调整项目为可转换公司债券当期已确认为费用的利息等的税后影响额；分母的调整项目为假定可转换公司债券当期期初或发行日转换为普通股的股数加权平均数。

第二，认股权证和股份期权。

认股权证、股份期权等的行权价格低于当期普通股平均市场价格时，应当考虑其稀释性。

计算稀释每股收益时，作为分子的净利润金额一般不变；分母的调整项目为增加的普通股股数，同时还应考虑时间权数。

行权价格和拟行权时转换的普通股股数，按照有关认股权证合同和股份期权合约确定。公式中的当期普通股平均市场价格通常按照每周或每月具有代表性的股票交易价格进行简单算术平均计算。在股票价格比较平稳的情况下，可以采用每周或每月股票的收盘价作为代表性价格；在股票价格波动较大的情况下，可以采用每周或每月股票最高价与最低价的平均值作为代表性价格。无论采用何种方法计算平均市场价格，一经确定，不得随意变更，除非有确凿证据表明原计算方法不再适用。当期发行认股权证或股份期权的，普通股平均市场价格应当自认股权证或股份期权的发行日起计算。

在分析每股收益指标时，应注意企业利用回购库存股的方式减少发行在外的普通股股数，使每股收益简单增加。另外，如果企业将盈利用于派发股票股利或配售股票，就会使企业流通在外的股票数量增加，这样将会大量稀释每股收益。在分析上市公司公布的信息时，投资者应注意区分公布的每股收益是按原始股股数还是按完全稀释后的股份计算规则计算的，以免受到误导。

对投资者来说，每股收益是一个综合性的盈利概念，能比较恰当地说明收益的增长或减少。人们一般将每股收益视为企业能否成功地达到其利润目标的计量标志，也可以将其看成一家企业管理效率、盈利能力和股利来源的标志。

每股收益这一财务指标在不同行业、不同规模的上市公司之间具有相当大的可比性，因而在各上市公司之间的业绩比较中被广泛地引用。此指标越大，盈利能力越好，股利分配来源越充足，资产增值能力越强。

（二）每股股利

每股股利是企业股利总额与企业流通股数的比值。其计算公式为：

$$每股股利 = \frac{股利总额}{流通在外的普通加权平均股数}$$

每股股利反映的是上市公司每一普通股获取股利的大小。每股股利越大，则企业股本获利能力就越强；每股股利越小，则企业股本获利能力就越弱。但须注意，上市公司每股股利发放多少，除了受上市公司获利能力大小影响以外，还取决于企业的股利发放政策。如果企业为了增强企业发展后劲而增加企业的公积金，则当前的每股股利必然会减少；反之，则当前的每股股利会增加。

反映每股股利和每股收益之间关系的一个重要指标是股利发放率，即每股股利分配额与当期的每股收益之比。借助于该指标，投资者可以了解一家上市公司的股利发放政策。

（三）市盈率

市盈率是股票每股市价与每股收益的比率，其计算公式如下：

$$市盈率 = \frac{每股市价}{每股收益}$$

一方面，市盈率越高，意味着企业未来成长的潜力越大，也即投资者对该股票的评价越高，反之，投资者对该股票评价越低。另一方面，市盈率越高，说明投资于该股票的风险越大，市盈率越低，说明投资于该股票的风险越小。

影响企业股票市盈率的因素有：第一，上市公司盈利能力的成长性。如果上市公司预期盈利能力不断提高，说明企业具有较好的成长性，虽然目前市盈率较高，也值得投资者进行投资。第二，投资者所获取报酬率的稳定性。如果上市公司经营效益良好且相对稳定，则投资者获取的收益也较高且稳定，投资者就愿意持有该企业的股票，则该企业的股票市盈率会由于众多投资者的普遍看好而相应提高。第三，市盈率也受到利率水平变动的影响。当市场利率水平变化时，市盈率也应作相应的调整。在股票市场的实务操作中，利率与市盈率之间的关系常用如下公式表示：

$$市场平均市盈率 = \frac{1}{市场利率}$$

所以，上市公司的市盈率一直是广大股票投资者进行中长期投资的重要决策指标。对于因送红股、公积金转增资本、配股造成股本总数比上一年年末数增加的公司，其每股税后利润按变动后的股本总数予以相应的摊薄。

（四）每股净资产

每股净资产，又称每股账面价值，是指企业净资产与发行在外的普通股股数之间的比率。用公式表不为：

$$每股净资产 = \frac{股东权益总额}{发行在外的普通股股数}$$

每股净资产显示了发行在外的每一普通股股份所能分配的企业账面净资产的价值。这里所说的账面净资产是指企业账面上的总资产减去负债后的余额，即股东权益总额。每股净资产指标反映了在会计期末每一股份在企业账面上到底值多少钱，它与股票面值、发行价值、市场价值乃至清算价值等往往有较大差距。

利用该指标进行横向和纵向对比，可以衡量上市公司股票的投资价值。如在企业性质相同、股票市价相近的条件下，某一企业股票的每股净资产越高，则企业发展潜力与其股票的投资价值越大，投资者所承担的投资风险越小。但是也不能一概而论，在市场投机气氛较浓的情况下，每股净资产指标往往不太受重视。投资者，特别是短线投资者注重股票市价的变动，有的企业的股票市价低于其账面价值，投资者会认为这个企业没有前景.从而失去对该企业股票的兴趣；如果市价高于其账面价值，而且差距较大，投资者会认为企业前景良好，有潜力，因而甘愿承担较大的风险购进该企业股票。

净资产代表的是全体股东共同享有的权益，是股东拥有公司财产和公司投资价值最基本的体现，它可以用来反映企业的内在价值。一般来说，市净率较低的股票，投资价值较高；反之，则投资价值较低。但有时较低市净率反映的可能是投资者对公司前景的不良预期，而较高市净率则相反。因此，在判断某只股票的投资价值时，还要综合考虑当时的市场环境以及公司经营情况、资产质量和盈利能力等因素。

第三节　财务趋势分析

趋势分析法又称时间序列分析法，是通过比较企业连续数期的会计报表，运用动态数值表现各个时期的变化，揭示其发展趋势与规律的分析方法。企业的经济现象是复杂的，受多方面因素变化的影响.如果看从某一时期或某一时点，将很难看清它的发展趋势和规律，因此必须把连续数期的数据按时期或时点的先后顺序整理为时间序列，运用统计学时间序列分析的方法.建立预测模型，对现象进行发展趋势的预测和分析，以认识现象的长时间变化规律。趋势分析法所采用的具体数学方法有多种，如算数平均法、加权平均法、移动加权平均法、平滑指数法等。

一、算术平均法

算术平均法是将过去若干期的某一指标的实际发生数据的算术平均数作为计划

期这一指标的预计数的预测方法。这种方法通过计算平均数，剔除了偶发因素的影响。其计算公式为：

计划期预计数 = 各期实际数之和 ÷ 期数

这种方法的优点是计算简单，缺点是没有考虑时间序列的变动趋势，即无法体现近期变动趋势对预测期的影响程度，因而预测值与实际销售量将会产生较大误差，所以只适用于预测销售量较稳定的产品。

二、移动加权平均法

移动加权平均法是先按照过去若干期指标值距离计划期的远近分别设置不同的权重值，然后以各期指标值的加权平均值作为计划期指标值的预测数据的一种预测方法。采用这个方法，由于一般近期权重值较大，远期权重值较小，因此克服了算术平均法的缺点。所谓的"移动"是指.所采用的历史资料需随时间的推移而往后移动。例如，预测7月份的指标值，采用4、5、6月份的指标值；预测8月份的指标值，就采用5、6、7月份的指标值资料，以此类推。为计算方便，一般令总权重值之和为1。下例所取观测值为3个月时.其权重值可以按照距离预测月份的远近分别设定为0.2、0.3、0.5，这样，它们的权重值之和等于1。

移动加权平均法考虑近期销售量的发展趋势，而且按照预测期的远近分别设置权重值，消除了各个月份销售差异的平均化，所以预测结果的准确性大大提高了。

三、平滑指数法

平滑指数法是指在预测某一财务指标的未来趋势值时导入平滑指数计算预测值的分析方法。平滑指数的实质是一个带有经验值的加权因子.取值范围一般为 0.3 ~ 0.7。其计算公式为；

某指标的下期预测值 = 平滑指数 × 某指标本期实际值 + （1−平滑指数）× 某指标本期预测值

平滑指数法可以消除实际销售中所包含的偶然因素的影响.但是平滑指数的确定难免带有一定的主观因素。平滑指数越大，则近期实际数对预测结果的影响就越大；反之，平滑指数越小，则近期实际数对预测结果的影响就越小。因此，我们可以选取较大的平滑指数以凸显近期实际数对预测值的影响，或者选取较小的平滑指数，以凸显指标值的长期变动趋势。

第四节　财务综合分析与评价

财务分析的最终目的在于全面、准确、客观地揭示与披露企业财务状况和经营情况，并借以对企业经济效益优劣做出合理的评价。显然.要达到这样一个分析目的，仅仅测算几个简单、孤立的财务比率，或者将一些孤立的财务分析指标堆砌在一起，彼此毫无联系地考察，是不可能得出合理、正确的综合性结论的，有时甚至会得出错误的结论。因此，只有将企业偿债能力、营运能力、投资收益实现能力以及发展趋势等各项分析指标有机地联系起来，作为一套完整的体系，相互配合使用，做出系统的综合评价，才能从总体意义上把握企业财务状况和经营情况的优劣。

综合分析法是把有关财务指标和影响财务状况的各种因素有序地排列在一起，综合分析各因素对企业财务状况和经营成果影响的利弊，从而对企业财务状况做出全面、系统的评价的分析方法。综合分析法主要有杜邦分析体系、沃尔评分法、雷达图法等。

综合分析的意义在于能够全面、正确地评价企业的财务状况和经营成果，因为局部不能替代整体，某项指标的好坏不能说明整个企业经济效益的高低。除此之外，综合分析的结果在进行企业不同时期比较分析和不同企业之间比较分析时消除了时间上和空间上的差异，使之更具有可比性，有利于总结经验、吸取教训、发现差距、赶超先进，进而可以从整体上、本质上反映和把握企业生产经营的财务状况和经营成果。

一、企业综合绩效分析的方法

企业综合绩效分析方法有很多，传统方法主要有杜邦分析法和沃尔评分法等。

（一）杜邦分析法

杜邦分析法，又称杜邦财务分析体系，简称杜邦体系，是利用各主要财务比率指标间的内在联系，对企业财务状况及经济效益进行综合系统分析评价的方法。该体系是以净资产收益率为起点，以总资产净利率和权益乘数为核心，重点揭示企业获利能力及权益乘数对净资产收益率的影响，以及各相关指标间的相互影响作用关系。因其最初由美国杜邦公司成功应用，故得名。

其分析关系式为：

净资产收益率 = 销售净利率 × 总资产周转率 × 权益乘数

运用杜邦分析法需要抓住以下几点：

第一，净资产收益率是一个综合性最强的财务分析指标，是杜邦分析体系的起点。

财务管理的目标之一是使股东财富最大化，净资产收益率反映了企业所有者投入资本的获利能力，说明了企业筹资、投资、资产营运等各项财务及其管理活动的效率，而不断提高净资产收益率是使所有者权益最大化的基本保证。所以，这一财务分析指标是企业所有者、经营者都十分关心的。而净资产收益率高低的决定因素主要有三个，即销售净利率、总资产周转率和权益乘数。这样，在进行分解之后，就可以将净资产收益率这一综合性指标升降变化的原因具体化，从而它比只用一项综合性指标更能说明问题。

第二，有关资产、负债与权益指标通常用平均值计算。

第三，销售净利率反映了企业净利润与销售收入的关系，它的高低取决于销售收入与成本总额的高低。

要想提高销售净利率，一是要扩大销售收入，二是要降低成本费用。扩大销售收入既有利于提高销售净利率，又有利于提高总资产周转率。降低成本费用是提高销售净利率的一个重要因素，从杜邦分析图可以看出成本费用的基本结构是否合理，从而找出降低成本费用的途径和加强成本费用控制的办法。如果企业财务费用支出过高，就要进一步分析其负债比率是否过高；如果管理费用过高，就要进一步分析公司资金周转情况等。

第四，影响总资产周转率的一个重要因素是资产总额。

资产总额由流动资产与长期资产组成，它们的结构合理与否将直接影响资产的周转速度。一般来说，流动资产直接体现企业的偿债能力和变现能力，而长期资产则体现了企业的经营规模、发展潜力。两者之间应该有一个合理的比例关系。如果发现某项资产比重过大，影响资金周转，就应深入分析其原因，例如企业持有的货币资金超过业务需要，就会影响企业的盈利能力；如果企业占有过多的存货和应收账款，则既会影响获利能力，又会影响偿债能力。因此，还应进一步分析各项资产的占用数额和周转速度。

第五，权益乘数主要受资产负债率指标的影响。

资产负债率越高，权益乘数就越高，说明企业的负债程度比较高，给企业带来了较多的杠杆利益，同时，也带来了较大的风险。

二、综合绩效评价

综合绩效评价是综合分析的一种，一般是站在企业所有者（投资人）的角度进行的。

综合绩效评价是指运用数理统计和运筹学的方法，通过建立综合评价指标体系，对照相应的评价标准，定量分析与定性分析相结合·对企业一定经营期间的盈利能力、资产质量、债务风险以及经营增长等经营业绩和努力程度等各方面进行的综合评判。

科学地评价企业绩效，可以为出资人行使经营者的选择权提供重要依据；可以有效地加强对企业经营者的监管和约束；可以为有效激励企业经营者提供可靠依据；还可以为政府有关部门、债权人、企业职工等利益相关方提供有效的信息支持。

（一）综合绩效评价的内容

企业综合绩效评价由财务绩效定量评价和管理绩效定性评价两部分组成。

1.财务绩效定量评价

财务绩效定量评价是指对企业一定期间的盈利能力、资产质量、债务风险和经营增长四个方面进行定量对比分析和评判。

第一，企业盈利能力分析与评判主要通过资本及资产报酬水平、成本费用控制水平和经营现金流量状况等方面的财务指标，综合反映企业的投入产出水平以及盈利质量和现金保障状况。

第二，企业资产质量分析与评判主要通过资产周转速度、资产运行状态、资产结构以及资产有效性等方面的财务指标，综合反映企业所占用经济资源的利用效率、资产管理水平与资产的安全性。

第三，企业债务风险分析与评判主要通过债务负担水平、资产负债结构、或有负债情况、现金偿债能力等方面的财务指标，综合反映企业的债务水平、偿债能力及其面临的债务风险。

第四，企业经营增长分析与评判主要通过销售增长、资本积累、效益变化以及技术投入等方面的财务指标，综合反映企业的经营增长水平及发展后劲。

2.管理绩效定性评价

管理绩效定性评价是指在企业财务绩效定量评价的基础上，通过采取专家评议的方式，对企业一定期间的经营管理水平进行定性分析与综合评判。

管理绩效定性评价指标包括企业发展战略的确立与执行、经营决策、发展创新、风险控制、基础管理、人力资源、行业影响、社会贡献等方面。

（二）综合绩效评价指标

1.财务绩效定量评价指标

财务绩效定量评价指标由反映企业盈利能力、资产质量状况、债务风险状况和经营增长状况等四方面的基本指标和修正指标构成。

其中，基本指标反映企业一定期间财务绩效的主要方面，并得出财务绩效定量评价的基本结果。修正指标是根据财务指标的差异性和互补性，对基本指标的评价结果作进一步的补充和矫正。

第一，企业盈利能力状况以净资产收益率、总资产报酬率两个基本指标和销售（营业）利润率、利润现金保障倍数、成本费用利润率、资本收益率四个修正指标进行评价，主要反映企业在一定经营期间的投入产出水平和盈利质量。

第二，企业资产质量状况以总资产周转率、应收账款周转率两个基本指标和不良资产比率、流动资产周转率、资产现金回收率三个修正指标进行评价，主要反映企业所占用经济资源的利用效率、资产管理水平与资产的安全性。

第三，企业债务风险状况以资产负债率、已获利息倍数两个基本指标和速动比率、现金流动负债比率、带息负债比率、或有负债比率四个修正指标进行评价，主要反映企业的债务负担水平、偿债能力及其面临的债务风险。

第四，企业经营增长状况以销售（营业）增长率、资本保值增值率两个基本指标和销售（营业）利润增长率、总资产增长率、技术投入比率三个修正指标进行评价，主要反映企业的经营增长水平、资本增值状况及发展后劲。

2.管理绩效定性评价指标

企业管理绩效定性评价指标包括战略管理、发展创新、经营决策、风险控制、基础管理、人力资源、行业影响、社会贡献等八个方面的指标，主要反映企业在一定经营期间所采取的各项管理措施及其管理成效。

第一，战略管理评价主要反映企业所制定战略规划的科学性，战略规划是否符合企业实际，员工对战略规划的认知程度，战略规划的保障措施及其执行力，以及战略规划的实施效果等方面的情况。

第二，发展创新评价主要反映企业在经营管理创新、工艺革新、技术改造、新产品开发、品牌培育、市场拓展、专利申请及核心技术研发等方面的措施及成效。

第三，经营决策评价主要反映企业在决策管理、决策程序、决策方法、决策执行、决策监督、责任追究等方面采取的措施及实施效果，重点反映企业是否存在重大经营决策失误。

第四，风险控制评价主要反映企业在财务风险、市场风险、技术风险、管理风险、信用风险和道德风险等方面的管理与控制措施及效果，包括风险控制标准、风险评估程序、风险防范与化解措施等。

第五，基础管理评价主要反映企业在制度建设、内部控制、重大事项管理、信息化建设、标准化管理等方面的情况.包括财务管理、对外投资、采购与销售、存货管理、质量管理、安全管理、法律事务等。

第六，人力资源评价主要反映企业人才结构、人才培养、人才引进、人才储备、人事调配、员工绩效管理、分配与激励、企业文化建设、员工工作热情等方面的情况。

第七，行业影响评价主要反映企业主管业务的市场占有率、对国民经济及区域经济的影响与带动力、主要产品的市场认可程度、是否具有核心竞争能力以及产业引导能力等方面的情况。

第八，社会贡献评价主要反映企业在资源节约、环境保护、吸纳就业、工资福利、安全生产、上缴税收、商业诚信、和谐社会建设等方面的贡献程度和社会责任的履行情况。

（三）企业综合绩效评价标准

综合绩效评价标准分为财务绩效定量评价标准和管理绩效定性评价标准。

1.财务绩效定量评价标准

财务绩效定量评价标准包括国内行业标准和国际行业标准。国内行业标准根据国内企业年度财务和经营管理统计数据，运用数理统计方法，分年度、分行业、分规模统一测算。国际行业标准根据居于行业国际领先地位的大型企业相关财务指标实际值，或者根据同类型企业组相关财务指标的先进值，在剔除会计核算差异后统一测算。其中，财务绩效定量评价标准的行业分类，按照国家统一颁布的国民经济行业分类标准结合企业实际情况进行划分。

财务绩效定量评价标准按照不同行业、不同规模及指标类别，划分为优秀（A）、良好（B）、平均（C）、较低（D）、较差（E）五个档次，对应五档评价标准的标准系数分别为1.0、0.8、0.6、0.4、0.2，较差（E）以下为0。

2.管理绩效定性评价标准

管理绩效定性评价标准分为优（A）、良（B）、中（C）、低（D）、差（E）五个档次。对应五档评价标准的标准系数分别为1.0、0.8、0.6、0.4、0.2，差（E）以下为0。

管理绩效定性评价标准具有行业普遍性和一般性，在进行评价时，应当根据不同行业的经营特点，灵活把握个别指标的标准尺度。对于定性评价标准没有列示，但对被评价企业经营绩效产生重要影响的因素，在评价时也应予考虑。

（四）企业综合绩效评价工作程序

1.财务绩效评价工作程序

财务绩效定量评价工作具体包括提取评价基础数据、基础数据调整、评价计分、形成评价结果等内容。

第一，提取评价基础数据。经社会中介机构或内部审计机构审计并经评价组织机构核实确认的企业年度财务会计报表为基础提取评价基础数据。

第二，基础数据调整。为客观、公正地评价企业经营绩效，对评价基础数据进行调整。

第三，评价计分。根据调整后的评价基础数据，对照相关年度的行业评价标准值，利用绩效评价软件或手工评价计分。

第四，形成评价结果。对任期财务绩效评价需要计算任期内平均财务绩效评价分数，并计算绩效改进度；对年度财务绩效评价除计算年度绩效改进度外，需要对定量评价得分深入分析，诊断企业经营管理存在的薄弱环节，并在财务决策批复中提示有关问题，同时进行所监管企业的分配排序分析，在一定范围内发布评价结果。

2.管理绩效评价工作程序

48

管理绩效定性评价工作具体包括收集整理绩效评价资料、聘请咨询专家、召开专家评议会、形成定性评价结论等内容。

第一，收集整理管理绩效评价资料。为了深入了解被评价企业的管理绩效状况，应当通过问卷调查、访谈等方式，充分收集并认真整理管理绩效评价的有关资料。

第二，聘请咨询专家。根据所评价企业的行业情况，聘请不少于7名的管理绩效评价咨询专家，组成专家咨询组，并将被评价企业的有关资料提前送达咨询专家。

第三，召开专家评议会。组织咨询专家对企业的管理绩效指标进行评议打分。

第四，形成定性评价结论。汇总管理绩效定性评价指标得分，形成定性评价结论。

第四章　流动资产管理

第一节　流动资产概述

一、流动资产的特点及分类

1.流动资产的概念

流动资产是指可以在一年或者超过一年的一个营业周期内变现或者耗用的资产，包括现金及各种存款、短期投资、应收及预付款项、存货等。流动资产是流动资金的物质形态，流动资金是流动资产的货币表现。现金及各种存款，是指企业的库存现金以及人民币存款和外币存款等。它们是企业流动性最强的资产，是企业重要的支付手段，同时也是其他流动资产转换的最终对象。短期投资，是各种能够随时变现、持有时间不超过一年的有价证券以及不超过一年的其他投资。主要包括可以在证券市场上随时出售、收回现金或银行存款的债券、股票等。应收及预付款项，是应收款和预付款的统称，是指企业因销售商品、物资和供应劳务而向购货单位收取的款项。具体包括应收票据、应收账款、其他应收款、预付款、待摊费用等。它们属于企业的短期性债权，是构成企业流动资产的重要项目。存货，是指企业在生产经营过程中为销售或者耗用而储备的物资。存货是流动性较强的资产，而且在企业的流动资产总额中占有较大的比重。

2.流动资产的特点

同其他资产相比，流动资产具有以下特点：

第一，实物和价值的耗费与补偿同时完成。企业的生产经营过程既是劳动对象等物质要素持续消耗的过程，又是以价值形态参与生产周转的过程。劳动对象一经投入生产，其实物形态或化学性能将构成产品的实体，有助于产品的形成。与此同时，其价值也完全转移到新生产的产品中去，构成产品价值的一部分。待产品销售取得销售收入时，其价值便一次全部得到。

第二，占有形态既相继转化又同时并存。企业流动资产的周转，一般都是从货币形态开始，转化为储备物质形态，再由储备物质形态转化为在产品和产成品形态，最后由产成品形态转化为货币形态。当企业将这部分货币形态的流动资产投入到下一个生产经营过程中时，流动资产又开始了新的循环周转。流动资产从货币形态开始，最终又回到货币形态的相继转化过程叫作流动资产循环。流动资产周而复始的循环就是流动资产的周转。在流动资产的循环与周转中，由于企业的生产经营是连续不断地进行的，因此，企业流动资产的各种占用形态在时间上是相继转化，在空间上又是同时并存的。这种继起性和并存性互为条件，互相制约，共同决定着流动资产的周转和循环。

第三，循环周转速度快。流动资产的循环和周转是与企业的生产经营周期同步进行的，其实物形态是通过参加一个生产周期就改变原有形态，其价值也是在产品销售后随之收回。而企业的固定资产价值的转移与补偿，需经过若干生产经营周期才能完成一次循环。相比之下，流动资产的循环周转速度要比固定资产的循环周转速度快得多。

在流动资产管理上，要结合以上特点合理组织生产经营活动，加速流动资产的循环和周转，并通过流动资产循环周转速度的变化，及时发现和解决生产经营过程中出现的问题，促进企业不断提高流动资产的利用效果。

3.流动资产的分类

为了正确组织和运用流动资产，加强对企业流动资产的管理，需要对流动资产进行科学的分类。

第一，按资产的占用形态，流动资产可分为现金及各种存款、短期投资、应收及预付款和存货。

第二，按其在生产经营过程中的作用不同，流动资产可分为生产性流动资产和流通性流动资产。生产性流动资产，是指占用在企业生产领域中的各项流动资产，包括各种原材料、燃料、包装物、低值易耗品、协作件、在产品和待加工的自制半成品等。流通性流动资产，是指占用在企业流通领域的流动资产，包括产成品、外购商品、现金、银行存款和各种应收款项。生产性流动资产是企业进行生产经营活动的前提条件，且占用比重较大，是流动资产管理的重要部分。流通性流动资产代表着企业的实际支付能力，应加强管理，同时，要尽量避免流通性流动资产数额过大，以防止产成品积压和应收账款沉淀。

第三，按资产的变现情况分，流动资产可分为速动资产和非速动资产。速动资产是指能迅速转化为现金的流动资产，主要包括现金、应收账款、短期投资等非速动资产，是指不能迅速转化为现金的流动资产，主要有存货等。

二、流动资产的管理要求

流动资产。管理，是企业财务管理工作的重要组成部分。加强流动资产管理，对加速流动资产周转，提高流动资产使用效果，具有重要意义。

企业对流动资产进行管理时，应遵循以下要求：

1.正确预测流动资产的需要

流动资产需要量，是指企业在一定时期内所需要的合理的流动资产占用量，即它既能保证企业生产经营需要，又无积压和浪费。

企业要做好流动资产的管理工作，就必须用科学的方法，考虑经营规模、流动资产周转速度、市场状况等影响因素，正确预测流动资产的需要量，为企业合理使用流动资产提供科学依据，同时，也便于企业进行流动资产的考核和控制。

2.合理筹集和供应流动资产所需要的资金

企业通过预测确定流动资产需要量之后，就应该选择合适的筹资渠道和方式，以较低的资金成本筹集企业所需要的流动资金，并将筹集到的资金及时、足额地供应给企业生产经营需要。

3.科学控制流动资产的占用数量

企业流动资产的占用量如果过多或出现不必要的占用，则是一种浪费，也将给企业造成损失。因此，在流动资产管理中，企业应在保证生产经营活动正常需要的前提下，科学地控制流动资产的占用数量，提高流动资产的利用效果。

4.不断加速流动资产的循环与周转

随着企业生产经营规模的扩大和发展，流动资产的需要量会越来越大，而企业为筹集大量资金，相应付出的代价也就越高。解决此矛盾，除依靠银行借款等外部渠道外，在企业内部应加速流动资产循环与周转，挖掘流动资产潜力，达到多增产少增资、增产不增资、节约流动资金、提高资金利用的效果。

第二节　货币资产管理

一、货币资产的特点及管理要求

1.货币资产的特点

货币资产是指企业拥有的现金、银行存款、其他货币资金和有价证券方面的资产。货币资产有以下特点：

第一，货币资产是企业流动性最强、最有活力的资产，是企业重要的支付手段。由于货币资金不会带来报酬或只有极低的报酬（现金收益率为零，银行存款的收益率为存款利息率），因此，其获利能力较弱。

第二，货币资产中的现金和银行存款是企业可以随时支配的款项。其他货币资金和有价证券，是从现金和银行存款中分离出来的存放在外地或做其他用途的资产。

在企业资产中，货币资产流动性最强，它不仅可以用来购买商品、劳务和清偿债务，还可以进行货款回收、利税的解缴等。

第三，货币资产的另一个特点是可接受性。货币资产可以不受任何限制地立即用于购买物资或偿还债务，也可以随时转化成其他任何类型的资产，因此，具有可接受性。

2.货币资产的管理要求

在货币资产管理过程中，要满足以下要求：

第一，严格遵守国家规定的现金开支范围。根据国家规定，各企业只能在下列范围内使用现金：职工工资，各种工资性补贴；个人劳务报酬，包括稿费和讲课费及其他专门工作报酬；根据国家规定支付给个人的科学技术、文化艺术、体育等的各种奖金；各种劳保福利费用以及国家规定对个人的其他支出，如退休金、抚恤金、学生助学金、困难补助等；向个人收购农副产品和其他物资的现金支付；出差人员必须随身携带的差旅费；结算起点以下的零星支出；国家银行确定的需要现金支付的其他支出。

第二，核定库存现金限额。库存现金限额是指凡在银行开户的单位，由开户银行根据其日常零星开支的实际需要所核定的现金库存的额度。库存现金限额一般每年核定一次，其计算公式如下：

库存现金限额 = 每日零星支出额 × 核定天数

每日零星支出额，由月或季平均现金支出总额（不包括工资总额及非正常性的大额支出），除以月或季平均天数求得。核定天数一般为 3~5 天，距离银行较远且交通又不方便的企业单位，其核定天数可适当放宽在 5 天以上，但最多不得超过 15 天。

库存现金限额一经核定，企业必须严格遵守，每日现金的结余数不得超过核定的限额，超过限额的现金必须于当日送存银行。

第三，不得坐支现金。坐支现金是指企业将收入的现金不存入银行而直接用于支出。根据规定，企业收入的现金必须于当日送存银行，所需现金开支，除限额内的零户银行批准，并采用一定的申报或结算方式，方可坐支。

第四，建立货币资金的内部控制责任制。财务部门的出纳人员要负责货币资金的收支保管工作，会计人员要负责货币资金的审核和签证工作，二者不能同时由一个人担任。即管钱的不能管账，管账的不能管钱，这就是货币资金的内部控制责任制。

第五，确定合理的货币资金持有量。货币资金持有的多少，对企业生产经营的正常进行、资金的盈利能力等都有很大影响，因此，必须采用科学的预测方法予以合理确定。

二、最佳货币资金持有量的确定方法

企业为满足进货和日常开支的需要，必须持有一定量的货币资金。但持有量不宜过大，以免影响货币资产的使用效益，即应确定最佳的货币资金持有量。

最佳货币资金持有量，是指保证企业生产经营最低限度需要的现金和银行存款的数额。确定最佳货币资金持有量的方法较多，下面介绍销售比例法、成本费用比例法两种方法。

1.销售比例法

销售比例法是根据企业一定时期内的商品销售收入总额与货币资金平均余额的比例关系来预测货币资金需要量的方法。

2.成本费用比例法

成本费用比例法是根据企业在一定时期内的成本费用总额与货币资金平均余额之间的比例关系来确定货币资金需要量的方法。

三、货币资金的考核指标

对于货币资金的管理，财务人员可运用下列指标进行定量控制、考核。

1.货币资金周转率

货币资金周转率是指一定时期内货币资金的周转次数。在相同条件下，某一时期的周转次数越高，则货币资金的使用频率越高。

2.货币资金使用率

货币资金使用率说明企业持有货币资金能维持多少个月的支付用途。货币资金使用率越低，表明企业的货币资金使用效率越高，但货币资金使用率太低，亦可能说明企业的货币资金不足。

3.企业存款率

企业存款率是企业银行存款与销售收入的比率。利用该指标寻求既能满足企业日常支出的需要，而且不积压资金的合理存款额。

4.银行存款与银行借款比率

银行存款与银行借款比率，该指标在一定程度上反映了企业银行存款利用率，用以考核银行存款运用是否得当和银行借款是否得到充分利用。

上述指标没有一个统一固定的最终值，企业应以本期实际指标同以往相同时期指标、预算指标或同行业平均指标进行比较、分析，然后对企业货币资金的规模、结构和使用方向进行调控。

第三节 债权资产管理

一、债权资产的概念

债权资产是指所有权归本企业，而被外单位临时占用的应收资产，包括应收账款、应收票据等。

企业为了扩大产品销售和经营范围及其他经营目的，往往采用信用销售的方式，为客户提供临时购买商品所需的资金，从而形成一部分债权资产。企业会因债权资产增加而刺激销售，扩大销售市场，提高竞争能力，增加盈利。另一方面，企业会损失可以利用的机会成本，增加坏账风险，增加对债权资产管理的成本等。因此，企业应合理确定债权资产的规模，加强债权资产管理，尽量减少货币资金占用数量，采取有效措施及早收回债权资产，避免造成坏账损失，提高资金利用效果。

二、应收账款及应收票据的管理

应收账款和应收票据相当于企业向客户提供的短期贷款。在流动资产管理上被看作一项特殊的投资项目，此项投资可以提高企业的竞争能力，扩大销售，增加盈利；另一方面，又会增加应收账款和应收票据管理的直接成本和间接成本。因此，制定最佳的信用政策，适当控制应收账款和应收票据的占用数额，对增强企业获利能力和实现企业财务目标都具有十分重要的意义。

1.应收账款和应收票据占用数额的确定

确定应收账款和应收票据占用数额的方法常用以下两种：

第一，成本法是指根据企业采用赊销方式销售商品所发生的成本费用和丧失的潜在利益，所构成的应收账款投资成本，来确定应收账款和应收票据占用数额的一种方法。具体有以下几项：

①机会成本。企业资金如果不投放于应收账款，便可用于其他投资获得利益，如投资于有价证券便会有利息收入。这种因投放于应收账款而放弃的其他收入，即为应收账款的机会成本。这种成本一般按有价证券的利息率计算。

②管理成本是指企业因应收账款存在而发生的各种费用，主要包括：调查顾客信用情况的费用，收集各种信息的费用，账簿的记录费用，收账费用等。

③坏账成本是指应收账款因故不能收回而发生的损失。此项成本，一般与应收账款发生的数量成正比，即应收账款越多，这部分成本也越大。在确定以上各成本的基础上，求出三项成本累计的总成本，其总成本最低时的应收账款占用量，即是最佳应收账款的水平。

第二，因素法是根据影响应收账款总额的各项因素来确定应收账款和应收票据占用额的一种方法。

企业流通在外的应收账款总额，受以下两个因素的影响：

①企业平均每天信用销售额的大小。

②应收账款的平均收账期，即销售和收回货款之间的平均间隔期。计算公式为：

应收账款总额＝平均每天信用销售额×应收账款平均收账期

2.应收账款和应收票据的信用政策

企业要管好用好应收账款，必须事先制定合理的信用政策。其信用政策主要包括信用标准、信用条件和收账政策三部分。

第一，信用标准是企业同意向顾客提供商业信用而提出的基本要求。信用标准通常用坏账损失率表示，可允许的坏账损失率越低，表明企业的信用标准越高。如果企业采用的信用标准太高，即企业只愿意对信用好的客户给予赊销，那么企业会减少坏账损失，同时企业也会减少销售量，增加存货，削弱企业在市场上的竞争能力。相反，如果企业采用的信用标准低，即对那些信用较差的客户也给予赊销，那么产品的销售量会增加，市场占有率也会提高，但企业会增加坏账损失和应收账款的机会成本。因此，企业在制定信用标准时，必须考虑不同信用标准对收入和成本的影响。一般来说，如果企业降低信用标准后所增加的销售利润大于由此而增加的坏账损失和应收账款的机会成本，那么企业应该降低信用标准；反之，则应提高信用标准。

第二，信用条件是指企业要求顾客支付赊销款项的条件，包括信用期限和现金折扣。企业给予客户的信用期限是否需要延长，要看延长信用期限后所增加的利润是否大于由此而增加的应收账款机会成本和坏账损失。因为信用期限延长，表示企业给予客户的信用条件放松，这时原来客户的购买量可能增加，同时还可能吸引新的客户。因此，销售量增加，是延长信用期限积极的一面；同时也有消极的一面，因为信用期限延长，平均收账期也随之延长，企业在应收账款上的垫支就会增加，并相应增加坏账损失。

企业是否应该提供现金折扣，则需要比较提供现金折扣后由于减少资金占用而带来的收益是否大于现金折扣支出。一般来讲，企业给予现金折扣，可以促使买方早日付款，减少企业应收账款的占用资金，减少发生坏账损失的可能，但给予现金折扣也势必会减少企业的收入。因此，要合理确定现金折扣条件。

第三，收账政策是指企业信用条件被违反时，企业采取的收账策略。在确定收账政策时，需要考虑的重要因素之一就是收账费用。收账费用通常包括收账所花的邮电通讯费、派专人收款的差旅费和法律诉讼费用等。一般来说，在其他条件相同的情况下，收账费用越多，坏账损失越少，平均收账期也就越短。收账政策的变化也会影响销售额等因素的变化。企业如果采用较积极严格的收账政策，可减少应收账款投资，同时可能影响企业与客户的关系，从而减少销售额，增加收账成本，但能减少坏账损失。如果采取消极的、宽松的收账政策，虽然收账费用减少，销售额增加，但可能导致客户拖欠现象的加剧，延长平均收账期，增加坏账损失。由此可见，收账政策的变化，对企业的应收账款、坏账损失及销售额均造成影响。因此，在实际工作中，要权衡增加收账费用和减少应收账款以及坏账损失之间的得失，来制定企业的信用政策。

3.应收账款和应收票据的日常管理

信用政策建立以后，企业还要做好应收账款的日常管理工作。应收账款和应收票据的日常管理工作包括以下两方面：

第一，单个客户的管理是指企业财务人员对应收账款客户逐一实行管理。在管理过程中，建立应收账款和应收票据备查簿，及时观察客户的付款记录，看其是否超过规定的期限还款。同时观察客户所欠的债务额是否突破企业规定的最高限额及客户已到期债务的增加情况等，以便针对客户的财务状况变化采取措施。

第二，总额管理是企业财务对应收账款和应收票据总额进行的管理，可通过以下两个指标的前后期对比、实际与计划对比的方法来进行。

①应收账款周转率

②平均收账期

应收账款周转率和平均收账期这两个指标是作为判断企业应收账款水平是否正常的标准，指标不仅要与企业以前的水平相比，还要与同类企业的水平做比较。如果应收账款周转率较大，低于同类企业的平均水平或平均收账期，则说明企业应收账款存在问题，必须引起注意。加强日常管理，防止应收账款的拖欠。

三、坏账损失的管理

1.坏账损失的概念

坏账损失通常是指因债务人破产或死亡，其财产或遗产清偿后，仍然不能收回的应收账款，或因债务人逾期未履行偿债义务超过三年的应收账款。企业发生坏账是企业经营中发生的一项管理费用，企业财务人员应加强应收账款的管理，尽量减少和避免坏账损失的发生。

2.坏账损失的管理

第一，按规定及时计提坏账准备金。坏账准备金是指企业按财务制度规定，预先计提用于补偿坏账损失的资金。财务制度规定：企业可以于年度终了，按照年末应收账款余额的一定比例计提坏账准备金，计入管理费用。提取坏账准备金的目的，是为了在企业发生坏账损失时能够及时得以补偿，保证企业正常的资金周转。提取坏账准备金，是稳健原则在应收账款投资管理中的应用，它要求企业在发生赊销行为时就考虑可能发生的坏账损失，并采取一定的办法，按一定的比例从有关费用中计提。表面上看，计提坏账准备金增加了企业的费用，影响了企业的效益，但它能够分解坏账损失，以保持企业生产经营活动的正常进行。

第二，做好客户资信调查，预防坏账发生。企业应收账款管理质量的好坏，很大程度上取决于对客户资信情况的了解和分析。要全面掌握客户的资信情况，减少坏账损失，企业应经常对客户进行资信调查。如在赊销产品之前，应对欠账单位的信用做好评估，考虑其偿还债务的能力、偿债的可能性、资产情况、可否有财产担保、经济发展和市场占有情况等，以判断信用的风险程度。详细了解客户的各方面情况，做好预防措施，避免坏账损失的发生。

第三，及时催收欠款，减少坏账损失。企业财务部门应会同其他有关部门及时催收欠款，并应针对客户的不同情况，不断研究可行的催收欠款办法，以减少坏账损失的发生。

常用的催收欠款办法有以下两种：

①确定合理的收账程序。催收账款的程序一般是：信函通知，电话催收，派员面谈，法律行为。当顾客拖欠账款时，要先寄一封礼貌的通知信件，接着可寄出一封措辞较直率的信件，进一步可通过电话催收，如无效，可派人员直接与客户面谈协商解决，如果谈判不成，则可借助法律手段来解决。

②确定合理的讨债方法。如果客户遇到暂时困难无力偿付，但经过努力可以偿付时，企业可帮助客户渡过难关，以便收回更多的账款。如果客户遇到严重困难，已达破产界限，则应及时向法院起诉，使其在破产清算时得到部分清偿。如果客户故意拖欠，则必须研究一定的方法，如采用激将法、软硬术等方法，最后达到收回款项的目的。

第四节　存货资产管理

一、存货资产的概念和分类

1.存货资产的概念

存货是企业在生产经营过程中为销售或者耗用而储存的各种资产。它包括商品、产成品、半成品、在产品以及各类材料、燃料、包装物和低值易耗品等。由于存货经常处于不断销售、耗用和重置的变动状态，具有鲜明的流动性。存货又是流动资产中占用比例较大的项目，直接关系到企业的盈利能力和流动资金的周转。所以应重视对存货的管理，既要保证生产经营对存货的需要，又要尽量避免存货积压。

2.存货资产的分类

第一，存货按储存的目的不同可以分为销售存货、生产存货、杂项存货三种。

①销售存货指企业在生产经营过程中处于待销售的商品或产成品。

②生产存货指企业供生产和销售耗用的材料、燃料、外购零部件及正处于生产加工过程中的在产品。

③杂项存货指企业供近期耗用的库存事务用品、运输用品等。这类存货耗用时通常直接计入销售费用或管理费用等。

第二，存货按存放地点不同，可分为库存存货、在途存货和委托加工存货。

①库存存货指企业已验收入库的各种材料和商品，以及已验收入库的自制半成品和产成品。

②在途存货指货款已经支付，尚未验收入库的在途材料和已经发出但还没有收到的在途商品。

③委托加工存货指委托外单位加工的各种材料和半成品。

第三，存货按来源不同分，可分为外购的、自制的、委托外单位加工的、投资者投入的、他人捐赠的货物等。

二、存货资产的计价

企业财务制度规定，存货应当按实际成本计价。但由于企业取得存货的渠道不同，在计价上也不尽一致，应按不同的取得方式来对待。

第一，购入的存货，按照买价加运输费、装卸费、保险费、途中合理损耗、入库前的整理、挑选等费用和交纳的税金计价。

第二，自制的存货，按照制造过程中的各项实际支出计价。

第三，委托外单位加工的存货，按照实际耗用的原材料或半成品加运输费、装卸费、保险费、加工费、交纳的税金计价。

第四，投资者投入的存货，按照评估或者合同、协议确认的价值计价。

第五，盘盈的存货，按照同类存货的实际成本或者市价计价。

第六，接受捐赠的存货，按照发票、账单所列金额加企业负担的运输费、保险费、交纳的税金等计价。若无发票账单，则按照有关协议或者同类物资的市价确定计价。

三、存货资产的预测

存货资产的预测就是根据以往生产经营过程中的各种存货资产的占用形态，即储备资金、生产资金、成品资金的发生和存货资产的利用情况，预计测算一定时期内存货资产的需要量的方法。存货资产的预测方法主要有周转期计算法、因素分析法和比例计算法三种。

1.周转期计算法

周转期计算法，又称定额日数法，是根据各种存货平均每天的周转额和其资金周转日数（定额日数）来确定资金数额的一种方法。

计算公式为：

资金数额＝平均每天周转额×资金周转日数

式中，平均每天周转额是指某项存货资金平均每天从本阶段流出的数额；资金周转日数（定额日数）是指存货完成一次周转所需要的天数。此种方法适用于对原材料、在产品、产成品资金数额的测定。

第一，储备资金数额的测算。储备资金是指企业从货币资金购买各种材料物资开始，到材料物资投入生产为止的整个过程所占用的资金。

这里以原材料为例，说明资金数额的核定办法。原材料资金数额的大小，取决于计划期原材料平均每日耗用量、原材料计划单价、原材料资金周转日数三个基本因素。

计算公式为：

原材料资金数额＝计划期原材料平均每日耗用量×原材料计划单价×原材料资金周转日数

为了正确计算原材料资金定额，必须对影响资金定额的有关因素进行具体的分析。

①原材料平均每日耗用量是根据计划期内原材料耗用量与计划期日数来确定的。实际中因企业生产组织情况不同而有以下三种应用算法：生产均衡的企业，按计划年度材料耗用量除以360天计算。生产逐季增长的企业，按计划年度第四季度原材料耗用量除以90天计算。季节性生产的企业，按计划年度中原材料耗用量最低的季度计算。原材料计划价格应根据预计的材料买价、外地运杂费、运输途中的合理损耗、入库前的整理挑选等费用加以确定，但不包括市内运输费及企业供应部门和仓库的经费。原材料资金周转日数是指从企业支付原材料价格起，直到原材料投入生产为止这一过程中资金占用的日数，包括在途日数、验收日数、整理准备日数、应计供应间隔日数和保险日数。其构成如下：

原材料资金周转日数＝在途日数＋验收日数＋整理准备日数＋应计供应间隔日数＋保险日数

在途日数是指企业从支付原材料价格之日起到原材料到达企业为止的日数。在途日数的长短由原材料价款的结算方式、运输条件、采购地点远近等条件决定。如果企业采购同种材料的在途日数不同，那么，要以每批采购量为权数计算加权平均在途日数。

②验收日数指原材料到达企业后，进行拆包、开箱、检查化验、计量点收，直到入库为止占用的天数。验收日数应根据原材料到货批量的大小、验收要求的高低和验收力量的强弱等具体确定。实际工作中，在途日数与验收日数有时合并计算，统称为在途日数。这样做，一方面为了简化计算工作，另一方面与会计核算取得一致。

③整理准备日数指材料在投入生产之前进行技术处理和生产准备所需的时间，如木材加工企业木材进料后需要干燥的时间。

④应计供应间隔日数。指由供应间隔日数与供应间隔系数所确定的天数。即：

应计供应间隔日数 = 供应间隔日数 × 供应间隔系数

供应间隔日数是指前后两次供应材料的间隔时间。它是原材料资金周转日数的主要部分，它在很大程度上决定着原材料资金占用的多少。供应间隔日数的长短，取决于每批供应原材料数量的大小和采购次数。每次供应的原材料数量越大，供应次数越少，供应间隔日数越大，占用的资金就越多。反之，供应间隔日数越小，占用资金越少。但企业不能任意缩短供应间隔日数，应考虑到进货次数增加，会相应增加采购费用等因素的变化。

供应间隔系数是供应间隔日数的折扣率。材料在供应间隔期内占用的资金量随着材料的投入生产而逐渐减少，到下一次材料购进前夕，资金占用量达到最低点，待购入材料后，资金占用量又达到最高点。即原材料资金占用的数量是在最高点与最低点之间经常变动的。这样，在确定资金周转日数时，就不能按各种材料的供应间隔日数确定，而应根据各种材料的供应和使用情况，考虑资金调剂使用的可能性将供应间隔日数打一个折扣，这个折扣就是平均每日库存周转储备额占最高库存周转储备额的比率，即供应间隔系数。其计算公式为：供应间隔系数 = 平均每日库存周转储备额/最高库存周转储备额

⑤保险日数是为防止原材料供应由于特殊原因偶然中断而建立的保险储备天数。在确定保险日数时，主要考虑如下因素：材料货源是否充足；能否用其他材料代替；交通运输是否方便可靠；所供应的材料质量如何等。

储备资金中的燃料、包装物、修理用备件等占用资金的数额，也可以按上述方法来进行测算。如果占用量大，也可采用后面将介绍的比例计算法和因素分析法加以确定。

第二，生产资金数额的测算。企业的生产资金是指从原材料投入生产开始，直到产品制成入库为止的整个过程所占用的资金。生产资金主要指在产品占用的资金。由于各种产品的生产过程和生产组织方式不同，所占用的在产品资金也有较大差别。因此，在产品的资金必须根据不同的生产情况分别确定。如木材采运生产的在产品资金，一般按生产阶段计算法测算资金数额；木材加工、林化生产和机械制造等在

产品资金数额，一般采用生产周期法测算。

用生产周期法测算在产品资金数额的计算公式为：

在产品资金数额 = 在产品平均每日产量 × 单位计划成本 × 在产品成本系数 × 生产周期

公式中各影响因素说明如下：

①在产品平均每日产量，可根据生产计划取得，生产均衡的企业，可按全年计划产量除以计划期天数求得；季节性生产企业，应以最低季度的计划产量除以计划期天数90天计算；生产逐季增长的企业。可按第四季度计划产量除以90天计算。

②单位计划成本资料可从该产品的年度成本计划中获得。

③生产周期指从投入材料开始，到产品制成入库为止所需的时间。生产周期可从企业计划中获得。

④在产品成本系数。生产费用在生产过程中是逐渐增加的，直到产品完工时，才形成完整的产品成本。因此，在整个生产过程中，实际每天占用的资金就不能按产品的单位计划成本计算，而应打一个折扣，这个折扣就是在产品成本系数。

第三，产成品资金数额的确定。产成品资金是指企业生产的产品验收入库后至出库销售前取得货款或结算货款为止所占用的资金。产成品资金需要量预测方法可采用周转期法。周转期法就是按照资金周转期来预测资金需要量的方法。

①计划期平均每日产量可根据生产计划中的总产量和计划期天数来确定。

②产品单位计划生产成本可从有关成本计划中获得。

③产成品资金周转日数是指产品从制成入库开始，直到销售取得货款或结算货款为止的天数，包括产成品储存日数、发运日数和结算日数。产成品储存日数是指从产成品制成入库开始，到产品开始向购买单位发运为止所需要的天数。主要包括组织发运准备日数、选配日数和包装日数。发运日数是指从产品开始发运（运到车站、码头、机场）起，到取得运输凭证为止所需要的天数。这主要取决于企业距车站、码头、机场的远近和企业的运输能力等因素。结算日数是指从取得运输凭证开始。直到取得货款或结算凭证为止的日数。结算日数的长短，主要取决于销售的结算方式。

2.因素分析法

因素分析法是以上年实际占用额为基础，分析计划年度各项变动因素并加以调整后测算资金数额的方法。

3.比例计算法

比例计算法是根据库存资金和有关因素之间的比例关系来测算资金数额的方法。存货资金与有关因素之间的比例关系形成了各种经济指标，如销售收入存货资金率、产值存货资金率、成本费用存货资金率等。

（四）存货资产的控制

存货资产的控制是指企业在日常存货资产的管理中，按照管理要求和存货资产的运动规律，对存货资产的购入、消耗、存放等环节所进行的财务监督和制约活动。对多数企业来说，存货往往是占用资金最多，而变现能力较差的流动资产项目，直接关系到一个企业的盈利水平和资金周转速度。为了使存货的品种、数量及占用的资金，既能保证正常的生产经营需要，又不因占用过多而形成积压，必须对存货进行严格控制。

1.存货控制的标准

存货控制标准是指存货的数量限额。制定存货控制标准的目的，是为了将存货总量及各组成项目控制在与企业生产经营活动规模相适应的范围内，防止资金积压和浪费。

第一，材料储备控制标准。材料储备的控制是指对企业原材料、辅助材料、燃料、包装物和低值易耗品等储备资金所进行的控制。加强材料储备的控制，主要做好以下几方面的工作：

①材料采购的控制：材料采购是材料储备的起点。企业材料采购工作做得好坏，直接影响着材料储备的数量和资金占用水平，从而影响资金的利用效果。在材料采购过程中应做好以下几方面工作：

第一，确定合理的材料经济采购批量。确定采购批量应本着既能保证需要又能节约资金的原则。制定经济批量的一般方法是：对用量较大、种类较少的材料实行经济批量采购；对品种繁多、单项价值不大的材料，可根据以往的采购数量加以确定。经济采购批量，是指企业在生产和供应条件一定时，储存成本和订货成本总和最低的采购批量。在一定时期内，储存成本的高低与采购量的多少成正比。订货成本的高低与采购量的多少成反比。材料采购限额由供应部门负责掌握，材料采购资金应集中使用，统一安排，以便从生产出发，保证重点生产项目顺利进行，确保关键材料、急需材料、缺口材料采购平衡。

第二，控制材料采购价格。材料采购价格是影响企业材料采购资金限额和材料储备资金占用额的重要因素，企业要想降低材料采购成本，减少材料资金占用，必须根据本企业产品对材料质量的要求，选择质量好、运距短、价格低的适用材料。

②材料库存的控制：材料购入企业后存放仓库，占用企业仓库的材料称为库存材料。库存材料是处于生产领用前的准备状态。这部分材料的管理，直接影响供应和生产两个环节，同时还将影响储备资金的利用效果。加强材料库存的控制，主要从以下几方面着手：

第一，建立健全材料验收入库制度。材料验收入库工作由物资保管部门负责，财务部门主动配合。对运到企业的材料，应按照合同和制度规定，严格进行品种、质量和数量的验收。如发现与合同或管理制度不符时，应及时报告，认真处理，以免造成不必要的损失。只有健全的材料验收入库制度，才能发现材料采购过程中数量、品种、质量等方面的问题以便及时进行处理。

第二，要从材料的实物数量上监督库存动态。反映库存材料动态的指标有三个：最高储备量、最低储备量和采购时点储备量，计算公式为：

库存最高储备量＝平均每日耗用量×（供应间隔日数＋整理准备日数＋保险日数）

库存最低储备量＝平均每日耗用量×（整理准备日数＋保险日数）

采购时点储备量＝平均每日耗用量×（整理准备日数＋保险日数＋从采购付款到入库的间隔日数）

上式中采购时点储备量，是指该种材料已接近最低储备量，需要立即组织采购的时点储备量。库存最高储备量是库存储备即将超储的信号；库存最低储备量是库存储备即将短缺的信号；采购时点储备量是通知供应部门进行采购的信号。物资供应部门应根据不同的时点信号采取不同的行动。

第三，定期进行清仓查库，积极处理超储积压物资。要控制好库存材料的数量和资金占用额，就必须定期进行库存清查，查明库存材料的品种、规格、数量、质量等情况，发现超储积压物资应及时处理。

③材料消耗的控制。企业材料消耗的控制工作主要包括以下两个方面：

第一，要正确确定材料耗用量。企业应根据年度生产任务和材料消耗定额确定年度材料耗用量计划。在执行计划过程中，应根据生产任务和消耗定额的变动情况，正确确定季度、月份的材料消耗量，并据以编制季、月执行计划。

第二，严格领退料制度，坚持按计划发料。凡有消耗定额的材料，必须严格按消耗定额发料。如需超额领料，应办理追加手续，经严格审批后发料。企业只有在领、退料环节避免随意性，才能控制库存材料资金的合理运用，并且能促使车间计划用料、节约用料，也有利于仓库按时备料，及时送料。

第二，在产品、自制半成品控制的标准。在产品，亦称在制品，是指处于生产过程中尚未完工的产品。自制半成品是指已在生产过程的一个或几个工序完工经验收入库的中间产品。占用在产品和自制半成品资金，称为在产品资金。如林业生产，要根据本企业的具体情况，合理安排月、季计划和月度作业计划。根据自然条件，综合衡量在道路修建、设备配备、人力、物力消耗方面，确定在产品、自制半成品的控制标准。

第三，产成品控制的标准。产成品控制主要是财务部门与销售部门对销售合同、库存产成品和货款结算等环节所进行的控制。加强产成品控制，应做好以下几方面工作：

①对产成品销售合同进行控制。企业销售部门应根据制订的销售计划和已签订的销售合同，按质按量地严格履行销售合同。避免销售环节造成产品积压，减少成品资金占用。同时销售部门应与生产部门和运输部门保持联系，掌握生产进度和发运时间，将产品尽快发出。

②库存产成品的控制。加强库存产成品的控制，主要是掌握产成品库存的变动情况，防止产成品库存积压、丢失或损坏。如木材生产中对入场木材要及时卸车和入库，不得压车，保证车辆的周转。防止场内木材变质、短缺，并注意防火、防盗等。

③产成品销售结算的控制。销售部门发出产品后，应及时将发货凭证交财务部门，以便及时办理结算手续，取得货款或结算凭证。

2.存货控制的方法

第一，存货的分级归口控制是加强存货日常管理的一种重要方法。这一管理方法包括以下内容：

①在厂长（经理）的领导下，财务部门对存货资金实行统一管理。企业只有对存货资产进行集中统一管理，才能使供、产、销各阶段协调一致，使资金运用达到综合平衡。

②实行资金的归口管理，即资金由哪个部门使用，就归哪个部门管理。存货资金归口管理时，一般分工如下：原材料（如原木）等归木材供应部门管理；燃料、包装物等资金归物资供应部门管理；修理用备件资金归设备动力部门管理；劳动保护用品资金归劳动安全部门管理；在产品、自制半成品资金归生产部门管理；产成品资金由销售部门管理。

③实行资金的分级管理。各归口的管理部门要将资金计划指标层层分解，落实到所属各基层单位或个人，进行分级管理。

第二，存货的ABC控制法。企业在生产经营中，存货的数量庞大，种类繁多。要对每一种存货都逐一进行详细的规划，严格控制，事实上是不可能的，而且也没有必要。实际中有一部分存货，虽然它们在全部存货数量中占有较大比重，但其存货价值在全部存货价值中只占较小的比重；而另一部分存货，尽管它们在全部存货的实物总量中占有的比重较小，但其价值却在全部存货总价值中占有相当大的比重。对价值比重小、量大的存货，适当放宽对它们的控制。对量少但价值较高的存货严加控制。ABC分类法就是针对存货的以上特点实行突出重点、照顾一般的存货控制方法。

ABC控制法的一般步骤如下：

第一步：计算每一种存货在一定时间内的资金占用额。

第二步：计算每一种存货资金占用额占全部资金占用额的百分比，并按大小顺序排列，编成表格。

第三步：根据事先测定好的标准 A 类存货品种比重占 10% ~ 20%，金额比重占 70% 以上；C 类存货品种比重占 60%，金额比重占 10% 以下；介于 A 与 C 之间的存货为 B 类，把重要的存货划为 A 类，把一般存货划为 B 类，把不重要的存货划为 C 类。

第四步：对 A 类存货进行重点规划和控制，对 B 类存货进行次重点管理，对 C 类存货进行一般管理。

第五节　流动资产评价

一、流动资产评价的意义

流动资产评价是对企业流动资产利用效果和偿债能力所进行的综合评价，是企业财务评价的一个重要组成部分。通过流动资产评价，可以总结前一时期流动资产总额和各项流动资产周转情况，了解人们对流动资产管理的总成果，发现问题，总结经验，以便更好地组织下一时期流动资产的周转活动。

二、流动资产评价指标

1.流动资产利用效果指标

流动资产利用效果指标是反映流动资产总体情况的重要指标体系，主要有流动资产周转率和流动资产利用率两大项。

第一，流动资产周转率反映企业在一定时期内流动资产的周转速度，有以下几项：

①全部流动资产周转率是综合反映全部流动资产在一定时期内周转速度的指标，它有两种表现形式：用全部流动资产周转次数表示；用全部流动资产周转天数表示。

②存货周转率是衡量企业销售能力和存货是否过量的指标。存货资产的周转速度，有两种表现形式：存货周转次数；存货周转天数。

③应收账款周转率是反映企业应收账款流动程度的指标。它有两种表现形式：应收账款周转次数；应收账款周转天数。

第二，流动资产利用率反映着企业流动资产资金占用与生产经营成果之间的比例关系。常用的有产值流动资产率和销售收入流动资产率两个指标。

①产值流动资产率是指每百元工业总产值所占用的流动资产数额。

②销售收入流动资产率，是指每百元销售收入所耗用的流动资产数额。

2.流动资产偿债能力指标

流动资产偿债能力指标，表明企业一定时期偿还债务的能力，通常有流动比率和速动比率两个指标。

第一，流动比率是指企业流动资产与流动负债的比，用来衡量企业流动资产的偿债能力。

流动比率越大，说明企业短期偿债能力越强。一般以200%左右为宜。此时既能保持必要的偿付债务能力，又能使企业流动资产得到充分利用。如果过高，可能是企业存货过多，或是负债较少。如果过低，则是资产太少，变现后偿还债务的能力较低。在实际工作中，这个指标在不同企业、不同时期可以有不同的要求。

第二，速动比率是企业速动资产与流动负债的比率，主要用来衡量企业流动资产中可以立即偿债的能力。

（三）流动资产评价方法

流动资产评价，一般采用比较法，即以流动资产各项指标的实际数同计划数、同本企业历史最好水平、国内外同行业先进水平进行对比分析。其中，以本企业流动资产的某项实际指标与本企业过去不同时期的水平对比或与本企业历史上最好水平对比的纵向比较，可以观察企业流动资产利用效果和偿债能力的变化趋势及发展速度。以本企业实际数与国内外同行业同期先进水平进行的横向比较，可以评价企业在国内外同行业中所处的地位及存在的距离。

通过以上纵横交叉的比较和分析，不仅能为企业外部门提供财务信息，而且还能为企业内部加强流动资产管理工作提供科学的依据。

第五章　财务风险控制与信息化管理

第一节　财务风险控制

一、财务风险的科学认知

（一）财务风险的含义

很多情况下，我们都会陷入一种迷惑的境地，究竟什么样的风险属于财务风险？什么样的风险属于经营风险？怎样区分二者呢？我们认为，关于财务风险的范围问题，在某种程度上，就是财务风险与经营风险的关系问题。搞清了二者的关系，就很容易明白财务风险的范围。

在市场经济下，社会再生产过程既可以表现为使用价值的运动——各种物资的生产和交换；也可以表现为价值的运动——价值的形成、实现和分配。风险在使用价值的运动过程中体现出来就是经营风险，在价值的运动过程中体现出来就是财务风险。因此，可以说经营风险和财务风险是同一个问题的两种不同表现形式。也有学者认为：财务风险是企业经营风险的集中体现，是一种微观的风险。以上两种观点虽然是从不同角度阐述的，但其内涵应该是一致的。大多数情况下，财务的风险问题不是财务本身造成的，风险主要来源于生产技术问题和产品营销问题，如产品的生产成本过高、质量低下、产品没有市场销路等，风险的压力来自产品市场，财务只不过是从价值角度表现和控制这些风险。只要产品经营没有问题，财务也基本上没有什么问题。这就是说，财务风险不仅仅是财务的问题，它跟经营风险是紧密联系在一起的，在很多情况下，我们都是通过解决经营中的问题来解决财务的问题。因此，对财务风险的界定或者说对财务风险与经营风险的区分不是一定的，应该根据现实情况的需要来确定。

目前，在西方理论界中，人们谈到财务风险，仅仅理解为资金筹措与资金结算中的风险，财务风险仅被视为企业风险中的一种加以讨论和研究。我国的一些学者在介绍西方财务风险理论时，注意到了西方财务风险内容的局限性，并对其加以扩展，提出了财务风险的内容必须包括"财务活动全过程"的观点。首先，企业的一切风险说到底都是对企业资金及其资金运动造成的风险。资金是企业的血液，是企业生产经营活动的物质基础，也是企业经营成果的综合体现，资金及其运动构成了财务的基础，资金的风险性必然使得企业的整个财务活动表现出风险性。其次，企业的一切生产经营活动都存在着诸多不确定因素，这些因素最终使得企业经营成果呈不确定性，财务活动既是企业生产经营活动的一个重要组成部分，同时也是一种重要的经营活动，当然也呈现出风险性。

理论界与实务界一般认为，财务风险与收益是成正相关的，即风险越大，收益越高。然而企业在追求利润最大化的过程中，时时面临着财务风险的严重威胁。对于"财务风险"的界定目前有两种不同观点。广义的观点认为，财务风险是财务活动的整个过程，由于各种不确定因素的影响，使企业实际收益与预期收益发生了偏离的不确定性。而狭义的财务风险又称筹资风险、融资风险和理财风险，这种风险是由于举债而给财务成果带来的不确定性，即企业全部资本中，债务资本比率的变化所带来的风险。本书更倾向于前一种观点。因为财务理论的研究对象是企业经营全过程中的资金运动，相应地将财务风险的范畴扩展，有利于我们在更广泛的视野上研究财务运作中的风险问题，也有利于为实务操作建立一个明晰系统的框架。习惯上按理财内容进行划分，将财务风险划分为筹资风险、投资风险、资金回收风险和收益分配风险四个方面。

所谓财务风险，是指企业在生产经营过程中，由于各种风险要素的存在，使得企业的资金及其运动呈现出不确定性，最终可能导致企业未来的财务收益与人们预期收益产生重大差异的一种财务活动。财务活动是企业筹资、投资、供产销经营环节上的资金使用与收回以及财务成果的实现与分配等一系列活动的有机统一，在这一系列活动中都可能存在风险。所以，对财务风险的研究必须结合财务活动的全过程。

财务风险是指财务活动中由于各种不确定因素的影响，使财务收益与预期收益发生偏离，从而产生蒙受损失的机会和可能。财务活动的组织和管理过程中的某一方面或某一环节，都可能促使这种风险转变为损失。

财务风险的实质就是财务成果的风险和财务状况的风险，是企业对未来财务收益不可能实现的概率。现代财务风险管理的实质，就是在财务风险和财务收益之间进行权衡，以便能做出科学的财务决策，将财务风险控制在企业所能承受的限度之内，努力提高企业的收益，从而增加企业的价值。

财务风险，实质是一种微观经济风险，是企业理财活动风险的集中体现，同时也是现代企业所面临的一个重要问题。

传统的财务风险定义是企业用货币资金偿还到期债务的不确定性。而财务风险的大小就表现为企业能否支付到期债务，以及是否会导致企业发生破产，这一定义是与传统的财务理论研究和传统的经济环境基本相适应的，我们称这一定义为狭义的财务风险定义。

在当今市场经济高度发展的社会中，企业的财务活动是一个复杂的系统过程，不仅具有组织和管理这一过程的管理体制和机构组织，而且还具有其自身的目标、内容、职能、任务和原则；企业的资金运动按"资金—成本—收入—利润—资金"的运行轨迹循环，这一运行过程并非时时处处都与企业"采购—生产—销售"的实物运动相伴而行，而是经常发生游离正常实物过程的独特运动，如：企业购买期货，不久将其抛出并从中获利等行为。这些盈利过程是脱离企业自身的实物运动独立完成的，有时甚至无实物过程的依据，这些过程不是偶尔为之、无足轻重，而是企业经营活动的重要组成部分，在企业生产经营过程中具有非常重要的作用。由此可见，随着社会主义市场体系的发育健全，企业的资金运动已跳出传统的范畴，使资金的筹集、分配运用及调度、补偿和积累等，都日趋多样化和复杂化，其中所面临的财务风险也不能与过去同日而语，因此将财务风险抽象出来单独进行观察分析，不仅是必要的也是可能的。

广义的财务风险是指企业在生产经营过程的资金运动中所面临的风险，包括企业在筹资、投资和用资等活动中，由于管理不当，所导致的使企业丧失偿债能力的可能性。或者定义为：财务风险是财务活动中由于各种不确定因素的影响，使财务收益与预期收益发生偏离，因而造成蒙受损失的机会和可能。

二、财务风险的形成及预兆

（一）财务风险的生成

1.财务风险与会计要素及其结构的关系

财务风险是一种微观经济风险，它是企业经营风险的浓缩和集中体现。具体是指企业在特定的客观环境下和特定的期间内，在企业经营运作过程中，由于各种难以或无法预料、控制的企业外部经营环境和内部经营条件等不确定性因素的作用使得企业资金运动、资金流的效益降低和连续性中断，进而使得企业的实际经营成果与预计目标发生背离，从而对企业的生存、发展和盈利目标产生负面影响或不利结果的可能性。

从企业理财的角度看，一旦这种负面影响或不利结果产生，将会直接引起财务状况恶化和企业经营成果的降低，进而给企业投资者、债权人、经营者、职工以及政府、企业等各类利益主体造成经济利益的损失，即财务损失。所以，为了衡量这种由财务风险造成的企业利益主体的财务损失的程度，我们可以从反映财务状况和反映企业经营成果的会计要素及其结构之间的变动关系来展开对财务风险的分析，即可以从企业一定期间内的资产、权益、负债、收入、费用、利润及其结构的变化情况与预期的偏差来表征或衡量企业存在的财务风险及其大小。

依据会计基本原理可知，企业一定期间内所有资产的形成不是来自权益资本的投入，就是来自负债资本的投入，或者是两者共同作用的结果，即资产＝负债＋所有者权益，权益资本或负债资本的任何变化都将引起企业资本或资本结构的变动。以企业一定时期形成的资产为基础，通过企业的经营活动可以取得一定的经营收入，同时也要发生一定的经营费用，两者的差额即形成了企业的利润，即利润＝收入－费用，收入或费用的任何变化也都将引起企业利润的变化。所以根据企业各类会计要素的这种联动传导关系，基于系统分析的思想可以得到以企业权益、负债、资产、收入、费用和利润及其结构比例关系为构成要素的财务风险表征因素体系，如图6-1所示。

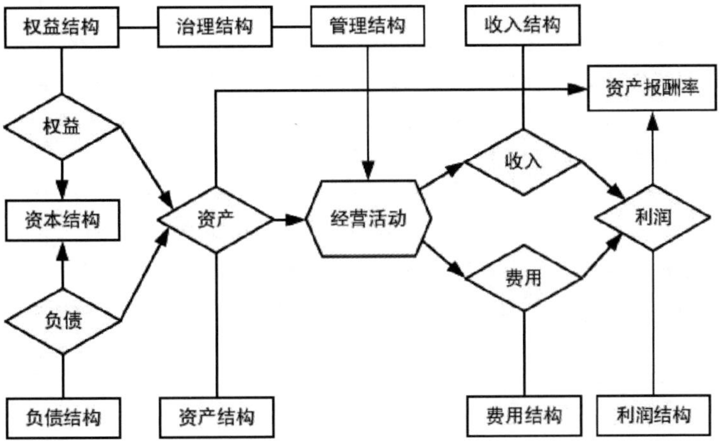

图6-1 财务风险的表征因素体系

从图6-1中各类会计要素之间的关系可知，不论是反映财务状况的资产、负债和所有者权益等会计要素及其结构的不确定性变化，还是反映企业经营成果的收入、费用和利润等会计要素及其结构的不确定性变化，其最终结果都将可能导致企业经营成果与预计目标的背离。结合财务和会计理论知识，可以逐一分析各类会计要素及其结构的不确定性与财务风险的关系，如表6-1所示。

（二）财务风险与环境及管理因素不确定性的关系

任何企业都是一个开放的、有人的主观行为参与的经济系统。所以，引起财务风险的因素或原因可以分为两大类，即企业系统外部客观环境的不确定性和企业系统内部主观管理决策的不确定性。

表6-1 会计要素及其结构的不确定性与财务风险的关系表

会计要素及其结构	会计要素及其结构的不确定性与财务风险的关系
资产与资产结构	资产是企业拥有、占有或者可以控制的，能通过企业经营活动创造收益的经济资源，分为流动资产和长期资产。两类资产的比例构成了企业的资产结构，企业所属行业不同，其两类资产的合理比例范围不同，所有非合理的资产结构都会降低企业创造收益的能力，收益能力的降低是企业发生财务风险的前兆。
负债与负债结构	负债是企业承担的能以货币计量的、在未来将以资产或劳务偿付的经济责任，分为流动负债和长期负债。两类负债的比例构成了企业的负债结构，企业的资产结构将决定企业两类负债的合理比例范围，所有与企业资产结构不相适应的负债结构都将增加企业的偿债风险。
权益与权益结构	权益是企业投资者对企业净资产的所有权，从数量上等于企业全部资产减去全部负债后的余额，分为国家股、集体股、法人股、公众股和外资股等，其各自拥有股份的数量结构构成企业的权益结构。企业不同的权益结构将决定企业的治理结构，从而影响企业的管理结构和管理效率，进而可能影响企业经营活动创造收益的能力，并增加企业发生财务风险的可能性。
收入与收入结构	收入是企业生产经营与资本经营活动以及其他活动中产生的收益，它表现为一定期间现金的流入、其他资产的增加或负债的清偿；企业收入结构则是指企业从事生产经营活动取得的收入与从事资本经营活动取得的收入之间的比例关系。收入结构的非预期变化将预示着企业发生财务风险的可能性的提高。
费用与费用结构	费用是企业在生产经营与资本经营活动以及其他活动中发生的各种耗费，它表现为企业一定期间现金的流出、其他资产的减少费用与或负债的增加；费用中能够予以对象的部分称为制造成本，不能费用结构予以对象化的称为期间费用，两者的比例关系构成了企业的费用结构，其变动的不确定性能够反映企业的经营效率，进而影响企业实际经营绩效和发生财务风险的可能性。
利润与利润结构	利润是企业在一定期间内各类经营活动的最终财务成果，是收入与费用相抵后的差额，它是反映企业经营成果的最终要素，企业利润的不确定性将直接表现为财务风险；利润结构既可以指利润的形成结构，也可以指利润的分配结构，前者反映了企业各类经利润结构营活动获取利润的能力高低情况，后者反映了企业各类利益主体对利润的占有和控制程度，企业利润结构的特征能够表明企业持续经营的动力和约束条件，其结构的不确定性必将影响企业持续发展的能力和增加财务风险发生的可能性。

（1）企业外部环境的不确定性引发财务风险的发生

企业外部环境的变化必然会引起企业经营管理和经营决策的变化，从而引发财务风险的发生。同时企业外部环境的变化也会直接引发财务风险的发生。根据外部环境对企业经营活动和财务风险的影响程度，可以将企业外部环境分为总体环境和产业环境两个层次。

①总体环境不确定性对财务风险的影响

总体环境不确定性对财务风险的影响主要体现在总体环境的不确定性因素上。总体环境的不确定性因素指的是对不同产业的经营都会产生影响的各种因素，它主要包括政治、经济、社会、科技以及自然环境等方面的不确定性因素。这些因素的变化一方面引起企业经营管理和经营决策的直接变化，从而间接导致企业会计要素及其结构发生变化，引发财务风险。另一方面这些因素的变化也会直接引起企业会计要素及其结构的变化，引发财务风险。

②产业环境不确定性对财务风险的影响

产业环境不确定性对财务风险的影响主要体现在产业环境的不确定性所分析的内容上。产业环境不确定性所分析的内容主要包括产业要素市场的不确定性、产业产品市场的不确定性和产业竞争的不确定性等三个方面的内容。其中任何一项内容发生变化也都可能直接或间接地引发企业会计要素及其结构发生变化，从而导致财务风险的发生。

（2）企业内部管理的不确定性导致财务风险的发生

企业管理主要通过计划、组织、控制、激励和领导等环节来协调人力、物力、财力资源，以期更好地达成组织目标。企业管理对工作的各个环节都是由企业内部组织机构来完成的，而企业内部组织结构往往都存在不完善之处，从而为财务风险的发生提供了可能。另外财务风险管理人员自身的素质，也直接影响着财务风险的发生。企业各项管理职能的发挥从本质上讲都是企业经营管理者决策行为的结果，由于信息的不充分性和管理者经营能力的有限性，企业各项经营管理决策都具有较大的主观性和不确定性。根据企业管理决策的内容不同，可以将企业内部管理决策存在的不确定具体细分为采购管理决策、生产管理决策、营销管理决策、质量管理决策、技术管理决策、人力组织管理决策、信息管理决策以及财务管理决策等若干方面，但其核心是企业投资、筹资和收益分配等理财决策的不确定，其他管理决策的不确定都将通过理财决策的不确定而得以体现。因此，分析企业内部管理决策的不确定性，应主要集中于企业理财决策过程存在的不确定性因素，由此展开分析引起财务风险的内部决策因素。

企业内部管理的不确定性直接引起了企业各会计要素及其结构发生变化，从而导致财务风险的发生。

企业系统外部客观环境不确定引起的财务风险，是同类企业共同面临的风险，我们称之为系统风险；而企业系统内部主观管理决策的不确定引起的财务风险，我们称之为非系统风险。两类风险共同构成了企业的总体财务风险。

（二）财务风险生成与传导的分析框架

基于以上对财务风险表征因素（会计要素及其结构）和风险引起因素（企业外部环境因素和内部管理决策的不确定性）的分析，按照"风险引起因素——风险表征因素——财务风险"的因果关系分析流程，根据系统的目标、要素、结构、功能、环境和效应的相互作用关系，我们可以得出财务风险生成与传导的框架图，如图6-2所示。

从图6-2中，我们可以清楚地看出，财务风险表征因素的变化将直接导致企业实际经营成果与企业预期发生偏离，产生财务风险。企业外部环境引发因素发生变化时，一方面会直接引起财务风险表征因素发生变化，从而导致企业实际的经营成果发生变化，使实际成果与企业的预期发生偏离，产生财务风险；另一方面企业外部环境引发因素发生变化时，还会导致企业内部管理引起风险因素的变化，从而间接引起财务风险表征因素发生变化，导致实际经营成果与企业预期发生偏离，引发财务风险。企业内部管理引起风险因素的变化也会直接导致财务风险表征因素的变化，以至于企业实际经营成果与企业预期发生偏离，产生财务风险。因此，从财务风险生成与传导的分析框架图可知，在企业经营管理过程中，其外部中客观环境和内部管理决策客观存在的不确定性，都将可能引起企业会计要素及其结构变动的不确定，其最终结果将可能使得企业实际经营成果与企业预期经营目标产生偏离，从而导致财务风险的发生。对财务风险生成及传导的研究是为了加强对财务风险的认识，从而开阔控制风险的思路。

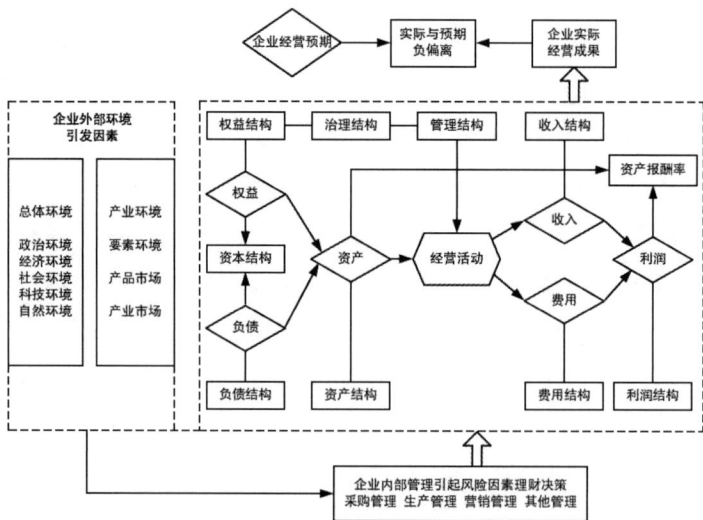

图6-2 财务风险生产与传导的框架

三、财务风险的化解

（一）财务风险的处理方式

财务风险处理是完成财务风险识别和评估之后实施具体风险控制的操作阶段。所谓风险处理是指全面考虑财务风险的性质、大小、企业风险管理目标、企业实力和风险承受能力、风险控制能力等因素。从企业自身实际出发，对其面临的财务风险选择相应的风险控制策略及手段，实施不同的处理方式，包括财务风险转移、财务风险回避、财务风险保留三种风险处理方式。

1.财务风险转移

财务风险转移是针对企业在生产经营中无法回避或难以回避的风险，如产品销售市场风险、运输风险、财产火灾等不可预见损失风险等。对此类财务风险，企业从根本上难以回避且自身管理这类风险的能力有限，或即使可以管理此类风险，但管理此类风险的成本和代价太大。因此，处理此类风险的方式是将其进行适当的转移。财务风险转移，一般采用三种基本方法，即保险、分散和对冲。

（1）保险

针对企业中易出现的人员工伤等意外事故、车辆事故、火灾、爆炸等不可预见因素所产生的资产损失等财务风险，企业最简单、最有效的风险处理方式是购买保险，将此类风险进行转移。

保险作为管理特定风险的有效工具和方式之一，在企业风险管理中得到广泛应用。所谓保险，从本质上来看，是处理和防范特定风险事故损失的保护机制。企业按照所保风险的性质，支付一定数额的费用，同保险公司签订保险合约，以便在出现对应的风险损失事件时，得到适当的补偿，从而实现此类风险的部分或全部转移。这样，可使企业对此类风险事件，有一种正常的保护和处理机制（如企业职工工伤和意外保险），不致给生产经营造成重大影响；或虽有重大影响，但可以通过保险的赔付机制，使企业资产损失得到适当的补偿。如企业出现意外的火灾和其他不可预见的严重灾害时，通过保险公司理赔和其他应急措施，减少事故损失，尽快恢复生产等。

（2）分散

分散是指企业在面临项目投资、股票或其他证券投资、进出口业务外汇结算的币种选择等风险决策时，为转移不确定性因素给企业可能带来的财务风险，通过多样化的投资组合或币种组合，降低企业的风险。利用分散方式转移风险的实质，在于利用不同种类资产的风险相关性，或不同货币种类的风险特性来有效转移或减小风险程度。例如，当企业进行股票投资时，一般可利用若干股票的投资组合来降低股票投资风险。但应该指出的是，通过分散方式可转移或可减少的仅是非系统性风险，而不能减少系统性风险。此外，利用分散方式转移风险的同时，也存在减少企业收益水平的可能性。

（3）对冲

对冲是指即期售出某种市场风险，或通过交易一种在未来某一时刻可转移或消除该种市场风险的金融工具。对冲交易，是企业在生产经营的产品销售、原材料采购中，为转移市场价格波动所采用的风险转移手段之一。如企业利用期货对冲交易所具有的套期保值功能，锁定和转移产品销售的市场价格波动风险等。

2.财务风险规避

财务风险规避是指在某项可能的财务风险发生之前，企业因发现该项财务风险可能会给自身的生产经营活动带来较大的风险损失，因而有意识地采取规避措施，主动放弃或拒绝承担该项风险。

企业在下列情况下应采取风险规避措施：（1）该项业务可能产生的财务风险过大，超过了企业的风险承受能力。例如，某项业务所包含的风险具有较大的发生概率，且这种风险一旦发生，会给企业造成致命打击。（2）该项经济业务的风险承担与风险收益不平衡，其获得的预期收益远远小于可能出现的风险损失。（3）该项财务风险较为复杂，超出了企业现有的风险控制能力；且企业对该项财务风险无法将其转移或分散。（4）对于仅有损失没有收益的纯风险。

在风险源的处理上，主动放弃或拒绝承担风险的风险规避方式与风险转移的不同之处在于：风险规避方式是从根本上消除、中断风险源，并不伴随风险的转移和风险承载主体的转换；风险转移则是将风险从一个主体转移给另一个主体。例如，当企业发现刚开始的某项投资活动，因情况变化，其预期的投资回报可能显著降低而具有较大的风险时，企业果断地中止该项目，这属于风险规避方式；而将该投资项目转让给他人，由他人承担风险，则属于风险转移方式。

3.财务风险保留

财务风险保留是指对于那些无法规避又不能转移的财务风险，或者由于自身生产经营活动的需要而必须承担的风险，企业采取保留此种风险的方式。如果风险发生，产生的风险损失由企业自行消化补偿。

企业采用财务风险保留方式，一般适用如下情况：（1）企业自身业务特点决定，为了获得某种风险收益，必须承担此种风险。即虽然某项经营业务有风险，但是对企业整体生产经营活动至关重要，不承担此种风险，将影响其整体业务和发展。如企业不会因存在技术创新风险而停止技术开发和新产品开发，银行不会因贷款风险而放弃贷款业务等。（2）财务风险保留的费用低于其风险控制的成本。（3）企业面临较好的投资机会，而投资风险相对较小。（4）企业所面对的某种风险，其发生时最大的风险损失预期较小。（5）企业对某种财务风险具有充分的风险控制能力和风险管理手段。

在企业具体的财务风险处理实践中，采用何种风险处理手段及风险保留比例，取决于企业所面临的风险类型及特点、企业的经济实力、风险管理水平、风险收益与风险损失的权衡比较等。

（二）财务风险控制的对策

财务风险意识淡薄，一旦面临财务风险很快就陷入财务危机。然而，冰冻三尺，非一日之寒，国内企业存在财务危机都不是一朝一夕所致。财务出现风险的景气警兆有：现金净流量为负数，资不抵债，无法偿还到期债务，过度依赖短期借款筹资等；经营出现风险导致财务出现风险的动向警兆有：主导产品不符合国家产业政策，失去主要市场，或有负债与或有损失数额巨大，出现贴现、担保、抵押借款、未决诉讼等，关键管理人员离职且无人替代等等。财务风险恶化的主要表现有资产负债率急剧上升，无法偿还到期或即将到期且难以延期的债务，异常原因导致非季节性停工、停产等等。中小企业由于财务危机而濒临破产，让我们感到了来自财务风险的压力。有时，企业破产的直接原因并非其经营的重大失误，而是对财务风险防范和控制的软弱无力，表现为：投资风险的积累，对财务风险的认识不足，对财务风险的准备不足，筹资风险的释放，对外部环境的过分依赖。

对财务风险控制，是财务管理的一大职能；控制，即监视各项活动以保证它们按计划进行并纠正各种重要偏差的过程。事前财务控制以决策为核心，决策未来就是通过预测方式对企业未来的经营活动、筹资活动、分配活动进行综合的财务判断。事中控制以监控全过程为主，用财务语言全面反映出已完成执行情况的最新经营活动对已定目标的影响，及时改变财务活动。事后控制以结果为核心，在发生财务危机时力求减少损失。

（三）企业筹资风险的控制

对于一个企业来说，完全依靠自有资金从事经营活动，不发生负债风险，这对控制资金成果的不稳定性是有利的，在企业经营上也是稳妥的。但是当需要借款时，为保持经营的稳妥性而拒绝借款，就会失去发展的时机。因此，过于保守的经营方式，在许多情况下是不适宜的，而应该学会善于利用社会资金，利用借款负债经营。但是，负债经营的风险是客观存在的，如果不仔细分析、盲目借款，也是不妥的。只有在企业经济效益良好时，负债经营才是有利的。同时，在提高借入资金对自有资金的比例时要充分考虑财务风险的大小。所以要通过各种途径努力搞好筹资风险的控制，即确定最佳资本结构。

1.进行筹资效益的预测分析

企业在筹资前必须针对各种方案进行筹资效益预测分析，以最小的筹资资本实现最大的综合经济效益。投资收益和筹集资金的资金成本是决定应否筹资和筹资多少的重要因素，因此必须事先做好筹资效益分析。不同的资金来源有不同的资金筹集方式，企业为了减少支出，需要分析各种筹资方式的资金成本，进行合理配置，具体方法可以计算综合资金成本率指标（即不同资金来源所占比重乘以该项资金来源的资金成本之和），公式表示如下：

综合资金成本率 = Σ 某种资金来源所占比重×该项资金来源的资金成本

通过计算不同筹资方式的综合资金成本率，选择资金成本最低的一种组合方式。同时通过其他一些相关因素，比如投资回报率、期望自有资金利润率等指标，确保以低成本筹集的资金能得到最大的利润收益，使筹集的资金在有意义的同时控制企业筹资风险。

2.确定合适的筹资方式、资金结构和还款期限

（1）确定合适的筹资方式

企业应比较各种筹资条件和筹资机会，确定合适的筹资方式。企业筹资的每种方式都有优缺点，并与金融市场密切相关，企业筹资时机的把握，筹资对象的确定，证券发行的价格，发行期限，发行方式以及利率的确定，付款方式和回收期限等的设立，都会对企业筹资成功与否，筹资成本大小，筹资风险的强弱产生不同程度的影响。所以必须对各种筹资机会进行比较研究，通过计算其相关因素进行比较，以降低筹资风险。

（2）确定合理的资金结构

企业应根据本财务状况，确定一个合理的资金结构。企业可以通过资产负债率、各种筹集资金所占比例及各种资金成本比率等因素来确定最佳筹资结构比率，从而控制企业筹资风险。

（3）确定合理的还款期限

企业应采用还款期限稍长于项目投资回收期的筹资方式，还款期限太长，可能造成长期借款短期使用，利率太高，增加资金成本；反之，会造成企业资金周转困难，无力偿还负债。因此企业必须做好预期的核算工作，来确定还款期限，降低企业筹资风险。比如企业通过对预期资产回报率的计算，企业可以更好地确定回款数额和日期，从而更好地确定还款期限，以减少损失。

3.确定合理的借款额度，确保借款偿还能力

负债能否偿还是建立在投资未来的收益上，只要未来的收益大于资金成本，应该说，举债是安全的。财务管理上用税息前盈余和每股收益分析法来确定企业合理的负债资本比例，这种分析法实际上说明企业收益能力对负债规模的影响。对于一个企业来说，在确定合理的负债规模时，还要考虑企业的经营风险、所处行业的经营特点、企业销售的稳定性、企业筹资能力和资产变现能力等因素。对于经营周期性波动小、预期收入乐观、筹资能力强的企业可适当扩大负债规模。企业应根据资

金使用期限、预期现金流量状况，确定借款期限，并要运用流动比率、速动比率、资产负债比率、长期适合率等因素指标的计算来衡量。

企业在负债经营的情况下，更要信守合同，重信用，防止发生信用危机，树立良好的企业形象。因此，在筹资和使用资金时，就必须考虑企业的综合偿还能力。说明企业综合偿还能力的指数，即借款临界点，它既反映企业借款的偿还能力，又反映支付利息后的盈利状况，对企业来讲是很重要的指标。如果超过了这个界限不仅偿还借款有问题，而且由于支付利息额过大，还会出现亏损，以上我们从企业内部因素上进行了定量分析，决定企业何时举债及举债的额度，作为企业要控制好筹资风险，应同时注意企业外部因素的变化。如：在经济增长时期，企业外部市场条件比较好，这时大量借款可以增强企业发展的能力，同时可以获得较多盈利。但在经济发展滞缓时期，由于市场条件恶化，这时若大量借款，非但不能盈利，反而会因为债务过重出现债务危机。因此企业应把内部、外部因素结合起来，综合考虑、制订好筹资决策，以最小的筹资资本和筹资风险获得最大的筹资效益。

4.最优资本结构控制法

在通常情况下，企业的资本结构由长期债务资本和权益资本构成。资本结构是企业各种长期资金筹集来源的构成和比例关系。负债与权益资本的比例并非越高越好，若企业的负债比例越高，则安全性越低。这个结构可根据负债与资本的加权平均资金成本来确定。财务管理的目标在于追求公司价值的最大化或股价最大化。公司的最佳资本结构应当是可使公司的总价值最高，同时资本成本最低。

公司的市场总价值 V 应该等于其他债券的市场价值 B 加上股票的总价值 S，即 $V = B + S$。

债券的市场价值：

$$B = \frac{I_1}{(1+i)^1} + \frac{I_2}{(1+i)^2} + \cdots + \frac{I_n}{(1+i)^n} + \frac{M}{(1+i)^n}$$

式中，I——每年的利息；

M——到期的资本；

i——贴现率，一般采用当时的市场利率或投资人要求的报酬率；

n——债券到期前的年数。

股票的市场价值：

$$S = \frac{(EBIT - I)(1 - T)}{K_S}$$

式中，$EBIT$——息税前利润；

I——年利息额；

T——所得税率；

K_S——权益资本成本。

采用资本资产定价方式计算 K_s：

$$K_s = R_1 + \beta(R_m - R_1)$$

式中，R_1——无风险的报酬率；

β——股票的贝他系数；

R_m——平均风险股票必要的报酬率。

而公司的资本成本，则应用加权平均资本成本 K_w 来表示：

$$K_w = K_b \times \frac{B}{V}(1-T) + K_s \times \frac{S}{V}$$

式中，K_b——税前债务资本成本。

5.剩余股利分配决策

股利分配与公司的资本结构有关，而资本结构又是由投资所需资金构成的，因此实际上股利政策要受到投资机会及其资金成本的双重影响。剩余股利分配决策就是在公司有着良好的投资机会时，根据一定的目标资本结构，测量出投资所要的权益资本，先从盈余中留用，然后将剩余的盈余作为股利分配。

采用剩余股利分配决策时，应遵循四个步骤：第一步，设定目标资本，即确定权益资本与债务资本的比率，在此资本结构下，加权平均资本成本将达到最低水平；第二步，是确定目标资本结构下的投资所需要的股东权益数额；第三步，最大限度地使用保留盈余来满足投资方案所需的权益数额；最后，投资方案所需权益资本已经满足后若有剩余效益，再将其作为股利发放给股东。

（四）企业投资风险的控制

1.提高投资项目的决策水平

企业把有限的资金用到最需要的项目和效益较好的项目上，充分发挥资金的效能。企业在投资过程中，要深入实际搜集相关资料，掌握准确的投资信息，并重点对项目实施的必要性、技术的可行性、经济的合理性进行严密科学的论证，以保证投资决策的准确；否则，出现一点失误，就会造成人、财、物的严重浪费。因此，提高决策部门的业务水平，是至关重要的环节。决策部门应该通过对资产回报率、投资方案净现值的期望值和投资方案的风险程度等因素指标的计算分析，来预测投资方案可行性和风险性，以加强投资风险的预测，提高投资项目的决策。

第一，投资回报率＝（年均利润/投资总额）×100%，它反映了企业投资的利用效率，通过比较各方案的投资回报率，可以比较出这些投资方案的可行性。

第二，净现值的期望值是指期望投资回收量（税后现金量）与原始投资量之间的差额。用公式表示为：

净现值（NPV）＝期望历年税后现金量－原始投资量

通过NPV的值来判断个别投资方案的可行性。

第三，风险程度是指期望与实际的偏离程度，也就是概率统计中的标准差

（σ）。标准差（σ）用来反映现实收益与期望收益之间的偏离程度，它们之间的差距越大，说明有关方案的风险性越大；反之，则说明实际发生的数值更接近于期望效益，即该方案包含的风险性越小。

2.加强风险意识

风险越大，报酬率越高；风险越小，报酬率越低。企业进行投资时，各投资对象的风险是不同的。一般地，企业对外投资时，为减少风险，应把资金分布在不同的投资项目上，进行不同的投资组合，即将高收益与高风险投资和低收益与低风险投资项目进行不同的组合。由于每个投资项目的风险不同，收益不同，这样，多个项目的组合结果，就有可能在盈亏相抵后还有利润。作为企业的领导者、决策者及有关经营管理人员，特别是财务人员，必须加强风险意识，充分认识各种潜在的风险因素以及发生损失的可能性，对于企业在投资中所面临的风险有明确的了解，提高对风险的客观性和预见性的认识，密切注意并采取科学的方法去预测、控制，掌握风险管理的主动权，力求避免、减少或转嫁风险。

3.加强投资资金的管理

综合考虑资金的投放时间，制订较科学的资金投放计划，合理安排好资金的投入量，适时投资，只有这样，才能提高资金收益率。要坚持集中财力、物力保证重点工程建设的原则，严防出现战线长、资金散的被动局面。在项目资金能够满足的前提下，要严防超支、挪用资金或扩大规模。同时，企业还必须制订严格的管理制度，加强和改善企业的经营管理，压缩不合理的支出，加快投资资金的回收，提高资金的运行效率和使用效率，以确保投资项目取得最佳经济效果，将投资风险降到最低限度，在对投资资金管理过程中，管理人员应该随时、随地、随机地对某个工程点上的预期效益与实际效益相比较，分析产生偏差的原因，找到今后工作的重点，进行合理有效的风险控制。可以通过拿出预期投资方案中某些预期相关因素指标与实际得出的相关因素指标对比，计算出偏离程度，找出偏离原因，以至于能够及时有效地管理投资，控制投资风险。比如某节点上预期投资回报率与此节点的实际回报率产生偏差，那么此时管理人员可以通过这些相关因素分析，找到什么地方出了问题，是之前的投资成本过高，或是未来预期收益过大原因等，来及时进行修正，从而把投资风险掌握在控制之中。

总之，市场经济条件下，投资风险的存在是客观的、必然的。一个企业要在市场中生存、发展并取得收益，就必须敢于冒风险，富于开拓精神，善于捕捉时机，以便掌握主动权，取得较高的收益，但同时要学会控制风险，以最低的风险或代价，取得最高的收益；相反，不去冒险，过于谨慎小心，反而会使企业失去更多的机遇，从而抑制了企业的发展。所以，在实际工作中，必须在风险和收益之间合理取舍并加以适当控制，才能增强企业的竞争力，进一步提高企业的财务管理水平，增加企业的经济效益。

4.决策树法

决策树法的特点是在投资项目每年现金流量不独立的情况下，通过现金流量概率树，以无风险报酬为贴现率，不仅就各现金流量序列分别计算各个可能的净现值，而且按联合概率计算期望净现值和标准离差，通过比较期望值和标准离差的大小，从中选择最优方案，作出正确的投资决策，从而达到控制投资风险的目的。

运用该方法进行风险决策分析时，其步骤如下：

（1）绘制决策树

首先，需对决策方案的有关情况进行深入的调查研究，确定可以参加决策选择的方案：然后分析各种方案可能出现的各种问题，从左到右层层展开，就像一棵树那样从树干、树枝到树权，从疏到密地展开。

（2）计算损益期望值

把各个方案的每种自然状态损益值与相应的概率树上的概率及决策期限相乘，得出每种自然状态的损益期望值。即投资方案预期的收益额或利润额，然后再进一步计算出各个方案的累计损益期望值。计算公式为：

$$\overline{E} = \sum X_i P_i$$

式中，$\overline{E}$——投资方案的期望值；

X_i——第 f 种情况下可能获得的收益额；

P_i——第 f 种情况下出现的概率。

3.计算标准差

$$\sigma = \sqrt{\sum_{i=1}^{n}(X_i - \overline{E}) \cdot P_i}$$

标准差越小，表明该投资方案预测的收益额越接近期望值，投资风险越小，反之，标准差越大，投资风险越大。

（五）企业资金使用风险的控制

1.合法经营，规避资金使用风险

合法经营是确保资金安全的前提，也是规避资金使用风险的第一要素。企业必须知道和明确界定哪些业务活动是合法的、可以进行的，哪些是被禁止的。像有些公司，在做进口代理时，不了解整个业务的全过程，对客户只收取代理费，而对报关、对外付款等手续都没有真正了解，这样由于企业对所做行业没有真正了解，企业不仅应该获得的收入没有获得，甚至还可能亏本经营，使企业资金使用风险增大。再比如对于创业投资公司，国家明文规定其不能从事房地产投资，那么即使房地产行业的利润再高，企业也不应该直接涉及。同时企业在进行风险投资以及货物赊销时，应该充分考虑资金回收及回收期限问题。因为回收期限越长，企业所承受的利息负担越大，利润越低，并且企业要对账款计提坏账准备金，这样企业又损失了所计提的坏账准备金的机会成本。

2.加强资金运作的程序化、规范化管理，降低资金使用风险

对严禁从事的业务活动及财务活动，企业各部门要严格把关，不得从事。对于那些可以从事的业务活动，企业则一定要按规定章程办事，这也是防范资金使用风险的最重要、最具体的措施。

业务部门，要由业务员和主管部门的会计人员对客户的资信情况进行了解，并按照还款情况进行信用等级评定。根据不同的信用等级，来核定出与各客户的贸易条件、发货限额和还款账期，制订相应的监控程序和政策。

对于信用好的客户，业务员有权发货，业务部门负责；对于信用等级不太好的客户，业务员有一定的发货权限，超过发货限额，须有财务部门负责人批准，超过金额较大的话，还应报主管经理同意。只有这样，才能控制业务部门的盲目发货和应收账款的不断增长情况的发生，避免货出去钱收不回来的情况，减少发生坏账损失的可能性。

对于代理业务，资金的运作同样十分重要。代理业务应该是在客户资金到位的情况下，公司才对外开证。但随着竞争的愈加激烈，在个别客户资金不到位时，也要求对外开信用证，公司用银行的授信额度来开证，这样资金的风险就转嫁给了公司。在这种情况下，公司一定要让客户对于合同的授信提供经济担保，来降低公司的风险。

对于其他风险较大的投资项目、长期借款提供经济担保的事项等，要坚持企业领导决策层集体讨论决定，严禁独断专权、个人说了算，以防少数人的决定给企业造成重大经济损失。

3.全过程监控资金使用，防范资金使用风险

付款以后，要对资金的活动情况进行全过程的监控，这是有效地防范资金使用风险的重要环节。对资金使用情况进行全过程监控，要有业务部门的主管会计对客户的应收款项做好原始记录，随时了解客户的回款情况。同时可以通过相关因素分析，监督资金使用情况。如进行存货周转率、总资产周转率等因素指标的计算分析，查看资金使用情况。

（1）存货周转率

反映了企业的销售效率和存货使用效率，可以监督企业用于存货的资金的使用情况。

（2）总资产周转率

总资产周转率可用来分析企业全部资产的使用效率，可以监督企业全部资产的使用情况。

（3）应收账款回收率

反映企业销售收入回收速度，其计算公式为：

应收账款回收率 = 期间收回账 + 期末应收账款总额

可以监督企业销售收入资金的使用情况。对于超账期或账龄过长的客户，应该及时向业务部门的领导和业务员了解不能及时回款的原因，采取要求业务部门加大催收欠款力度和相应调整该客户的信用等级等措施，来尽量降低企业资金使用风险。

每笔业务或合同执行完毕直至资金回笼后，要检查执行的结果是否与预期的目标收益相一致，如有差距，找出其原因，并提出考核评定意见。对执行情况进行分析是对资金使用有始有终的需要，也是为了总结工作中的经验和教训，以便改进今后的工作的需要。这一过程的数据和分析将成为下一项业务资信的依据之一。因此，这样做有利于防范资金使用风险的发生。

（六）企业资金回收风险的控制

企业资金回收风险产生于成品资金向结算资金的转化和结算资金向货币资金的转化过程，加强资金这两个转化过程的管理，是规避企业资金回收风险的根本措施。

1.加强成品资金向结算资金转化过程的管理

成品资金向结算资金转化过程是由企业综合素质决定的。首先，要生产适销对路的产品。企业要做好市场调查，及时分析市场行情及走势，关注国家宏观政策，选准朝阳产业。其次，产品应优质优价。生产企业要加强生产环节的成本控制，严把质量关，营造卖方市场；商业企业要力争实现规模经营，连锁经营，以降低采购和销售成本。再有，配合广告宣传、做好售后服务。企业应严格履行承诺，做好售后的维护、维修和退换工作，树立良好的企业形象，成为客户信赖的朋友。在成品资金向结算资金的转化过程中，管理人员可以通过对这一过程中相关因素的分析，来加强资金转化管理。如用经营资金回收率是衡量某一经济行为发生损失大小的一个指标，或产品销售率反应产成品销售情况的指标，等等，来反映成品资金向结算资金转化的情况。

2.加强结算资金向货币转化的管理

在激烈竞争的市场经济条件下，商业信用，作为一种有效的促销手段，被广泛应用，这是因为资金的回收和产品销售的实现，都要经过结算资金这个环节。产品销售过程中的信用手段，通俗地讲就是赊销商品。赊销的实质是企业为了促销，除了向客户提供其所需要的商品以外，还在一定时间内向客户提供了资金，因而对客户具有很强的吸引力。赊销的结果，企业减少了库存，扩大了销售，但同时也使企业产生大量应收账款，增大了出现坏账损失的可能，加大了企业资金的回收风险。所以在结算资金向货币资金的转化过程中，要对应收账款进行重点管理，具体的做法是通过事前预防、事中监控、事后收账，对应收账款进行全过程、全方位管理。

（1）事前预防

第一，开展信用调查，确定每一客户的信用政策。应收账款作为一种商业信用，具有很大的风险，为避免风险，在购销业务之前，应对企业信用状况和偿债能力进行调查评估，确定客户的信用程度，决定商业信用及赊销限额，从信用期间、信用标准、和现金折扣三方面正确制订信用政策。第二，建立赊销审批制度和销售责任制度。规定企业销售人员、销售负责人拥有的赊销许可权，销售部门许可权以外的赊销，需报请总经理批准。这样既可减少销售过程中的随意性，保证赊销的实现，又降低了赊销所引发的风险。第三，加强合同的管理和审查。和客户商谈业务的情况应及时以书面合同、协定形式记录下来，以制约少数客户的赖账和为日后的诉讼提供法律凭据。对销售合同的审查，首先应对合同双方签约者身份合法性进行审查；其次是销售合同条款的审查，主要是合同标的是否完整、正确，价格和结算方式是否合理，违约责任是否明确；最后是销售合同履行的审查，主要是判断双方履行合同的能力。

（2）事中监控

财务部门必须对每一信用客户建立主要情况档案表；建立经常性的对账制度；编制账龄分析表，对信用期内的欠款继续跟踪，对信用期以外的欠款及时催讨，对超过信用期较长的欠款要考虑产生坏账的可能性，及时修订对其信用政策。至于结算方式，对于盈利能力较强、资信度较好的客户，可采用委托收款、托收承付等方式；而对于盈利能力较弱、资信度较差的客户，企业则应该选择支票或银行承兑汇票。另外，在监控过程中，企业还应该注意总体资金回收的风险。企业可以通过应收账款周转率、坏账损失率等相关因素指标的计算分析，来反映企业一定时期应收账款的周转速度及发生坏账损失的情况，了解企业资金回收风险的状况。

（3）事后管理

根据账龄分析表，确定收账政策，对不同时期的应收账款采取不同的催收方式，进行催讨工作，防止应收账款账龄超过两年的时效：客户确实遇到困难，无力偿还欠款的，要及时同对方达成清算协定，重新安排债务关系，把坏账损失降到最低限度。

建立内部销售责任制，对应收账款的回收，规定谁经办、谁负责，对销售人员实行销售量与货款回笼双向考核；建立催收账款的奖励制度。

（七）企业资金成本风险的控制

企业对于资金成本风险的控制应该主要从资金筹集开始，考察各筹资渠道的筹资成本及今后各种资金的预计用资成本，并且从今后的项目投资开始一直到全部资金和利润的收回的整个过程，把握和控制资金的成本风险。

1.初始资金结构的控制

企业在通过科学的预期、计算并拟定筹资总额后，接下来要考虑的主要问题就是资金的成本问题。随着社会主义市场经济的不断发展和完善，企业所能获得的筹资渠道越来越多，企业可以选择一种或几种筹资渠道筹集资金，由此形成了企业的多种资金结构。每种资金结构对企业未来的发展都会产生不同的影响及后果，因此，企业必须选择一种最优的资金结构。但并非资金成本低就是最优，当长期借款和债券的资金成本比较低，但如果企业不断加大这两种筹资方式进行筹资时，企业的信用等级会不断降低，财务风险会不断加大，可能导致资不抵债，使企业面临破产的境地。因此，企业要根据自身实际情况，选择一种比较适合自己的筹资结构。具体操作如下：企业首先根据自身的现实经营状况、对各筹资渠道的深入了解，模拟制订出几种计划筹资方案，再对各模拟筹资方案进行具体分析，充分考察各筹资渠道筹得资金的筹资成本及未来使用这些资金预期所要付出的资金使用成本。这时企业可以通过计算各筹资渠道的资金成本率指标，来判断各筹资渠道筹得资金的资金成本的大小，再考虑企业自身的资本结构，从而选择出最适合企业发展的筹资方案。企业还可以通过资金成本比较法（计算不同资金结构的加权平均资金成本来比较各模拟筹资方案的资金成本大小）来选择资金成本最低的筹资方案。最后通过杠杆分析法或者概率分析法来估算资金成本风险和财务风险，权衡两者利弊，决定出适合企业自身资本结构的筹资方案。另外，企业还应该关注企业外部环境（包括总体环境和产业环境）的变化，预计其对企业产生的负面影响，提前做出判断，避免或降低资金成本风险的发生概率。

2.资金使用过程中资金成本风险的控制

在企业使用资金的过程中，会发生很多企业当初所无法预料的情况，从而导致企业经营决策发生改变，引起了企业资金结构的变化，进而改变了当初的预期资金成本，造成了企业资金成本风险的发生。因此，企业应关注当前的企业经营状况及企业外部环境的变化，对企业的经营管理、决策、政策等做出必要的调整，防止企业资金成本风险的发生。另外，可能由于企业的经营比预期的好，形成的利润比预期利润多，导致权益资金成本的增加。对此，企业应根据实际经营情况，提前做出判断，及时做出股利分配政策的调整或增加公积金等方式适当降低税后利润，减少权益资金成本支出，达到控制资金成本风险的目的。如果企业在风险前期就已经预期到今后可能发生的资金成本风险，那么企业就可以提前作好准备，通过各种风险规避、转移或保留比率等风险处理方法提前防御风险，不至于对企业造成太大损失。如果企业未能提前做好预期工作或者预期和实际发生负偏离，那么企业应该积极处理企业资金成本风险发生时所造成的种种后果，降低风险损失程度，缩小风险波及范围，在必要的时候停止投资项目。

3.追加筹资时资金成本风险的控制

企业在持续的生产经营过程中，由于扩大经营业务或对外投资的需要，有时要进行追加筹资。追加筹资一方面会直接引起企业资金结构的变化，改变先前预期的最佳资金结构，从而增加了企业的资金成本风险和财务风险；另一方面，因追加筹资时，企业的筹资环境已经发生了变化，并且原定的最佳资金结构可能也已经不再是最优，因此企业资金成本风险也会伴随着企业再筹资而增大。因此，企业在进行再筹资时，应当通过对当前企业经营状况的了解和对现实企业外部环境的预期，计算出当前企业的最佳资金结构，再与企业之前的资金结构相对比，找出最合理的筹资资本结构。有两种具体可行的方法：一种是首先计算出各追加筹资方案的边际资金成本率因素指标，测算、比较各追加筹资方案的边际资金成本率，选择出适合的筹资方案；另一种方法是将各被选追加筹资方案与原有最优资金结构汇总，测算各追加筹资条件下汇总资金结构的综合资金成本因素指标，比较确定最优的追加筹资方案。在完成了追加筹资后，仍要按资金使用过程中对资金成本风险控制的方法控制资金成本风险的发生。

（八）企业利润分配风险的控制

利润分配风险的控制主要是围绕利润分配政策展开，通过对影响企业利润分配政策因素的分析，充分考虑企业的实际情况下，决定企业到底采取怎样的利润分配政策。

1.积极面对利润分配政策因素的影响，控制企业利润分配风险

利润分配政策因素主要包括：（1）法律因素。法律影响因素主要包括资本保全、企业积累、净利润、超额累计利润等四个方面的影响。（2）股东因素。股东因素对于企业利润分配政策的影响十分重要，它主要包括稳定的收入与避税和控制权的稀释两个方面。（3）公司因素。公司因素对利润分配政策的影响主要包括盈利的稳定、资产的流动、债务问题、投资机会、资金成本及举债能力六个方面。（4）其他因素。如股东个人将股利进行其他投资的机会多少和所得报酬率的高低、国家的经济环境、通货膨胀的变动、公司股票价格走势及上市公司股利分配政策的平均水平的影响等等。企业应积极面对利润分配政策的影响，一方面应该利用利润分配政策因素对企业有利的影响，使之与企业分配政策相适应；另一方面要限制利润分配政策因素的不利影响，使其危害降到最小。

2.确定企业股利政策，降低利润分配风险

（1）企业所处的发展阶段及现实经营情况

对于企业所处不同的发展阶段，企业应采取不同的利润分配政策，如表6-2所示。

表 6-2　企业不同阶段的利润分配政策

公司发展阶段	特点	适应的股利政策
公司初创阶段	公司经营风险高，融资能力差	剩余股利政策
公司高速发展阶段	产品销量急剧上升，需要进行大规模的投资	低正常股利加额外股利政策
公司稳定增长阶段	销售收入稳定增长，市场竞争力增强行业地位已经巩固，公司投资需求减少，净现金流入量稳步增长，每股净利润呈上升态势	固定或持续增长的股利政策
公司成熟阶段	产品市场趋于饱和，销售收入难以增长，但盈利水平稳定，公司通常已积累了相当的盈余和资金	固定股利支付率政策
公司衰退期	产品销售收入锐减，利润严重下降，股利支付能力严重不足	剩余股利政策

通过对企业所处的不同发展时期以及这一时期各项财务指标所体现的现实经营状况的分析，来采用相应的、比较适合的利润分配政策，是企业控制利润分配风险，增强股东信心的一个很好的方法。

（2）目前企业的投资机会

投资机会的多少、投资利润的高低及投资风险的大小也是企业决定采取怎样的利润分配政策时必须考虑的。如果企业面临的投资机会很多，收益相对较高，风险性又比较低，那么企业就应该选择减少当年的利润分配，从而有资本进行投资，取得更多的收益；如果企业的投资机会比较少，所能投资的风险比较高且回报低，那么企业就应该采取多分配利润的股利政策，来增加股东的信心。因此我们可以通过计算项目的预期投资回报率、项目的预期风险率等财务指标，来判断分析投资收益及风险情况，决定最后的股利政策。

（3）投资者的态度

投资者的态度直接关系到企业的利润分配政策。企业经营管理者一直以回报社会、回报股东为工作努力的方向，毕竟企业所有权归股东所有。因此，对于股东的态度必须十分尊重。当企业年利润并不是很高时，为增强企业各股东对企业的信心，有时候企业也不得不采取增加当年利润分配的政策。但是在真的有好的投资机会时，企业经营管理者也应该积极争取各股东的同意，以减少当年的利润分配，即使有个别股东不想进行再投资，企业管理者也可以去争取其他投资方来进行投资。最终是以企业利润最大化及股东权益最大化为目的的，同时也是为保证大部分及大股东的利益而不是被个别股东。

（4）企业获利能力情况

企业获利能力情况也是影响采取何种利润分配的一个重要影响因素。企业获利能力强，则企业可以考虑采取减少利润分配的政策，以扩大生产规模；企业获利能力不强，则企业可以考虑采取增加利润分配的政策，以增强股东对企业的信心。管理部门可以通过历年数据得出历年反映企业获利能力的财务指标，来分析今后企业的获利能力情况，从而考虑企业的分配政策。但这也并非绝对，在制订企业利润分配政策时，企业应该充分考虑各方面因素，权衡各方面利弊。

这些都是影响企业利润分配政策的因素，企业只有充分考虑这些因素的影响，才能决定到底采取怎样的利润分配政策，一方面满足股东的需求，一方面保证企业的发展，从而减少企业利润分配风险。

（九）企业资金运作风险控制

为了提高资金周转速度和资金使用效益，节约资金成本，中小企业要搞好资金管理，企业管理层和财务管理人员，甚至全体员工都要努力提高自己的素质、技能和管理水平，每个人都要从劳动者整体利益出发，尽职尽责，企业的管理层要遵守财务管理制度，科学决策。中小企业主要应从以下几个方面做好资金运作风险控制：

1.核定资金的合理需要量

企业应以需要与节约兼顾为基本原则，采用先进合理的计算方法，确定资金的合理需要量。资金合理需要量，可以通过现金预算编制来实现。现金预算的内容，包括现金收入、现金支出、现金多余或不足以及不足部分的筹措方案和多余部分的利用方案等。

2.确定筹资方案

资金需要量确定后，就要确定如何来筹集所需资金，确定筹资方案。中小企业大多是非国营经济，企业自主经营、自负盈亏，难免出现资金困难，资金不足的现象，可通过下列途径解决：一方面从企业内部看，企业销售时尽量采用现金销售或采用订单先收款后发货方式，需要赊账的尽量缩短账期、及时催收账款；减少库存，尽快处理积压物资，及时处理闲置、过时、未使用的固定资产；或者通过企业内部职工借款；另一方面从企业外部积极筹集资金。

3.合理运用资金，加强现金流量管理，严格控制资金支出

合理运用资金就是以最低的成本创造最大的效益。严格控制现金流入和流出，保证支付能力和偿债能力，将现金流量管理贯穿于企业管理的各个环节，重视企业的支付风险和资产流动性风险。严把现金出入关口，对经营活动、投资活动和筹资活动产生的现金流量进行严格管理，确保资金有序流动。

4.推行全面预算管理

预算编制采取逐级编报、逐级审批、滚动管理的办法，预算一经确定，即成为企业内部组织生产经营活动的重要依据，不得随意更改。

5.加强内部审计监管

强调内部审计监管不仅仅是对财务会计信息和经营业绩真实性与合法性的结果性审计与监督，而且更重要的是对企业规章制度和重大经营决策贯彻执行情况的过程性审计与监督，将更多的精力放在管理审计中去，强化事前预防和事中控制，保证企业各项经营活动有序进行。

6.加强资金支付审批管理

企业应根据业务范围和金额大小，分别确定资金审批人员，加强资金支付审批制度管理，避免权力过分集中，严格控制资金支出。

（十）企业贷款风险控制

当前我国中小企业的状况，主要有以下几个特点：一是大部分企业没有真正建立起现代企业制度，体制不顺，机制不活，有的企业虽然进行了体制改革，但是名不符实；二是管理不规范，相当部分企业法人和管理人员素质有待提高。一些企业管理混乱，财务不实，报表失真，甚至依据不同的需要，随心所欲地编制或提供种种虚假报表；三是整体经济效益差，抗风险能力弱。主要是企业亏损面广，有的亏损额大，同时，企业的资本金少，固定资产规模小，可供贷款担保抵押的有效资产不足；四是资信状况差，一方面企业信用等级普遍不高，可供银行选择的优良客户不多，另一方面，部分企业信用意识淡薄，重贷轻还，随意拖欠贷款本息，有的甚至恶意逃债、赖债、废债，损坏了中小企业的形象，降低了中小企业的信用度。在这种情况下，金融中介机构在发放贷款时必须控制风险，加强风险管理和流动性管理。

1.中小企业贷款的风险管理。

（1）控制融资额度，不以融资需求为唯一标准

中小企业间接融资的增加意味着中小企业的经营风险向间接融资体系的转移。因此，银行等金融机构不能完全以中小企业融资需求作为决定贷款额度的唯一依据，而是要充分考虑中小企业的自有资金状况和经营状况。一方面，可以根据中小企业生产经营中可以预见的收入流来估计其还贷水平并确定贷款额度；另一方面，银行可以根据中小企业自有资金数量确定一个贷款上限，只有融资总量没有超过自有资金的量，作为债权人的银行才没有承担主要风险，对中小企业的融资约束才可以相对放松。

（2）采用替代性的担保方式

抵押物不足和难以获得信用担保是中小企业融资的固有特征，应该考虑以替代的方式解决担保问题，这样，既可以满足银行等金融机构经营管理中风险控制的要求，又适应了中小企业的现实情况，以下是几种替代性的担保方式：

①变企业担保为个人担保

对于中小企业来说，由于其经营者和所有者在大多数情况下是统一的，因此将对企业的信贷转化为对个人的信贷基本上是一致的。但对银行的信贷管理则不同，个人信贷侧重于考察顾客的品格、声望、学历水平、金融历史记录、收入流和负债能力等，担保审查也比较宽松。从国外的金融实践来看，此类转变对激励客户还贷有积极作用，并有助于精简贷款手续，提高银行对融资需求的反应速度。

②群体担保

由于族群关系、社区关系的存在，中小企业及其经营往往存在一个关系相对密切的种族、宗族群体。这些群体为中小企业提供担保，能有效减少监督成本甚至交易成本，一方面是由于如果中小企业恶意逃债，而群体代位赔付，将导致中小企业及其经营者失去群体的支持，这是极其高昂的成本；另一方面，同一社区的成员常常十分了解各自的信用状况，人们会对加入者的信用状况做出谨慎选择，往往有意识地排除信用不好的人，降低银行筛选成本。

③强制储蓄

有的金融机构要求其贷款申请者事前参加储蓄计划，定期存入一定现金，并且在贷款未清偿前，不得退出储蓄计划，这实际是一种替代性的担保措施。这类强制储蓄措施在一定程度上也能起到督促还贷的作用。

④还贷激励

在借款者及时归还本息后会给予其一定的利息返还，以作为按时还本付息的鼓励，这也有助于鼓励中小企业的还贷行为，降低中小企业的贷款风险。

⑤利用政策性担保

当中小企业符合政策扶持要求，需要融资，但担保品不足时，政策性金融机构会为中小企业提供担保，以保障中小企业得到商业性金融机构的融资。如果风险确实发生，类似于中小企业基金之类的担保机构则会履行代位清偿职能，清偿商业银行部分本金，并承担追讨欠款的相应职责，在一定程度上保证了商业银行资金的安全性。

（3）通过提供附加服务，增加收益

银行为中小企业提供综合性服务，一方面，可以扩大银行的盈利来源；另一方面，可以提高中小企业的竞争力，从而降低银行融资风险，增强银行的盈利能力。

2.企业贷款风险的流动性管理

（1）根据实际服务对象设计不同的贷款方式

针对中小企业的融资特点，根据不同中小企业特殊的现金流状况、支付频率，为其设计特殊的贷款方式及还款方式。国外金融机构为中小企业推出了形式多样的贷款方式，许多与消费信贷十分类似，这就满足了中小企业的特殊的交易性资金需求，同时也便于银行进行流动性管理。

（2）通过强制储蓄、再贷款等手段进行流动性管理

由于强制储蓄是贷款量的等比例缩减，因此，可以减轻银行等金融机构现金支出的波动性。通过向大型商业银行再融资或者向中央银行再贷款，商业银行能进一步减轻中小企业融资需求的波动性，给流动性管理带来的困难。

第二节　财务管理的信息化

一、财务管理过程与信息技术

信息技术是指能够扩展人类信息器官功能的一类技术的总称。它自诞生以来，就以非常快的速度渗透到社会生活的各个领域，对财务工作的影响更是如此。

（一）信息技术：高科技产业的支柱

信息技术是指开发、利用、采集、传输、控制和处理信息的技术手段，包括电子计算机技术、微电子技术，软件技术、通信技术、传感技术等。它集微电子学、光学、材料学以及数学、逻辑学等现代科技之大成，使人类社会中各级信息系统大大加强，并对社会生活发挥了重要作用。

当今现代科学技术中，信息技术已成为最为活跃的领域之一，其发展的深度与广度都一直以最快的速度推进，并逐渐渗透到我们的日常生活和工作中。信息技术同其他技术相比，有以下几个特点：

1.广泛的适应性和极强的渗透性

由于信息是一切生产活动、经济与社会生活都离不开的要素，因而现代信息技术具有极为广阔的用武之地目前，它已应用在生产制造、产品设计、办公业务、家庭生活、教育、交通通信、商业、科研、娱乐、保安、金融、气象、资源勘测、军事、大众传播等领域。历史上还没有任何一项技术像现代信息技术这样，对人类社会有如此广泛深刻的影响。

2.高度的知识密集性

这有利于替代和节省能源和其他原材料，减少污染。信息技术增强了人类开发与利用信息的能力，使人类能够更有效地利用物质资源和能源，从而使社会一般商品和劳务中所消耗的物质资源和能源的比重相对降低，信息劳动的比重相对增加。比如，耗费大量水资源，并排出污水造成环境污染。随着信息技术的发展，用电子媒体替代纸张的条件已经初步具备。可见，信息技术的普及应用，可使经济增长对各项物质投入的依赖趋于减少，而越来越依靠人的智力和知识的投入，结果在大量节省各种物质资源和能源的同时，传统经济增长模式带来的环境污染等弊病也随之减少。

3.发展速度快，更新周期短，具有极强的时效性

现在美国、日本和欧盟等已进入普及阶段；光纤、卫星通信、激光、电视、机器人等，在信息技术发展的各个方面都呈现出日新月异的景象。

4.高增值性、大幅度提高生产率，经济效益和社会效益显著

人类利用信息技术更好地开发信息资源，而信息作为生产力系统中的附着性要素，通过劳动工具、生产者、劳动对象和管理，又对经济增长发挥作用。现代信息技术的普及应用，会大大改进劳动工具的技术性能，提高劳动者的技术素质，提高人们对生产和劳动过程的调控能力和实际的管理水平，有利于生产要素的优化配置和合理流动，密切了生产与市场、供给与需求的联系，这些都会带来显著的经济效益和社会效益。

5.投资大、风险大

现代信息技术的发展、更新和普及应用，都需要大量投入。现在，在信息技术领域，技术和制造越来越复杂精密，难度日益加大，网络覆盖的范围也越来越广，因而对研究与开发费用和基本建设投资，特别是初始投资的需要量是很大的。由于信息技术的时效性，巨额投资在有巨额回报的同时，往往又意味着巨大的风险。

（二）信息技术对财务工作的主要影响

今天财务行业所面临的真正挑战在于：日益增长的信息需求的多样性已经完全超出了传统财务界定的范围，也远远超出了传统财务系统的容量。我们必须寻求新的方法，以使我们用比以往更加经济、更具效率的方式完成财务工作。我们认为，信息技术对财务工作的重大影响存在两种可能性：一种可能是当我们充分结合信息技术的特征来改造或重组财务工作过程时，信息技术将改变过去的一切；而另一种可能性则表现在当我们受制于传统的财务工作时，信息技术对财务工作所能实施的影响只是一种"改良"，即借助信息技术改变传统财务工作过程中的低效率、易出错的环节。

（三）财务管理信息化存在的问题

1.管理人员对财务管理信息化的认识不足

企业管理人员对财务管理信息化的认识能提高财务人员的工作效率，减轻他们的工作量压力，但是很多工作人员对财务管理信息化的认识较肤浅，没有深入地了解掌握。

2.不重视财务管理信息化的使用、维护与开发

部分企业投入了较多的资金建立财务管理的信息化，却忽略了网络系统的作用，财务、生产、采购、销售等部门各司其职，没有及时地进行信息交流与整体的内部信息整理，却投入大量的人力和物力进行其他部门的网络建设；一些企业依然利用传统的工作方式，进行手工数据的统计和运算，纸张的利用是只增不减，对现代化

的财务管理信息的使用率降低；还有的企业对财务管理信息的使用虽然是重视了，但是忽略了对财务管理信息的系统维护工作。

3.自身基础管理能力弱，不能提供正确的决策方针

我国有较多的中小型企业，这些企业自身的管理能力就较薄弱，财务管理的制度很不完善，资金的预算管理制度就更不能得到利用；还有部分企业，财务部门好像是为政府的监督部门以及金融机构所建立的，人为地制作假账，导致财务的信息不准确；还有一些企业，部门之间没有及时地进行信息交流，造成信息单一。以上这些问题导致财务工作往往不能给决策者提供正确的决策方针。

4.财务管理发展落后，满足不了财务工作的需求

要想实现财务管理信息系统的有效性，就要建立一套与企业文化及管理模式统一的财务管理信息的软件，目前我国能开发、制作适合财务管理需求的软件的专门技能人才是相当稀缺的。国外的软件不仅昂贵，还不适合我国企业的特色，为加强我国企业的发展与合作，开发出适合我国企业特色的软件，是我国软件行业努力的目标，也是财务管理信息化亟待解决的问题，才能进一步满足财务工作的需求。

5.财务管理人员的业务素质低

目前，随着财务管理的现代化，财务部门的作用也越来越大，财务工作的整体水平是由财务管理人员的水平、能力与素质决定的，企业要想实现财务管理的信息化，财务人员的主动性是必不可少的。部分企业的财务人员对网络不了解，对财务办公软件不熟悉，甚至不会操控，导致了财务管理信息化工作无法顺利进行。

（四）促进财务管理信息化的对策

企业可持续发展的前提是财务管理信息化的规范性与有序性，是企业加快发展的基础，是企业提高经济效益的首要问题。

第一，管理人员要转变观念，建立以信息化管理为核心的财务管理模式，以创新财务管理为目标，以完善企业管理信息化制度为手段，实现企业的可持续发展。确保企业能在规模扩大和业务迅速发展的同时具有良好的管理体制，促进企业的可持续发展。企业管理者应该具备运用信息化技术的能力，能够真正了解为经营服务的管理模式。这是一个观念、体制以及机制创新的过程。

第二，企业进行正确的自身定位，做好整体的规划，建立适应自己的信息化系统，以企业的需求确定开发软件的方向，促进财务管理信息化的建设。所以，企业应根据管理的实际要求，将软件的开发和使用结合起来。该软件的管理人员不论在何处都可以查到所需的财务信息，管理人员可依据需要进行大致的结算，迅速做出决策。对管理模式进行适当的改变，达到持续优化，最终实现企业利润的最大化。

第三，培训财务信息化的管理，培养高素质专业人才，实现财务管理人员不仅懂财务，而且懂业务。财务管理信息化的特点决定了财务人员必须具备财会和经济理论、良好的职业素质，还要不断学习新的知识，提高财务管理信息化的水平。

二、财务管理信息系统建设

从业务流程上分，财务信息化管理系统可分为电算化会计信息系统、财务管理计算机系统和电子商务三部分，其中电算化会计信息系统是运用电子计算机技术对会计信息进行管理的人机结合的控制系统，简称会计电算化，它为计算机财务管理提供了精确的理论基础，使财务管理向信息化发展，进而提高了工作效率和成功率。电子商务是利用电子手段进行的商务活动，它以网络为基础，不受时间限制，是财务信息化管理的升华，是财务信息化管理成功的体现。三者关系是密不可分的。

（一）会计电算化信息系统

1.会计电算化信息系统是财务信息化管理的基础

（1）财务管理计算机系统与会计电算化系统的关系

财务管理计算机系统和会计电算化系统有着密切的联系。

第一，财务管理计算机系统中的财务管理信息系统与会计电算化系统一样，是一种典型的MIS，二者的设计思想、设计方法和在设计过程中所采用的技术是基本一致的，因此，财务管理信息系统的设计可参照会计电算化系统进行，在具体设计过程中可吸取会计电算化系统设计过程中的经验和教训。

第二，会计电算化系统是财务管理计算机系统的基础。财务管理计算机系统中使用的大部分数据都来源于会计电算化系统，因此这些数据可以和会计电算化系统共享，也可以直接通过转化程序获得，而不需再经过人工数据采集过程。

第三，财务管理计算机系统的建立，使会计电算化信息系统进一步完善。财务管理计算机系统将为企业的生产和经营管理提供更有用的管理数据，特别是财务管理计算机系统在充分利用会计电算化系统数据的基础上，对企业的资金运动情况进行的财务预测、监督、控制与分析，增强并扩大了会计电算化系统数据的使用效率

（2）会计电算化信息系统的组成

一个会计信息系统通常由多个不同功能的子系统组成。每个子系统完成特定的会计数据处理，提供特定部分的会计信息。会计的＝项基本职能是反映、监督和参与决策，也分别称之为会计的核算职能、管理职能和决策职能，通过会计核算来反映企业的经营活动情况，通过会计管理来监督企业的经营活动情况，通过会计决策来参与企业的经营管理。因此，会计电算化信息系统按职能通常分为电算化会计核算信息子系统、电算化会计管理信息子系统和电算化会计决策支持子系统。

2.会计电算化信息系统在企业管理信息系统中的位置

从对管理信息系统的分析可知，企业管理信息系统是由众多的子系统组成的生产经营系统，各子系统有着各自不同的作用和任务。电算化会计信息系统（Computer-Based Accounting Information System）是企业管理信息系统中的一个子系统，具有十分重要的地位。由于会计是以货币的价值形式反映企业再生产过程中的资金形成、使用和分配过程，因此，电算化会计信息系统与其他管理信息子系统相比具有如下特征：

（1）定量化

会计作为重要的企业管理活动之一，是通过货币计量以达到管理目标。因而，与其他子系统不同，会计信息系统更侧重于定量化的管理，并且要精确。电算化会计信息系统所产生的产品（会计信息）必须符合国家统一的会计制度的规范要求。

（2）全面化

会计信息是系统反映和控制企业产、供、销、人、财、物各个环节、各个方面，并全面参与企业管理的综合信息。例如，企业的设备管理子系统只是对本单位生产资料使用价值的管理，而会计对在企业生产经营过程中只要能够用货币计量的经济业务事项都可以进行管理。会计信息系统是保证企业以最小的投入取得最大的经济效益的子系统。可以说，企业各部门的管理人员都在某种范围内利用会计信息。

（3）复杂化

正是由于会计信息系统全面地反映和控制企业生产经营活动，使它不仅内部结构十分复杂，由若干子系统构成，而且，它跟其他管理子系统以及企业外部的联系也十分密切和复杂。会计信息系统从其他子系统中取得有关信息，使得系统内部和外部接口比较复杂。

（4）信息量大

基于以上特征，又决定了会计信息系统要收集、处理、存储和提供大量的经济信息。据测算，会计信息量约占企业全部信息量的70%左右。

综上所述，会计电算化信息系统在管理信息系统中占有十分重要的地位，与其他子系统相比，电算化会计信息系统处于整个系统的中心位置，如果把管理信息系统比作大脑，那么，会计信息子系统就好比神经中枢系统，控制着整个系统的运行。因此，在建立企业管理信息系统时，必须综合考虑各子系统的要求和特点，使其结构合理，最大限度地实现数据共享，提高系统整体效率。

（二）财务管理计算机系统

1.财务管理计算机系统是财务信息化管理的核心

财务管理计算机系统是一种新型的人机财务管理系统。它以现代化计算机技术和信息处理技术为手段，以财务管理和管理会计提供的模型为基本方法，对财务管理中的结构化问题进行自动或半自动的实时处理；而对那些半结构化和非结构化的问题，则通过提供背景材料、协助分析问题、列举可能方案、估计各种不确定方案的结果、预测未来状况等方式，为企业决策者制订正确科学的经营决策提供帮助。

从财务管理的具体内容来看，财务管理中的一部分问题，属于结构化的问题，它们具有固定的处理模式，具有一定的规范性；而财务管理中的大部分问题则属于半结构化或非结构化的问题，都是难以事前准确预测的，这就决定了财务管理的不规范性。但是，从另一角度看，财务管理中的各种问题又以企业的内部环境为其基本环境条件，这又决定了财务管理以企业管理各子系统的信息数据为基础。通过对这些数据的分析，可以对财务管理中的各种问题进行预测和判断。可见，财务管理计算机系统实际上是一种综合了计算机管理信息系统和计算机决策支持系统的综合系统。

2.财务管理计算机系统与会计电算化系统的区别

财务管理是在会计核算的基础上对资金运动的组织与管理。实际上，从信息运用和信息处理的角度来看，财务管理是对会计核算信息的进一步运用。因此，财务管理计算机系统是在会计电算化系统的基础上，运用会计电算化系统信息辅助财务管理的信息处理系统。

财务管理计算机系统作为会计电算化系统的二级系统，无论是系统的总体结构还是系统的功能，与会计电算化系统都是有区别的。这主要表现在以下几方面：

第一，财务管理计算机系统的主要功能在于为财务管理者提供管理辅助和决策支持，以实现对企业资金运动的有效组织与管理，而会计电算化系统则主要关心对企业资金运动的现时状态与过去状况的正确和全面反映。

第二，财务管理计算机系统能够为决策人员提供决策支持，但它并不能取代人的逻辑思维和辩证思维。在财务管理计算机系统中，是将人的主观判断与计算机系统的输出高度综合，以引导和帮助决策人员做出恰当决策；而在会计电算化系统中，决策者往往仅根据其中之一做出决策。

第三，在财务管理计算机系统中，预测和决策结果的产生，实际上往往是人与计算机共同配合的产物。计算机系统的运行过程实际上是一个人机对话的过程，通过人机对话，使系统能够更适宜地运用反映客观现实的数学和统计学模型，从而更好地为决策者提供良好的服务。而在会计电算化系统中，系统的运行只是按照程序的固定处理模式，一般情况下是不宜改变的，系统提供给管理者的只能是一些定期报告。

第四，从系统结构上看，会计电算化系统是一个典型的MIS，而财务管理计算机系统中，财务管理信息系统是一个MIS，财务决策支持系统则是一个典型的DSS。

（三）电子商务下的财务运行

电子商务在改变传统会计运行环境的同时，也改变了建立在此基础上的会计信息系统的应用环境。基于电子商务的会计信息系统必须是建立在企业内联网、外联网、互联网基础之上的。目前，美国的许多会计和管理软件已实现了这一目标，我国的几大会计软件公司也在往这个方向发展。

会计信息系统是为企业经营管理服务的，它总是建立在一定的企业组织与业务环境之上。电子商务改变了企业的组织结构、业务流程、货币结算程序，也改变了会计信息产生和存在的形式，这必将给会计信息系统带来深刻的影响。这里重点讨论一下电子商务对会计信息系统软件功能的影响。

1.对会计信息系统输入功能的影响

传统会计信息系统的处理过程是以纸介质为媒介进行数据的产生、传递和处理的。但是，随着网络技术的发展，以磁（光）介质代替了传统的纸介质，造就了无纸化的交易环境，一项交易活动一经确认，作为原始凭证的电子数据就自动进入会计信息系统，

传统会计信息系统的输入环节基本上是人工采集原始数据，并通过在计算机上编制记账凭证实现数据输入，为了确保输入数据的正确性、可靠性和完整性，必须对输入数据采取严格的校验措施。无纸化交易将给传统会计信息系统的输入环节带来革命性的影响。在无纸化交易的电子商务环境下，如果仍采用原来的会计信息系统模式，人为打印电子数据，并编制记账凭证输入系统，显然是不妥的因此，会计信息系统必须以自动采集的电子数据为输入端点，即把以人工输入记账凭证为端点的事后核算型信息系统扩展到以实时电子数据自动采集为端点的会计与业务一体化的信息系统。

2.对会计信息系统功能结构的影响

我国的会计信息系统不仅仅包括账务报表系统这一基本内容，还包括工资、固定资产、材料采购、成本、产品销售、应收应付等业务核算模块。长期以来，我国的会计信息系统一直作为一个独立的系统在发展。业务核算模块都是从企业信息系统中的各子系统（如人事管理子系统等）中独立出来的，并且数据流存有一定的重复。

由于电子商务改变了传统的商业模式和业务程序，这种改变同样将对会计信息系统的处理流程及其内容产生影响。企业需要根据其电子商务的业务程序，按照企业再造原理重新设计信息系统，将原会计信息系统中的各业务核算模块融入企业内联网的各业务信息系统中。

三、财务管理信息化的应用

（一）会计核算信息化

1.会计电算化

（1）会计电算化的主要内容

1）会计基础数据管理。2）总账管理。3）固定资产及折旧。4）存货管理。5）

应收应付管理。6）现金（银行）日记账。

（2）系统的核心功能

第一，总账模块是会计电算化系统的核心模块，账务系统包含账套及其操作人员的权限管理；会计科目和辅助核算，如往来单位、部门、职员、项目等的增加、修改、设置等属性管理；各种会计凭证的增加、修改、删除、复核、记账等业务处理；账册查询、预算管理、期末结账等业务；自动进行通用转账和损益结转、收支结转管理；数据的"导入导出"管理（包括自动导入、批量导入）；数据备份恢复管理等功能。

第二，会计科目设置能够实现动态科目级次；无论科目是否具有期初或发生数据，系统均提供科目拆分和科目合并功能，并自动对相关数据进行调整；支持多币种核算、数量核算；对一个科目可以同时提供单位、部门、职员、统计、项目五种辅助核算，结合科目的编码分配，实际上极大扩充了科目的辅助核算数量；提供科目成批复制功能，可以使用数字和字母两种形式定义科目编码。

第三，凭证管理可以通过凭证模板设计凭证录入/打印格式，对于金额数据可以语音报数；凭证输入时提供智能计算器，可直接在借贷方金额栏目内输入数字和运算符，系统自动进行计算并将计算结果直接填入当前栏目；摘要和科目在给定的宽度打印不下时，将自动缩小变成多行，打印输出时还可自动进行缩放打印；系统提供凭证冲销功能，可以自动生成冲销凭证，可以对凭证进行编号查询；提供分录复制、凭证复制、样板凭证功能，方便用户快速录入；支持审核时对错误凭证的标记功能；输入凭证时往来科目可立即进行往来核销；现金或现金等价物科目可直接进行现金流量分配；对于系统自动生成的凭证（如工资凭证、固资凭证、采购销售库存凭证等）可直接查看相应的业务资料，支持凭证分册的功能。

第四，通用转账系统还提供了通用转账功能，可以根据自己的业务模型定义转账公式，自动生成通用转账凭证。公式取数范围涉及所有业务，包括总账、明细账、应收账、应付账、现金银行、工资、固资等，甚至可以直接从金算盘的电子表格文件中提取数据自动生成凭证，这样就可以自动处理一些综合费用的归集、分摊等工作；在设置公式时可以任意设置条件，确定数据类型（金额或数量）、币别；公式可以任意进行组合。

第五，期末结账系统提供向导进行期末结账，具有账务系统独立结账能力，自动提供结账报告，其中包括资产负债及所有者权益的总数，经营结果，记账凭证情况，自动检查凭证编号是否连续，自动检查期末是否计提折旧，自动检查期末是否调汇（有外币核算时），自动检查是否进行损益结转，自动进行数据备份。

第六，现金/银行管理系统支持多货币，统一处理有关货币资金的收款、付款业务，能自动生成收支凭证，定期进行银行对账，同时还提供了对企业票据的管理。

系统预制了收付款汇总/明细表、现金/银行日记账、已领用未报销票据明细表、银行对账单等。

第七，应收应付是企业控制资金流的主要环节，同时也是维护企业信誉，保证企业低成本采购的一个有力手段.应收应付款管理主要处理应收应付业务，通过向导指导用户利用已有的各种应收应付单据生成往来凭证。

第八，工资管理系统主要处理员工的工资计算、工资发放、代扣个人所得税、费用计提、统计分析等业务，提供各种工资报表。

第九，固定资产管理系统主要处理固定资产的增减变动核算、固定资产的折旧计提以及登记固定资产卡片等业务。固定资产管理提供固定资产批量变动，对批量录入的数据批量生成变动卡片，提供各种固定资产账册和报表。

（3）手工会计核算与信息化会计核算的区别

1）数据处理的起点和终点不同

在手工环境下，会计业务的处理起点为原始会计凭证；在IT环境下，会计业务的处理起点可以是记账凭证、原始凭证或机制凭证。

2）数据处理方式不同

在手工环境下，记账凭证由不同财会人员按照选定的会计核算组织程序分别登记到不同的账簿中，完成数据处理；在IT环境下，数据间的运算与归集由计算机自动完成。

3）数据存储方式不同

手工环境下，会计数据存储在凭证、日记账、明细账等纸张中；IT环境下，会计数据存储在数据库中，需要时通过查询或打印机输出。

4）账方式不同

在手工环境下，财会人员定期将总分类账、日记账与明细账中的数据进行核对；IT环境下，总账子系统采用预先编制好的记账程序自动、准确地完成记账过程，明细与汇总数据同时产生，并核对。

5）会计资料的查询统计方式不同

在手工环境下，财会人员为编制急需的数据统计表，要付出很多劳动，财会人员只需要通过查询功能便能快速完成查询统计工作。

2.财务业务一体化

财务业务一体化是会计电算化发展的必然阶段，是20世纪90年代国内财务软件厂商提出的一个概念，也是中国财务软件行业特有的一个概念。财务业务一体化的实质是ERP，也就是说信息系统中业务模块的数据要能传递到财务模块中，自动生成相关的会计凭证，这样就大大提高了会计工作的效率，节省了大量的会计人员的工作。这个概念在国外传统的ERP理论中有一个基本要求。财务业务一体化的概念代表了国内财务软件的发展方向。在当时，国内财务软件厂商纷纷开发进、销、存等业务模块。目前，国内财务软件厂商的ERP转型之路仍然在继续。

国外成熟ERP厂商的业务模块和财务模块都进行了非常紧密的集成，业务模块数据发生后，自动在财务模块上生成财务凭证，并且多数情况下财务模块的数据不能进行调整，数据的调整必须从业务模块开始。主要包括以下内容：①财务管理的结构；②业务与财务一体化的系统结构；③财务业务一体化的处理流程；④采购、库存、应付账款及总账模块；⑤应付账款模块与固定资产管理模块等。

3.会计集中核算

会计需要进行集中核算，业务框架的关键点包括：（1）多公司、多行业、多组织会计。（2）财务对业务的实时监控。（3）财务系统与业务系统数据的共享与安全.（4）各核算主体财务数据的共享与安全。（5）科目结构能满足各层级单位的需求.

（二）报表合并信息化

1.报表合并的挑战

合并财务报表作为集团企业规定编制的正式会计报表，是反映企业集团整体财务状况、经营成果和现金流量的财务报表，也是投资者判断企业集团投资价值的重要依据之一。

（1）财务报表合并的主要过程

企业集团合并财务报表是把以母公司和子公司组成的企业集团视为一个单独的会计主体，以母公司和子公司单独编制的个别会计报表为基础，由母公司编制的综合反映企业集团财务状况、经营成果和现金流量的会计报表。报表合并过程主要可分为建模、数据收集、对账调整、发布披露四个环节：建模阶段是根据集团管理特点和披露要求指定报表合并的组织结构，定义报表模板，需要抵消的科目，以及合并过程中的相关计算关系数据收集阶段，需自下向上地报送各级子公司的个别报表数据和用于合并抵消或满足管理、披露要求的明细数据，这一阶段是决定报表合并过程的质量和效率的重要阶段，也是报表合并过程控制的重要阶段。

对账和调整环节主要是针对报表合并过程的数据校验和手工调整，这一过程必须留下可审计的调整痕迹，是报表合并过程的控制重点环节。发布披露环节是指将报表合并的结果对内或对外发布输出，使用者可以对报表进行打印、查询和分析工作。

（2）合并财务报表面临的四大问题

1）集团各下属公司手工处理合并报表标准不统一，财务人员水平存在差异

集团公司各实体分别编制各自报表，报表格式、内容、统计口径以及抵消规则等的不统一给财务合并和分析工作带来多种不便，部分合并实体财务人员的企业合并报表的编制能力还不够。

2）集团合并工作量大，耗时费力

集团的下属公司往往数量众多，如果拥有内地/海外上市公司，财务信息披露的质量要求和频率更高，需要同时满足国际和国内多套不同的会计准则。

3）传统报表及分析工具（Excel）的功能不够强大并且难以追溯

财务人员通过Excel方式进行报表合并（包括格式检查、逻辑检查、准确性检查、分析性检查、准则调整、审计口径调整、汇率转换、合并汇总）需要耗费大量的时间和精力。传统的Excel报表是文件式存储数据，导致公司对历史信息的比较与查询十分困难。

4）分析资源利用不尽合理

由于报表分析人员投入大量时间进行数据整理和报表制作，使得真正对报表进行分析的时间少之又少。

（3）财务报表工作有四个目标

1）规范化

规范统一集团会计科目；规范统一集团法定合并和事业部合并方法和流程，实现合并的自动化；逐步实现集团财务作为对内对外财务信息的发布中心。

2）透明化

实现财务数据的共享整合，初步消除集团层面财务信息孤岛，提高财务数据的透明程度；提高数据的利用程度，使用同一套数据产生不同角度的决策信息以满足不同使用者的需求；实现对报表信息的查询和钻取。

3）全球化

推动集团财务的整体管理，进而加强对子公司、合资公司尤其是海外公司的财务管理；满足集团股权、法人架构和管理架构不断变化的要求；支持多准则的合并。

4）实时化

提高信息传输和反馈的效率，缩短合并周期，为管理决策提供及时准确的财务信息；

2.报表合并系统的功能特点

（1）报表合并系统框架结构

报表合并系统的框架结构主要依靠用户按照企业集团的合并范围可以分为多级，既包括基层的最小会计核算主体，也包括中间层级的合并主体和集团总部用户。

基层主体的主要操作包括：从核算系统、ERP系统抽取报表合并所需的系统数据。手工输入系统外数据和其他补充数据。对数据进行加载、计算和校验。将校验正确的报表数据提交到上一级合并主体。

中间层级的合并主体的主要操作包括：审阅下级主体的报表及相关数据。对下级主体的数据进行调整。审批下级主体的报表数据。进行本级的抵消、币种转换、合并等相关计算。

总部层级的主要操作包括：审阅下级主体的报表及相关数据。对下级主体的数据进行调整。审批下级主体的报表数据。进行本级的抵消、币种转换、准则转换、合并等相关计算。

（2）合并报表系统流程

利用系统进行报表合并工作，提交的数据包括报表数据和内部交易的明细数据。上级主体对下级主体的调整数据通过调整分录的方式存储在系统中。系统会按照不同币种、准则计算多套报表数据存储在系统中。

（3）合并报表软件系统8项最主要的功能特点

1）币种转换。报表合并系统能够对不同币种汇率进行维护。不同币种汇率的维护：记录相关历史汇率，维护本期的期末汇率和平均汇率，建立与待折算的相关币种报表的关系。2）公司间内部交易的对账和抵消。建立抵消关系是对账和抵消的第一步工作，通过建立抵消科目表来表示往来科目与差异科目。内部交易抵消模板的准备工作是：分权益类抵消关系和业务交易类抵消关系；根据用户的内部交易具体种类设置和维护（增减或修改）抵消关系。3）调整或抵消的分录。4）持股比例计算。5）组织关系和投资关系调整。6）美国会计准则（USGAAP）、国际会计准则（Ms）、中国会计准则和其他本地化的会计准则转换。7）支持报表的流程管理和审计追踪。8）支持逐级合并或一步合并的应用。

（三）财务分析信息化

1.财务分析的目的

企业管理者要对企业运营中的各项活动以及企业的经营成果和财务状况进行有效的管理与控制，财务分析是一个必不可少的工具。财务分析可以帮助企业管理者加深对企业运营状况的了解，从而增加决策的科学性。

相对于企业外部人员来讲，譬如债权人、客户或投资者等，企业管理者拥有更多了解企业的信息渠道和监控企业的方式方法，但是财务信息仍然是一个十分重要的信息来源，财务分析仍然是一种非常重要的监控方法。企业管理者作为企业内部的分析主体，所掌握的财务信息更加全面，并能够与企业运营中的非财务信息相结合，因此，企业管理者所进行的财务分析更加深入，财务分析的目的也就更加多样化。

第一，企业管理者对企业的日常经营活动进行管理，就需要通过财务分析及时地发现企业经营中的问题，并找出对策，以适应瞬息万变的经营环境。

第二，企业管理者还要通过财务分析，全面掌握企业的财务状况、经营成果和现金流量状况等，从而做出科学的筹资、投资等重大决策。

第三，企业管理者为了提高企业内部的活力和企业整体的效益，还需要借助财务分析对企业内部的各个部门和员工等进行业绩考评，并为今后的生产经营编制科学的规划等。

2.财务分析的内容

财务分析的内容与财务分析的目的有着密切的关系。分析目的不同，分析内容的侧重点也会有差别。通常来说，财务分析有如下一些内容。

（1）偿债能力分析

偿债能力包括短期偿债能力和长期偿债能力。短期偿债能力一般与企业的流动性相关。流动性是指企业资源满足短期现金需要的能力。企业的短期现金需要通常包括支付日常生产经营开支的需要和偿还短期债务的需要。企业的流动性越强，日常支付能力和短期偿债能力就越强，企业的日常生产经营就越顺畅，短期债务就越安全。企业的流动性与短期偿债能力直接关系着企业的短期经营安全和短期债务安全，而安全是企业生存和发展的前提。因此，企业管理者、股权投资者等都会关注对企业流动性和短期偿债能力的分析。

长期偿债能力一般与财务风险相关。狭义的财务风险又叫筹资风险，是指企业与筹资活动有关的风险，也就是企业债务偿还的不确定性。因此，企业的财务风险与长期的偿债能力密不可分。如果企业不能如期偿还到期的长期债务，必然会影响企业的长期投资安排和经营活动。而我们知道，风险与报酬存在着同增同减的关系。企业如何通过资本结构和财务杠杆的安排，使风险与报酬达到最佳的平衡，就成为长期债权人、企业管理者以及股权投资者等分析主体关注的问题。

（2）营运能力分析

资产是能为企业带来未来经济利益的经济资源，同时又是对负债和所有者权益的保障。因此，企业的资产管理水平直接影响着企业获取经济利益的能力以及企业资本的安全。资产管理主要包括资产结构管理和资产效率管理等内容。对企业的资产利用效率通常称为营运能力。

企业的资产管理水平与营运能力从深层次影响着企业的安全性和盈利性，因而是企业债权人、股权投资者和管理者等分析主体都应当关注的内容。

（3）盈利能力分析

投资报酬是反映投入产出关系的指标，它指投入的资金所获得的报酬。由于投入资金有不同的范畴，而报酬有不同的层次，因此投资报酬有不同的具体含义。直接影响投入报酬的是企业的盈利能力。在投资规模一定的情况下，企业获取利润的能力越强，投资报酬就应当越高。

盈利能力的高低首先体现为收入与成本相抵后的会计收益上，因此通过分析企业的营业收入，可以了解企业盈利能力的稳定性和持续性。在资料许可的情况下，可以对企业的成本费用进行本—量—利分析和成本费用分析等。本—量—利分析能够找出企业利润的关键影响因素，成本费用分析则能够为企业从内部挖掘利润潜力找到方向。

丰厚而稳定的利润不仅是投资报酬和盈利能力的体现，也是企业偿还债务的保障。一个不能盈利的企业是没有真正的安全可言的。因此，包括股权投资者、企业管理者和债权人等在内的众多分析主体对投资报酬与盈利能力都十分关注。

（4）其他能力分析

传统的财务分析是从静态角度出发分析企业的财务状况和经营成果，只强调偿债能力、盈利能力和营运能力的分析。面对日益激烈的市场竞争，静态的财务分析是不够全面的。首先，企业价值主要取决于未来的获利能力以及竞争能力，取决于企业销售收入、收益以及股利在未来的增长、企业在市场中的竞争地位和竞争能力。其次，增强企业的盈利能力、资产营运效率和偿债能力，都是为了未来的生存和发展的需要，是为了提高企业的发展和竞争能力。所以要全面衡量一个企业的价值，不仅要从静态角度分析其经营能力，还应从动态角度出发分析和预测企业发展能力、竞争能力以及防御风险能力。

（5）综合分析

综合分析就是对企业的各个方面进行系统、全面的分析，从而对企业的财务状况和经营成果做出整体的评价与判断。由于企业是一个不可分割的主体，各个方面有着千丝万缕的联系，因此各分析主体在对上述相关内容进行侧重分析后，还应将这些内容融合起来，对企业的总体状况作一定的了解。尤其对企业管理者而言，就必须全面把握企业的方方面面，并找到其间的各种关联，为企业管理指明方向。

需要注意的是，在进行综合分析时，要注意财务分析与非财务分析的结合，结果指标和驱动指标的结合。

3.财务分析方法

（1）趋势分析法

趋势分析法是将企业连续几个期间的财务数据进行对比，以查看相关项目变动情况，得出财务状况和经营成果变化趋势的一种分析方法。趋势分析法有助于预测企业未来的财务状况和经营成果。

（2）结构分析法

结构分析法是将相关项目金额与同期相应的合计金额、总计金额或特定项目金额进行对比，以查看相关项目的结构百分比，得出企业各项结构的一种分析方法。

结构分析法通常运用到会计报表的分析中。在对会计报表进行结构分析时，各个报表项目以结构百分比列示。这种以各项目的结构百分比列示的会计报表称为结构百分比会计报表，因此，结构分析又常常被称作结构百分比会计报表分析。

（3）比率分析法

比率分析法就是指将相关的财务项目进行对比，计算出具有特定经济意义的相对财务比率，据以评价财务状况和经营成果的一种分析方法。常见的财务比率有趋势比率、构成比率、效率比率和相关比率。

趋势比率是反映某个经济项目的不同期间数据之间关系的财务比率，如当期净利润与上期净利润相除得到的比率、当期资产总额与五年以前的资产总额相除得到的比率，等等。

构成比率是反映某个经济项目的各组成部分与总体之间关系的财务比率，如流动资产除以总资产得到的比率、流动负债除以总负债得到的比率，等等。

效率比率是反映投入与产出关系的财务比率，如净利润除以平均股东权益得到的比率、净利润除以费用总额得到的比率，等等。

相关比率指的是除趋势比率、构成比率和效率比率之外的反映两个相关项目之间关系的财务比率，如流动资产与流动负债相除得到的比率、主营业务收入与平均资产总额相除得到的比率，等等。

（4）比较分析法

比较分析法是将相关数据进行比较，揭示差异并寻找差异原因的分析方法。要评判优劣就必须经过比较，要比较就必须有比较的标准。比较的标准也就是跟什么相比。常见的比较标准有历史标准、行业标准、预算标准、经验标准等。

4.财务分析程序

财务分析是一项比较复杂的工作，必须按科学的程序进行，才能保证分析的效率和效果。财务分析的基本程序包括以下几个步骤。

（1）明确分析目的

财务分析的目的是财务分析的出发点。只有明确了分析目的，才能决定分析范围的大小、搜集信息的内容和多少、分析方法的选用等一系列问题。所以，在财务分析中必须首先明确分析目的。

（2）确定分析范围

财务分析的内容很多，但并不是每一次财务分析都必须完成所有的内容。只有根据不同的分析目的确定不同的分析范围，才能提高财务分析的效率，也才能更好地符合成本效益原则。针对企业的哪个方面或哪些方面展开分析，分析的重点放在哪里，这些问题必须在开始搜集信息之前确定下来。

（3）搜集相关信息

明确分析目的、确定分析范围后，接下来就应有针对性地搜集相关信息。财务分析所依据的最主要的资料是以企业对外报出的会计报表及附注为代表的财务信息。除此以外，企业内部供产销各方面的有关资料以及企业外部的审计、市场、行业等方面的信息都可能与财务分析息息相关。财务分析中应搜集充分的信息，但并不是越多越好。搜集多少信息，应完全服从于分析的目的和范围。

对搜集到的相关信息，还应对其进行鉴别和整理。对不真实的信息要予以剔除，对不规范的信息要进行调整。

（4）选择分析方法

不同的财务分析方法各有特点，没有绝对的优劣之分，最适合分析目的、分析内容和所搜集信息的方法就是最好的方法。财务分析的目的不一样，财务分析的内容范围不相同，为财务分析所搜集的资料不一样，所选用的分析方法也会有所差别。在财务分析中，既可以选择某一种分析方法，也可以综合运用多种方法。

（5）得出分析结论

搜集到相关信息并选定分析方法之后，分析主体利用所选定的方法对相关信息进行细致的分析，对企业相关的经营成果和财务状况做出评判，为相应的经济决策提供依据。如果是企业内部的管理者，还可以进一步总结出管理中的经验教训，发现经营中存在的问题，并探询问题的原因，找出相应的对策，最终实现公司的战略目标。

5.财务分析指标

综合性的财务分析要求建立由集团层层下钻到各利润点、由综合指标下钻到具体报表的框架体系。在这个体系下，以仪表盘、趋势图和警示图等图形化界面为监控层，反映集团层面的财务分析结果，分为集团、事业部、成员单位三层结构，将监控层的监控指标结果通过各层结构，形成可以追踪至原始数据的财务分析体系。将财务分析指标与财务报表体系、财务核算系统、数据库等相联系，可以做到实时计算财务指标，提高财务分析的及时性。

监控模式特别适用于综合性的财务分析体系，譬如，当企业构建指标体系后，就可将监控指标与预算报表、会计科目等建立联系，从而将监控指标与最基本的数据库相连接，形成实时、动态、可调整的综合财务分析体系。

6.财务分析的信息化

传统手工环境下的财务分析往往存在数据不精确、财务数据难以与非财务数据集合、财务数据难以追溯到源头等弊端，而财务分析的信息化可以很好地解决这些问题。不仅如此，财务分析的信息化还可以使得财务分析结果更加简明扼要，以图形化、菜单化的界面展示出来，更容易对企业的整体运行进行监控，也有利于对某些重点问题进行深入分析。

财务分析的信息化是以商业智能为基础的，商业智能基本架构包括数据和应用的集成、分析处理、信息发布和展示界面。

商业智能能够支持多维度的财务分析，维度最多可达 $12\sim20$ 个，并能保持适当的效率；这样的数据存储与表格式完全无关，能够很好地适应需求的变化，如组织、

第五章　财务风险控制与信息化管理

业务等的变化。因此，以商业智能技术建立起来的多维度数据系统，能够为财务分析提供多角度的切入，譬如，对于同一收入数据可从时间、产品线、地区、部门等角度进行分析，从而进一步推进了财务分析的深度和广度。

从不同维度，可以提供同一数据的不同含义，从而为财务分析提供不同的切入点。同时，数据的多维化的互动分析工具和多样化的报表，能够实现追溯分析、图形化。商业智能使财务分析更加直观丰富：完全个性化的交互仪表板；基于功能和角色；主动式的智能预警；提供分析指引，提供最佳实践环境；功能强大，操作简单。每个层级的用户都能关注自己所在层面不同层级的界面，且关注的内容以图形化界面展示。不仅如此，各个层面之间还存在严密的数据逻辑关系。

第六章 金融创新对财务管理的影响

第一节 金融创新概述

一、金融创新的含义

金融创新的定义虽然大多源于熊彼特经济创新的概念，但各个定义的内涵差异较大，总括起来对于金融创新的理解不外乎有三个层面。

第一，宏观层面的金融创新将金融创新与金融史上的重大历史变革等同起来，认为整个金融业的发展史就是一部不断创新的历史，金融业的每项重大发展都离不开金融创新。

从这个层面上理解金融创新有如下特点：金融创新的时间跨度长，将整个货币信用的发展史视为金融创新史，金融发展史上的每一次重大突破都视为金融创新；金融创新涉及的范围相当广泛，不仅包括金融技术的创新，金融市场的创新，金融服务、产品的创新，金融企业组织和管理方式的创新，金融服务业结构上的创新，而且还包括现代银行业产生以来有关银行业务、银行支付和清算体系、银行的资产负债管理乃至金融机构、金融市场、金融体系、国际货币制度等方面的历次变革。如此长的历史跨度和如此广的研究空间使得金融创新研究可望而不可及。

第二，中观层面的金融创新是指20世纪50年代末60年代初以后，金融机构特别是银行中介功能的变化，它可以分为技术创新、产品创新以及制度创新。技术创新是指制造新产品时，采用新的生产要素或重新组合要素、生产方法、管理系统的过程。产品创新是指产品的供给方生产比传统产品性能更好、质量更优的新产品的过程。制度创新则是指一个系统的形成和功能发生了变化，而使系统效率有所提高的过程。从这个层面上，可将金融创新定义为政府或金融当局和金融机构为适应经济环境的变化和在金融过程中的内部矛盾运动，防止或转移经营风险和降低成本，更好地实现流动性、安全性和营利性目标而逐步改变金融中介功能，创造和组合一个新的高效率的资金营运方式或营运体系的过程。中观层次的金融创新概念不仅把研究的时间限制在60年代以后，而且研究对象也有明确的内涵，因此，大多数关于金融创新理论的研究均采用此概念。

第三，微观层面的金融创新仅指金融工具的创新。大致可分为四种类型：信用创新型，如用短期信用来实现中期信用，以及分散投资者独家承担贷款风险的票据发行便利等；风险转移创新型，它包括能在各经济机构之间相互转移金融工具内在风险的各种新工具，如货币互换、利率互换等；增加流动创新型，它包括能使原有的金融工具提高变现能力和可转换性的新金融工具，如长期贷款的证券化等；股权创造创新型，它包括使债权变为股权的各种新金融工具，如附有股权认购书的债券等。

我国学者对此的定义为：金融创新是指金融内部通过各种要素的重新组合和创造性变革所创造或引进的新事物。并认为金融创新大致可归为三类：①金融制度创新；②金融业务创新；③金融组织创新。

从思维层次上看，"创新"有三层含义：

第一，原创性思想的跃进，如第一份期权合约的产生；

第二，整合性将已有观念的重新理解和运用，如期货合约的产生；

第三，组合性创性，如蝶式期权的产生。

二、金融创新的理论基础

（一）西尔柏的约束诱导型金融创新理论

第一，西尔柏（W.L.Silber）主要是从供给角度来探索金融创新。西尔柏研究金融创新是从寻求利润最大化的金融公司创新最积极这个表象开始的，由此归纳出金融创新是微观金融组织为了寻求最大的利润，减轻外部对其产生的金融压制而采取的"自卫"行为。

第二，西尔柏认为，金融压制来自两个方面：一是政府的控制管理；二是内部强加的压制。

（二）凯恩的规避型金融创新理论

第一，凯恩（E.J.Kane）提出了"规避"的金融创新理论。所谓"规避"就是指对各种规章制度的限制性措施实行回避。"规避创新"则是回避各种金融控制和管理的行为。它意味着当外在市场力量和市场机制与机构内在要求相结合，回避各种金融控制和规章制度时就产生了金融创新行为。

第二，"规避"理论非常重视外部环境对金融创新的影响。从"规避"本身来说，也许能够说明它是一些金融创新行为的源泉，但是"规避"理论似乎太绝对和抽象化地把规避和创新逻辑地联系在一起，而排除了其他一些因素的作用和影响，其中最重要的是制度因素的推动力。

（三）希克斯和尼汉斯的交易成本创新理论

第一，希克斯（J.R.Hicks）和尼汉斯（J.Niehans）提出的金融创新理论的基本命题是"金融创新的支配因素是降低交易成本"。这个命题包括两层含义；一是降低交易成本是金融创新的首要动机，交易成本的高低决定金融业务和金融工具是否具有实际意义；二是金融创新实质上是对科技进步导致交易成本降低的反映。

第二，交易成本理论把金融创新的源泉完全归因于金融微观经济结构变化引起的交易成本下降，是有一定局限性的。因为它忽视了交易成本降低并非完全由科技进步引起，竞争也会使交易成本不断下降，外部经济环境的变化对降低交易成本也有一定的作用。

第三，交易成本理论单纯地以交易成本下降来解释金融创新原因，把问题的内部属性看得过于简单。但是，它仍不失为研究金融创新的一种有效的分析方法。

（四）金融深化理论

第一，美国经济学家爱德华·S.肖从发展经济学的角度对金融与经济发展的关系进行了开创性的研究。

第二，肖提出金融深化理论，要求放松金融管制，实行金融自由化。这与金融创新的要求相适应，因此成为推动金融创新的重要理论依据。

（五）制度学派的金融创新理论

第一，以戴维斯（S.Davies）、塞拉（R.Sylla）和诺斯（North）等为代表。

第二，这种金融创新理论认为，作为经济制度的一个组成部分，金融创新应该是一种与经济制度互为影响、互为因果关系的制度改革。

（六）理性预期理论

第一，理性预期学派是从货币学派分离出来的一个新兴经济学流派，最早提出理性预期思想的是美国经济学家约翰·穆斯。20世纪70年代初，卢卡斯正式提出了理性预期理论。

第二，理性预期理论的核心命题有两个：

①人们在看到现实即将发生变化时倾向于从自身利益出发，作出合理的、明智的反应；

②那些合理的、明智的反应能够使政府的财政政策和货币政策不能取得预期的效果。

（七）格林和海伍德的财富增长理论

格林（B.Green）和海伍德（J.Haywood）认为财富的增长是决定金融资产和金融创新需求的主要因素。

三、金融创新的原因

（一）顺应需求的变化

20世纪50年代，3个月期的美元国库券利率在1%～3.5%波动。到了70年代，它的波幅达到4%～11.5%。而80年代这一波幅已扩大至5%～15%以上。利率的剧烈波动造成了巨额的资本利得或资本损失，并使投资回报率具有较大的不确定性。经济环境的这一变化，刺激了对满足该需求的创新的探求，激励人们创造一些能够降低利率风险的新的金融工具。在该需求的推动下，70年代产生了三种新的金融创新：可变利率抵押贷款、金融期货交易和金融工具的期权交易。

（二）顺应供给的变化

当前计算机和通信技术的改善，是导致供给条件发生变化的最重要的源泉，它有力地刺激了金融创新。当能够大大降低金融交易成本的新计算机技术可以运用时，金融机构便可据以设想出可能对更公众有吸引力的新金融产品和新金融工具，银行卡即是其中之一。计算机和通信技术的改善也增强了市场获得证券信息的能力，这种由交易和信息技术的改善而引发的金融创新最重要的例证是证券化。此外，政府管理制度的变化也能够导致供给条件变化，由政府管理变化而发生的金融创新的例子是贴现经纪人和股票指数期货的出现。

（三）规避既有管理法规

由于金融业较其他行业受到更为严格的管理，政府管理法规就成为这个行业创新的重要推动力量。当管理法规的某种约束可以合理地或被默认地予以规避，并可以带来收益，创新就会发生。过去美国银行业在法定准备金与存款利率两个方面受到限制。自60年代末期开始，由于通货膨胀率引起的较高的利率水平同存款利率上限和存款准备金合在一起减少了银行的利润，促使商业银行产生了欧洲美元、银行商业票据、可转让提款通知书账户（NOW）、自动转换储蓄账户（ATS）和隔日回购协定、货币市场互助基金（MMMF）等形式的金融创新。

四、金融创新的种类

中国学者对此的定义为：金融创新是指金融内部通过各种要素的重新组合和创造性变革所创造或引进的新事物。并认为金融创新大致可归为四类：①金融传统业务的创新；②金融市场创新；③金融工具的创新；④金融制度的创新。

（一）金融传统业务的创新

1.负债业务的创新

第一，商业银行负债业务的创新是对传统业务的改造、新型存款方式的创造与拓展。

第二，商业银行的新型存款账户突出个性化，迎合了市场不同客户的不同需求。

第三，商业银行负债的范围、用途多样化。

2.资产业务的创新

20世纪40年代以后，商业银行的资产业务创新不如负债业务创新那么活跃，创新主要表现在贷款业务上，具体表现在以下四个方面：

第一，贷款结构的变化；

第二，贷款证券化；

第三，与市场利率密切联系的贷款形式不断出现；

第四，贷款业务表外化。

3.资产负债表外业务创新

商业银行的资产负债表外业务是指商业银行在不涉及账上资产与负债变动的情况下，通过投入一部分人力、物力而改变当期损益增加收益率的业务活动。其实质就是在不扩大资产与负债的同时只收取手续费和佣金的业务。

（二）金融市场的创新

1.境外金融市场——跨越国界的金融市场创新

境外金融市场又称离岸金融市场、外币存放市场，是指在一国境外进行该国货币的存款、放款、投资、债券发行和买卖业务的市场。由于这种市场起源于欧洲，所以也叫欧洲货币市场。

欧洲货币市场作为创新的市场，具有以下特点：

第一，摆脱了任何国家政府法规、税制的管制约束，非常自由。

第二，突破了国际贸易与国际金融汇集地的限制。

第三，银行间的批发市场，成交金额巨大。

第四，存款利率略高于国内金融市场，贷款利率略低于国内金融市场，对资金存款人和借款人都有吸引力。

第五，完全是外国投资者和外国筹资者的关系，即非居民与非居民的借贷关系。

2.证券化抵押市场——成功的金融市场创新

20世纪80年代金融市场的重要创新是证券化抵押市场的形成和发展。证券化在20世纪70年代已经出现，在80年代得到迅速发展，在抵押贷款证券化的基础上，出现了以抵押贷款为基础发行的证券的二级市场，这一市场称之为证券化抵押市场。在美国，这种二级市场以联邦国民抵押协会和联邦住宅放款抵押公司为中心组成，抵押贷款证券化的数量和二级市场规模不断扩大，英国在20世纪80年代中期也形成了类似的市场。随着银行资产证券化的发展，各种新型抵押债券的发行，更使这一市场进一步趋向繁荣，证券化抵押市场由于发行者一般具有雄厚实力、信用级别高、安全性好的特点，同时收益也较高，对投资者很有吸引力，因而成为成功的金融市场创新。

3.金融衍生市场——生命力最强的金融市场创新

衍生工具最早在商品交易市场引入，金融衍生工具的交易在20世纪20年代也已出现，最早的是由股票交易所引入的股票期权交易。20世纪70年代中后期，债券期货、国库券期货、利率期货、股票指数期货纷纷推出，一个新型的金融市场——期货市场宣告形成并在全球迅速发展。1973年4月26H，芝加哥期权交易所宣告成立，也宣告了另一重要金融市场——期权市场的诞生。

（三）金融工具的创新

1.风险转移型创新工具

第一，价格风险转移型创新工具。该类工具可以减少资产价格变动的风险或转移这类风险。20世纪70年代以来汇率和利率的波动加剧，所以这类创新工具在金融市场上很受欢迎。这类创新工具主要有：可调整利率抵押、浮动利率抵押、背对背贷款、金融期货及期权、互换及定期利率协议、票据发行便利等。

第二，信用风险转移型创新工具。该类工具可以减少和转移金融资产信用状况因非正常恶化而导致的风险。其大量出现是以20世纪80年代石油供应过剩与债务危机等事件为背景的。

由于这些国际事件使许多金融资产的信用状况恶化，引起对这类工具的大量需求。这类创新工具主要有：无追索权的资产销售、贷款互换、证券化的资产、可转让贷款合同、信用证、票据发行便利等。

2.流动性增强型创新工具

这类创新工具的功能是增强金融资产和金融工具的流动性，使本来无法流动的资产变成可转让的资产，从而大大提高其流动性。这类创新工具除前面提到的证券化的资产、可转让贷款合同、票据发行便利外，还有闲置余额投资账户及其他先进管理技术、货币市场互助基金以及其他可流通的货币市场工具等。

3.引致信用型创新工具

这类创新工具的功能是能帮助使用者增加进入某些信贷市场的机会，从而提高其获得信用的能力。这类工具或利用现有资产获得新的融资能力，或直接提供新的贷款来源，或通过互换间接提供这种来源。这类创新工具主要有零息债券、垃圾债券、股权参与性融资、住宅股权贷款等。

4.引致股权型创新工具

这类创新工具的功能是对债务性质的资产给予股权特征的效果。这类创新工具数量较少，典型的工具是债务——股权互换和受托可转换债券。

国际清算银行还认为，在众多的创新金融工具中，最主要的创新金融工具只有四种形式：互换、期权、票据发行便利和远期利率协议。随着时间的推移和实际金融交易活动中各种特殊需要，可以有许多不同的创新形式以及它们与其他金融工具相互组合而形成的新的金融工具形式。

（四）金融制度的创新

1.分业经营制度向混业经营制度的转变

在世界各国的银行体系中有两种不同的银行制度，即以德国为代表的"全能银行制"和以美国为代表的"分业银行制"。这主要是在商业银行业务和投资银行业务的合并与分离问题上的区别。

2.金融机构实行统一管理的制度逐渐形成

由于商业银行具有信用创造的特殊功能，因此，世界上的大多数国家都对商业银行实行了比非银行金融机构更为严格的管理制度。如对其市场准入的限制、活期存款不得支付利息的限制、存款最高利率的限制、不同存款准备金率的差别限制等。在金融业不断发展的过程中，非银行金融机构正是看准了这一制度的薄弱之处，进行了大胆创新与发展，使非银行金融机构的种类、规模、数量、业务范围与形式等迅速发展，商业银行在新的市场竞争中处于明显的劣势。鉴于经济环境、市场条件所发生的巨大变化，各国政府都不同程度地缩小了对两类金融机构在管理上的差别，商业银行与非银行金融机构在市场竞争中的地位趋于平等。

第二节　金融创新的影响

一、金融创新的影响概括

金融创新使得对货币的定义和货币层次的划分更加复杂，同时对货币流通速度也产生了较大的影响。从货币乘数和货币流通速度的反向关系对传统的货币乘数进行修正，从而可以得出：金融创新使货币流通速度降低。同时通过近年来中国货币流通速度和货币乘数的实证检验，上述结论基本成立。下面从修正的货币乘数角度，分析金融创新对货币流通速度的影响：

二、货币流通速度的模型

（一）交易型的货币数量模型

原始货币数量论认为，经济中货币需求量与所需满足的商品交易量成正比，用公式表示就是费雪的货币交易方程：$MV = PQ$。

其中 M 为货币数量，V 为货币流通速度，P 为商品价格，Q 为商品交易量，PQ 乘积即为某一时期内的商品交易额。可见，货币流通速度最早的定义乃是指年度内单位货币被使用的平均次数，因而又被称为货币交易流通速度。

（二）收入型货币数量模型

20世纪60年代到70年代，以弗里德曼为首的货币主义学派发展了货币数量论，新的货币数量论方程式如下：$MV = PY$，其中PY指名义货币收入，伴随这一转变货币流通速度亦有了新的含义：一定时期内单位货币周转（这里所指的周转包括再生产的全过程）的平均次数。因而又被称为货币收入流通速度。

三、金融创新对货币流通速度的影响

（一）金融创新对货币定义和货币划分的影响

从整个货币发展的里程来看，一般认为货币经历了朴素的商品货币阶段、贵金属货币阶段、代用符号货币阶段、电子货币阶段四个阶段。各阶段就其作为货币的价值与本身所包含的价值而言，具有实物货币、金属货币、信用货币、电子货币、数字货币等多种形式（其中数字现金是电子货币发展的较高阶段形式）。金融创新的日新月异使得理论界对货币的定义变得日益困难。货币到底是什么？传统的货币定义认为货币是为广大公众所普遍接受的一般等价物的特殊商品。马克思和一些当代主流经济学家均认为"货币是一种社会关系"：而米尔顿·弗里德曼和新凯恩斯主义的经济学家、哈佛大学的年轻教授曼昆却认为："货币是经济中人们经常用于购买其他人的物品与劳务的一组资产"；社会学家西美尔则把货币视作为"一切价值的公分母"、"价值的现金化""货币是人与人之间交换活动的物化，是一种纯粹功能的具体化。"在围绕着理解和把握货币到底是什么这一问题上，经济学家和社会学家们被长期困扰，特别是金融创新使货币的外延越来越广泛，致使对货币的界定越发复杂。

金融创新，特别是大量金融业务创新后，涌现了许多新型账户，这些账户的出现使传统货币供给层次划分出现混乱，如NOW、ATS、MMDA等新型账户都具有开具支票的功能，类似于活期存款，理应划入M1，但这些账户余额又大部分放在投资性储蓄账户内，实际上它应属于M_2。由于类似的金融创新，各国对货币供给层次的划分不断进行修改。尽管频繁修改，但金融创新带来的难题仍未完全解决，如电子账户、多功能信用卡和网络支付账户等对应的货币层次，各国中央银行目前尚无明确答案。所以，金融创新使得对于货币的定义和货币层次划分更加难以界定，从而直接影响到货币流通速度的分析与测定。

（二）货币流通速度和货币乘数的关系

货币乘数是指在基础货币（高能货币）基础上货币供给量通过商业银行的创造存款货币功能产生派生存款的作用产生的信用扩张倍数。在一定的名义GDP下，货币乘数B和货币流通速度V之间存在反比关系，即在一定的产出水平下，货币流通速度增大，则货币乘数减少；反之亦然。所以要分析金融创新对货币流通速度的影响，只要找出影响货币乘数的因素，就可以得出相应的结论。

（三）从修正的货币乘数来看金融创新对货币流通速度的影响

金融创新对货币的定义和货币层次的划分产生了深刻的影响，随着金融工具种类的不断丰富，无论是流通中的现金还是各类存款等流动性不同的货币供给都发生了较大的变化。金融创新对货币乘数的各种影响因素的影响变化如下。

1.对现金的影响

随着电子技术的日益成熟，电子货币的发展将会成为货币的主流。经济体之间的借贷、消费、转账等将无一不是通过网络进行结算，支票和现金结算将逐步减少。特别是数字现金是在银行存款转移支付工具的逐渐深化和对现金通货的逐渐挤占的基础上发展起来的电子货币的高级发育形态，是货币经历实物货币、贵金属货币、代用符号货币（纸币）等各种发育阶段类型的电子货币不断发展和演化的产物，具有良好的匿名性、无限的分割性、真实的价值性、快捷便利和可交换性等一系列的优点，可以推知，数字现金对货币形态演化的这种影响趋势将使数字现金不断挤占现金通货纸币和存款通货的某些形态而逐渐成为未来数字货币时代最主要的流通货币形式之一，它是现金纸币通货和存款通货的最佳替代者，因此，从其问世以来便迅速挤占现金和存款通货中数字现金前期各种发育形态的电子货币的位置，并且后来居上。不难推知，随着数字经济对整体经济增长贡献率的提高，实体经济对现行的现金纸币通货的需求将因数字现金的逐渐挤占而大幅缩减至少量存在，数字现金则会广为流行，而结算性临时存款通货的大部分将逐步转化为数字现金形态，小部分仍将以卡型电子货币形态和存款转账型电子货币形态存在，但也将逐渐向数字现金形态转化。

2.金融创新对货币层次和货币乘数的影响

金融创新使传统货币层次的划分变得越来越模糊，各种货币之间转变的交易成本越来越低，而且货币层次越来越多，如 NOW 账户、ATS 账户等。特别在西方国家金融市场，由于金融产品不断创新，日益增多，不同流动性的金融创新产品在不同程度上充当了商品交换的媒介，成为了事实上的货币。这样一来，货币的供应规模量不断扩大。这里可以引入一个金融创新下的可以充当货币媒介的可替代性金融资产的一个量，即在货币供应量上加入一个量 Mc，所以金融创新下货币供应量为：

$$M = C + Dr + Dt + Ce + Mc$$

金融创新对货币流通速度的影响可以从不同的方面得到解释，其中现金漏损率的降低、替代性金融资产的比例增大和超额准备率的下降都使货币的流通速度降低，而数字现金占活期存款比例则会使货币的流通速度加快。总体来说，由于数字现金和活期存款的流动性都比较强，所以在一定时期内产生较大的相互替代可能性不大（但是从长远来看 Ce 还是增大的），所以要考察在一定时期内货币的流通速度或者货币乘数发生变换总体趋势是：金融创新使货币乘数增大，流通速度下降。

四、中国货币流通速度和货币乘数变化的实证检验

中国金融创新起步较晚，所以金融创新的水平相对与西方国家来说还处于较低的水平。但是近年来随着中国金融体制改革步伐的加快，金融创新也获得了阶段性发展。特别是电子技术的应用带来的技术创新以及金融体制改革方面的制度创新都取得了较大成果。现阶段金融产品更加丰富，金融的市场化改革步伐越来越快。这些举措无疑都会对中国的货币流通速度产生一定的影响。从检验的数据来看，中国近年来货币的流通速度和货币乘数呈反向关系，基本符合理论上成立的关系；同时，检验结果基本满足金融创新发展的趋势，特别是近年来金融创新的步伐加快，货币流通速度和货币乘数变化的速度加快。

第三节 金融创新的挑战

金融创新存在危机和风险，其中道德风险是风险的重要组成部分，从某种意义上来看，道德风险的存在和失控是金融创新的"毒药"。金融创新的道德风险就是金融机构及其从事金融领域工作的精英们为追求自身利益的最大化使创新脱离了道德的轨迹，造成了道德危机，进而危害投资人和金融机构的利益。近年来，由于追求竞争优势和高额利益，西方国家出现了放宽金融管制与倡导金融领域的自由化经营的倾向，如允许各金融机构业务交叉，放松对本国居民和外国居民在投资方面的诸多限制，货币政策宽松、资产证券化和金融衍生产品得到了无节制的发展等，使道德风险不断积聚，最后导致危机的爆发。具体而言，金融创新的道德风险主要包括以下几个方面。

一、金融创新以规避制度监管为目的，使道德风险失去了有效的制度控制

道德风险首先源自制度管制缺失的风险。按照制度经济学的观点，人是制度化的人，没有好的制度环境，好人也会变为坏人。金融创新的原动力之一就是可以通过创新以突破旧体制的限制。按照凯恩（E.J.Kane）的规避型金融创新理论，金融创新就是回避各种金融控制和管理的行为。也就是说，当外在市场力量和市场机制与机构内在要求相结合以规避各种金融控制和规章制度时就产生了金融创新行为。凯恩认为，许多形式的政府管制与控制实质上等于隐含的税收，阻碍了金融业从事已有的营利性活动和利用管制以外的利润机会，因此，金融机构会通过创新来逃避政府的管制。在他看来，金融创新与金融监管是相互博弈均衡的过程。综观数次美国金融危机，根源之一在于现有金融机构通过金融创新，形成了一个完全不同于传统金融体系的"影子银行"体系。其核心是通过一系列金融产品、金融工具、金融市

场的创新，突破既有的金融监管体系，以便在这种无监管金融交易中获得最大利润。

对金融监管的规避使败德现象时有发生。例如，利用监管制度的滞后性以及法律的"真空地带"，滥用金融创新或恶意金融创新；利用金融机构的特殊性，对公众不公开有关金融产品的信息，导致由于信息不对称产生的道德风险等。由于监管制度的不完善，使得金融创新行为乃至不道德行为合法化，从而变相鼓励了某些不道德的金融创新行为。

此外，从金融监管的形式以及金融监管失效的原因来看，由政府主导的监管尤有不足之处，它不可能从微观层面来监督和解决所有的问题，法律监管和道德监管就显得尤为重要。美国金融监管机制一直被视为全球的典范，但事实证明并非完美无缺。

二、金融创新引发的金融风险转移，致使投资者承担了道德风险的后果

创新是对未知世界的探求，其根本特征是不确定性和风险性。然而，创新同时又能抵御一定的风险，金融创新的原动力之一是规避金融风险，金融创新的特点是将诸多风险以不同的组合方式再包装，相对于传统金融业务，这种方式更加复杂。它对单个经济主体提供风险保护的同时却将风险转移到了其他更多的经济主体上，如果经济主体都想转移同一方向的风险时，风险就会集中爆发，给金融体系造成严重危害。

为何以规避风险为目的的金融创新会使风险毫无限制地产生？答案就是把风险扔给别人。对于金融创新者而言，他们非常清楚并懂得风险的含义，而当他们自己的风险较小或风险能够转移时，为了欲望和贪婪，他们会制造风险，除非他们是有道德的人，或者是受制度约束的人。金融市场的扩大和繁荣靠投资者的数量，金融机构为取得更大的利益、规避投资风险，通过金融创新吸引更多的投资者参与市场，同时也使金融机构的风险转移到投资人身上，致使投资人的利益受到损害。

对于投资人而言，他们的投资行为也是受利益所驱使的。他们能接受金融创新并承受道德风险源于对投资收益的预期，在此前提下，投资者为了获取更高的收益愿意承担风险。当无论金融创新的主体还是高风险倾向的投资者都追求收益最大化时，就出现了共振和同向效应，这使得金融创新发起者的金融风险的转移成为可能。

三、金融创新打破了原有的信用体系，使道德风险的防范体系更加脆弱

金融创新导致了银行信用体系的风险。信用风险是交易对方无法履约偿还借款而造成的损失，这既包括金融机构又包括投资者。金融机构既要有信用，又要追求效益和利益，二者要有平衡，如果追求效益和利益的动机占了上风，就会出现信用危机和道德危机。

制度经济学家凡勃伦提出了金融机构的内在脆弱理论，该理论认为商业银行要发挥作为金融中介的作用必须满足以下两个条件：第一，储蓄者任何时候都可以提款，对银行充满信心；第二，银行能够在众多的项目中筛选出效益较好的项目。也就是说，银行首先要有信用，其次要能提供给投资者盈利的产品。这说明，银行从产生之日起就是与信用紧密相连的，信用是其安身立命之本，而金融产品创新则是银行业竞争的结果，为了吸引更多的资金银行在监管无效的情况下从事高风险行业，创造出令人眼花缭乱的金融创新产品，由于创新产品的复杂性、链条的间接性、预期的不确定性以及信息的不对称性，导致了信用的脆弱性和无效性。

美国次贷危机中通过加大融资链条稀释信用度的做法就是例证。次贷危机的起因是资产证券化产品，它们是以商业银行传统的信贷资产作为基础资产的，而证券化之后，其影响范围却远远超过了传统的商业银行领域。金融创新使得各种金融机构原有的分工限制日益模糊、交叉，职责难以区分和控制，不受旧的信用体系的约束，大量开展投机业务，以增加利益来源。这些投机行为有很多从传统信用体系评价来看是不正当的。

金融创新还改变了原有的信用承诺体系，使信用度降低，这种创新模式没有保证投资者在分配中获益，失去了应有的承诺和保障，导致投资者的利益在无形中受到损害。

在美国次贷危机中，传统存贷业务比重较大的商业银行受到的影响较小，而主要从事资产管理、证券业务的投资银行影响较大，一个重要原因在于投资银行的高负债率和高杠杆交易比率的金融衍生产品，而它们的信用担保是比较脆弱的。

第四节　金融创新对财务管理的影响

伴随着我国经济的不断发展，企业已成为我国非常活跃的经济主体，其作为国民经济的主要构成部分之一，以独特的经营模式与灵活的生产模式对经济与社会的发展安定发挥了举足轻重的推动作用，为我国经济发展做出了一定的贡献。对于金融市场而言，无论是国内的或是国际的，金融创新均会持续出现，越来越多的金融创新已为竞争之焦点。金融创新不仅有成功案例，而且也存在失败的案例，此种状况愈加增添了金融创新之复杂性，金融创新的收益与风险较过去变得愈加难以预料。金融创新的复杂多变性则能够为企业的财务管理带来一部分新的变化。我国企业只有把握好财务管理这个重要工作环节，才能使中小企业在激烈的市场竞争中，达到资金的保、增值，才能长盛不衰。

一、金融创新对企业财务管理的影响

金融创新指企业谋求利润机会，借助重组各项金融要素，创建出新的"生产函数"，实施包含各类支付清算手段、金融工具、金融监管以及组织制度等诸多方面的创新。金融创新在促进金融发展的期间，也能构成新的金融风险，促使原有的金融监管措施和制度丧失功能，增加了金融监管的难度。金融创新的概念即指金融领域，借助创新改变与重组，引入抑或创造新事物的各项要素之范围。狭义的金融创新即金融业务创新，即西方发达国家在开拓延伸银行成立之条件，取消抑或延迟针对银行的资产负债的监督管理，取消抑或延迟控制外汇和利率控制，允许非银行金融部门与银行采取业务交叉等金融管制之后，增强了各金融部门之间相互竞争，产生了一部分新的交易、金融工具。

（一）金融创新给企业财务管理带来新变化

1.金融创新驱使企业在财务管理实施新的措施

金融创新在改变着过去的企业所处的财务抑或金融环境，企业的财务操作应当予以相应的变化，金融创新影响企业原有的财务管理流程抑或形式，新的金融创新产品抑或工具不仅能够给企业创造新的利益，而且亦能够给企业带来新的风险。因为企业的财务管理面临金融创新的新问题，针对所发生的变化探求对策，实施相关业务改造，增加或减少金融业务。培植出适宜新财务环境之合理业务组合；挖掘新的金融创新产品抑或工具创造的利益；防止因其造成的新风险。

2.金融创新驱使企业在财务管理转变观念与管理模式

金融创新驱动企业在财务管理方面要改变过去的管理形式与财务决策观念，金融创新让财务环境愈加复杂，不确定性原因增多；融资途径与手段愈加丰富多元，可取代的融资模式增加，明确选择决策较以往愈加困难；投资风险增大，不断出现新风险源头，风险控制变得愈加复杂困难。

3.金融创新驱使企业在财务管理选择有利金融工具

一部分新的金融工具能够为企业经营带来越来越大的便利与利益，企业在如何运用有利的工具方面下功夫。

上述这些内容要求企业重塑企业本身财务管理流程，抑或实施针对性的改革，财务工作所必须具备的技能发生改变，应当增加财务管理工作投融资决策之力量，有关财务工作者不仅应了解财务管理内容，还应了解金融业务，二者应很好地相融一处；财务机构的信息流必须拓宽，要求在过去的企业内部财务信息上传下达之流程中，科学地融入外部相关财务与金融工具信息的吸收和传输，以便及时地借助这部分信息与工具服务于财务活动；在财务机构中要求设置同相关金融创新主体——金融与金融管理的部门沟通的公共关系管理者抑或职能，以便可以及时有效捕捉相关信息，同时愈加有效率地应用新的财务工具与金融工具。

（二）金融创新给企业带来新利益

在以世界为核心内容的企业财务管理中，企业财务与财务风险的管理的目标属于具备针对性的对金融创新进入研究，实施相应的财务战略，进而优化企业财务管理。促使金融创新产品抑或工具能够给企业创造新的利益，可从借助金融创新，提升资金收益率、化解财务风险、提高企业融资水平等方面来体现。

1.借助金融创新提升资金收益率

企业对企业闲散资金实施管理时，能够直接借助可创造比较高的收益、风险相对来讲不大、投资时间不长的金融工具，实施赢利活动，提升企业闲置资念之收益率。

2.借助金融创新化解财务风险

重视金融创新，了解和把握国内外金融工具，善于运用金融工具转移经济风险。应对外汇风险应用最多的系长期外汇合约，应对利率风险最多的系利率互换，应对商品价格风险的系商品期货与期权，应对权益风险的则指场外交易期权。可见，金融创新产品同风险管理存在紧密的关系，伴随金融期货市场的发展与各类具有衍生性金融工具的出现，货币与利率的相互更换、外汇长期合同等屡屡不穷，这便需要企业财务管理工作者学习和把握这部分国内外金融工具，以适应企业经营的需要。为了规避投资风险，企业要实施跟进战略。要尽力防止带头拓展市场。跟进成功人员的方法，可谓企业防止风险的有效办法。企业的经营灵活，模式多元，适应性好，能够依据市场的改变迅速调整其产品结构，转变生产方向，及至转行，有效发挥"船小头好调"的特征，进而较快地满足市场新的需要。

3.借助金融创新提高企业融资水平

金融创新的持续发展为企业的融资模式创造了更多的选择机会，有助于提高企业融资水平。一直以来，较为典型的新的创新融资产品能够归纳为认股权证融资、浮动利率产品融资、风险投资融资、金融财团融资和可转换债券融资五种模式。

二、金融创新环境下企业财务管理强化策略

在金融创新环境下，企业的生产经营环境发生了改变，企业可能产生融资难、库存大、产品无销路、资金回收率低等诸多问题。就企业而言，财务管理工作是企业管理的核心，面对上述问题要快速予以反应，及时整合财务管理战略、降低成本、强化对现金的管理等，并且政府应为企业摆脱困难提供更好的条件，譬如营造有力的法律与政策以及资金的保障环境等，进而协助企业有效地规避财务风险给企业带来的不利影响。

（一）需要政府营造良好的法律与政策环境

面对金融创新，若想让企业能够健康地发展成长，政府就要大力营造优良的、方便企业融资的政策和法律环境，有关部门还要强化其同企业之间的沟通，提供各类经济信息服务，在税收征管上提升透明度与公平性。重点应采取如下措施：第一，规范企业制度，不断健全整治结构；第二，进一步深化商业银行改革，不断完善金融企业制度。应将商业银行转变为企业资本充足、内部控制严密、运作安稳、服务效益突出的现代金融企业，同时选取有条件的国有商业银行实施股份制整改，及时有效处地理企业不良资产，不断填充企业资本金，创造条件努力上市；第三，培植良好的信用环境。针对当前社会信用意识较差的问题，要加快构建完善企业信用体系，强化信用文化建设。要培养企业家信用思想，倡导和弘扬信用理念，在良好的信用环境下，不断改善银行同企业之间的关系。

（二）健全企业内部控制机制

企业若要在企业困难时期能够顺利地渡过，就要不断强化自身内部控制系统的管理。只有建立健全内部管理机制，方能由内至外地把企业所面对的风险规避在外。所以，企业一定要建立完善的财务风险管理体系，强化企业内部控制机制。一旦面临危机，首先应控制企业成本，节省企业开支；进一步强化对企业的审计工作；内部审计机构要强化对内部控制机制构建与履行状况的考核与评估，建立健全企业内部控制机制有效性的日常评价制度。

（三）强化财务管理工作的精细化管理

对于企业领导来讲，面临金融创新要转变观念，加强财务精细化管理。由于，许多中小企业的领导对怎样应对银行金融工具防止利率、汇率改变的风险知识把握欠缺，对怎样在企业不同经营时期运用什么样的银行产品融资的基本知识了解不够，所以，导致企业对资金的投放与利用粗放，资金周转效率不高。金融创新需要中小企业进入对资金采取精细化管理的时期，因此，企业对财务管理采取精细化的管理模式，更有助于预防财务损失的出现，进而规避金融风险。

（四）拓展融资渠道

1.政府方面

要借助政策渠道来拓展其筹资途径，譬如将贷款局限条件压低、实行税收减免政策等，同时鼓励企业主动进行财务管理产权重组与技术创新，最大限度地推动企业财务管理发展。

2.企业方面

要加强企业本身财务控制与资金管理，保证资金利用率。且可思考借助加强财务信息的透明度与公开性来提高企业信用级别，以扩大其融资途径。

（五）加强营运资金管理

企业要生存发展，最重要的是要保持拥有足够的现金，现金充足不但能够协助企业应对危机，而且也是企业长期发展的关键保障。科学的现金管理不但能够保障生产经营的正常运转，而且还可借助适度地增大技术创新与品牌建设之投进而更好地抓住企业的发展机遇。主要应注重如下几个方面的工作：

1.有效利用资金

企业一定要实施措施加速现金和存货以及应收账款的周转速度，尽可能减轻资金的过分占用，压缩资金占用成本。以企业财务机构为主体，强化对赊销与预购业务的控制，建立相应应收账款控制以及预付货款控制体系，针对应收账款要强化动态跟踪，严谨应收账款账龄管理，增大催收应收账款力度，及时有效收回应收账款，降低风险，进而提升企业资金利用率。并且强化成本控制，科学合理地实施采购，严格控制存货，提升资金周转速度。

2.规避经营风险

企业在运用金融创新时，应强化风险的防范与化解。财务机构应具备专业人才来分析与控制风险，把企业的融投资风险控制在最理想的程度。企业面对财务管理外部宏观环境要具备正确的认识，借助对财务管理办法与政策的不断整合，以加强企业本身的适宜能力，同时辅以人才培育、健全制度等手段，以有效缓解因环境变化而带来的财务风险；企业要根据企业本身实情，适度降低负债比例，以有效防止融资风险；企业可思考利用兼并重组的模式，以缓解由于投资有误所造成的财务风险。

3.建立商业信誉

树立优良的商业信誉，有效借助商业信用，化解资金短期周转之难，同信贷部门、供应方、经销方等确立良好的协作关系，开发拓展自身的资金筹集途径，以备在有需求时有实力向银行借款，借助财务杠杆，化解资金需要压力，提升权益资本报酬率。

总之，收益同风险可谓孪生兄弟，金融创新创造便利与利益之际，风险也随之而来。既然新的金融创新产品抑或工具能够给企业带来新的风险，企业在借助金融创新带来利益同时，还应规避金融创新造成的风险。对于企业财务管理工作来讲，由于在金融创新环境下受到各方面因素的影响，因此实施有效方法来发挥财务管理的功能就显得重要。根据企业自身实际，科学实施，进而最大限度改变企业财务管理工作的不利因素，以更好地促进企业经济效益的增长。

第七章 金融创新模式的风险防控

第一节 网络银行的风险特征与防控

一、网络银行的风险特征

网络银行存在着较大的风险，且这些风险往往具有隐蔽性、不确定性和客观性等特征。针对网络银行的风险特征，将网络银行的风险种类分为固有风险和特有风险。

1.网络银行的固有风险

第一，信用风险：指银行借款方未按时履行义务致使银行发生财务损失的风险。网络银行的信用风险主要表现为用户利用网络银行的虚拟性，在用信用卡进行支付时恶意透支，或使用伪造的信用卡来欺骗银行。由于网络银行的用户可以随时随地利用互联网进行信用卡支付和交易，因此缺乏银行客服人员与用户之间面对面的交流，客户的信誉难以保障，严重影响了银行信誉。

第二，流动性风险：指银行在其所作承诺到期时，银行无法满足用户正常提款和贷款的资金需要，从而对银行收益造成风险。在网络银行中，信用、市场、操作都易带来管理上的缺陷，极易引发风险扩散，造成整个金融系统出现流动性困难，因此网络银行的流动性风险比普通银行更大。

第三，利率风险：指随着利息率变化而对银行收益或资本造成的风险。在西方，利率风险已成为网络银行面临的最主要的风险。网上银行同普通银行相比，能更快捷地从更多的客户群中吸引存款、办理贷款和其他业务关系，所以它要求网络银行管理者更加敏锐地对变化的市场情况作出反应。

2.网络银行的特有风险

第一，安全风险。由于我国在网络银行方面的发展尚处于初期，网络银行安全系统暂未完善，在这个方面还存在着较大的风险。比如福建省福州市公安局网安部门查处的以"黑客联盟"为幌子实施诈骗的新型犯罪案件，犯罪嫌疑人利用黑客手段获取了公民个人隐私信息，疯狂实施网络银行诈骗，涉案金额达上百万元。调查显示，不愿意选择网络银行的客户中有76%是出于安全考虑。这主要体现为两点：一是由于互联网的开放性担心个人信息和密码泄露；二是害怕网络病毒、黑客的侵袭。从银行的角度来看，开通网络银行业务将承担比用户更大的风险，银行往往制定了安全制度并不断提高网络银行的技术以保证用户权益，但互联网上的安全问题仍然不能完全解决。安全风险也严重制约了网络银行的发展，如何避免安全系统的风险将在很长时间内成为研究的重点。

第二，操作风险。网络银行主要依附于虚拟的互联网，技术上难免存在漏洞，所以它要求专业化程度更高的技术和设备。因网络银行操作不当带来的财产损失案例更是屡见不鲜。用户无意间使用假网络银行查询系统输入了自己的账号和密码，使藏在网络背后的黑手轻松窃取到用户隐私，进而通过转账方式，窃取用户的大量现金。如此这般因为用户自身操作上的不严谨以及网络银行系统本身的漏洞而造成的财产损失难以统计。操作风险在用户和银行两方面都存在。对于用户来说，用户在网上交易过程中操作上的失误将会给银行和自己带来损失，此问题在新客户中尤为突出，不少用户都因为不熟练的操作方法或是未采取必要的保密措施致使黑客侵入，自己的银行账户信息遭到盗取。对于银行来说，网络银行的技术问题如何解决和提升将很大程度上影响它的发展，而且在网络银行的发展初期，服务端、交易系统、银行内部主机等也难免出现漏洞，所以基于银行自身利益，解决技术问题刻不容缓。作为一种网络技术和金融服务相结合的产物，网络银行如何高速发展也是管理层应重视的问题。

第三，道德风险。据统计，网络银行安全事故中出于员工疏忽的占57%，用户操作失误仅占5%。由此可知，如果加强了网络银行业务管理安全的监管，大部分的安全事故是可以避免的。如温州某银行副行长利用职务权力，采取收钱不入账的手段，骗取到20余名客户数千万元巨资。网络银行的道德风险主要包括内部员工利用职务之便内外勾结进行金融诈骗，使银行遭受财务损失，还包括内部职工故意不遵守工作流程，内部职工缺乏全面系统的管理制度约束，进而影响了整个系统的工作进程，使公司信誉下降。所以网络银行在管理方面的漏洞还是很大的，这也大大影响了网络银行的安全性。主要原因是由于内部员工对网络银行风险控制的认识不够，整个行业也没有引起足够的重视，加之监管不到位，才会使得金融业的道德风险频发。

二、网络银行的风险防范措施

针对上文提出的网络银行风险，本书从内部环境、风险评估、控制活动和内部监督与评价四个方面进行风险防控的探讨。

1.内部环境

第一，设立内部治理结构和权责分工。高级管理人员负责加强网络银行操作人员的道德建设，制定网络银行的战略规划和战略目标，并负责宏观掌控网络银行的管理和运营工作，树立正确的价值观；专业技术人员负责提高自身的技术水平，并定期进行网络系统维护和更新，开发安全性能更高的网络交易支付平台；普通员工自觉维护公司利益和财产，加强与客户之间的沟通，接受客户的投诉与建议，并及时处理由于系统失误造成的损失。同时设立监督机制，对网络银行工作人员的工作进行监督和考评。不同部门在职能上各司其职，工作上相互联系，共同促进网络银行的发展。

第二，树立网络银行文化。网络银行的文化是其经营战略的体现，也是促进网络银行发展，提高经济效益的关键。网络银行文化应该反映自身的特点，加强网络文化建设，培育员工积极向上、开拓创业的工作态度。同时由于现阶段网络银行的风险仍不容小觑，所以树立其自身文化不仅可以让员工明确自己的工作方向，形成良好的工作氛围，发掘互联网技术方面的人才，加强创新，还可以提升网络银行的形象，增加广大用户对网络银行的信心，提高网络银行的信誉，与客户建立长久的合作关系。

2.风险评估

第一，风险规避。网络银行的风险规避主要是应用安全的操作系统技术来保证网络系统的安全，维护用户利益。安全的操作系统不仅可以防范网络黑客利用操作系统本身的漏洞来攻击网络银行操作系统，而且还可以在一定程度上避免应用软件系统上的某些安全漏洞。同时也要加强计算机系统、网络设备、密钥等关键设备的安全防卫措施，并加强数据通信加密技术的应用。在网络银行的系统中，用户必须要输入用户密码，并经过身份认证系统的检测才能登录到网络银行账户中。同时为了规避网络病毒和黑客的攻击，必须建立完善的计算机病毒检测技术，并要求用户安装包含过滤技术的防火墙，以及病毒扫描等安全服务，营造良好的网络银行交易环境，进而规避风险。

第二，风险降低。我国网络银行的发展很不成熟，政府尚没有与之配套的法律、法规，许多有关网上交易的权利义务的规定不清晰，银行在业务拓展时无法可依，用户权利受到侵害时也缺乏相应的网络消费者权益保护管理规则，在网络诈骗和交易上受到欺骗等问题也找不到相关法律支持。所以国家应跟进网络银行的发展，制定相关的法律法规，将网络银行风险纳入法律体系中，维护互联网的稳定和安全，同时大力加强科技创新的步伐，开发新的高效杀毒软件和安全性能更高的网络银行操作系统。用户也应加强风险意识，与信誉好的银行签订协议，并选择安全的网络银行支付平台，以达到降低网络银行风险的目的。

3.控制活动

第一，内部控制制度的制定。金融业的舞弊行为大多是由于缺乏内部控制制度，所以网络银行领域应完善网络银行的内部控制制度。内部控制的核心其实也就是风险控制，所以对于网络银行的建设应从宏观上设立风险控制体系，包括授权审批控制、会计系统控制、财产保护控制、预算控制等。网络银行的内部运营应符合金融大局走势，并规范好职责范围和权限，不同部门和职能的员工应按照各自的程序完成相应工作，管理层应在授权范围内行使职能和承担责任，综合运用投资、筹资、财务等方面的信息，定期对网络银行的运营情况分析控制，发现存在的问题，查明原因并及时改正。对于重大的业务和事项，特别是将影响网络银行未来发展走向的，应当实行集体决策制度，切不可单独决策。

第二，道德建设。网络银行与普通银行相比，信贷活动更加难以控制，网上交易的弊端也大大存在，而信贷又需要一个比较长的时间才可以收回，这在客观上为内部员工的骗贷舞弊行为提供了可乘之机。而且技术上的疏漏难以避免，同时潜藏网络技术人员舞弊的风险。同时金融业还经常发生相关机构人员串通舞弊和泄露银行商业秘密和客户信息的案例，给网络银行的发展带来了巨大威胁。所以应该加强员工的职业道德建设，组织职业人员操守培训并制定员工的行为规范，营造出良好的工作氛围，使员工将网络银行的发展作为自己的职业奋斗目标。同时，制定出对网络银行员工的激励措施，对网络银行发展作出巨大贡献者，以及在系统开发方面有了重大突破者给予升职或奖励，对串通舞弊或是泄露客户资料以谋求自己利益者予以调岗或辞退。

4.内部监督与评价

内部监督是风险控制极其重要的一环，也是风险控制得到有效实施的保证，促进风险控制体系的完整性、合理性。网络银行安全离不开网络法规环境的支持，更离不开内部监督体系的确立。完善服务投诉机制，积极与客户沟通，发挥公众监督作用，有效的信息披露制度可以使用户对网络银行的运作状况充分了解，更能加强公众对网络银行的信心。确立内部监督体系，对不同部门的工作进行有效监督，防范作弊，强化内部控制意识，确保各项活动的合法合规性，为风险管理提供信息服务和决策支持，提高风险管理水平。

第二节　第三方支付风险特征与防控

一、第三方支付的风险特征

以支付宝为代表的第三方支付机构的出现，缓解了交易双方对彼此信用的猜疑，增强了网上购物的可信度，在一定程度上促进了电子商务的发展状况。但长期以来，第三方支付存在政策法规风险、金融风险和市场风险等风险隐患，亟需有效的风险防控。

1.政策法规风险

政策法规风险具体可以分为政策风险、主体资格风险及法律责任风险等。对于政策风险，随着国家对于第三方支付的相关法律法规如《非金融机构支付服务管理办法》等的出台，可以看出政府正在逐步为第三方支付创造良好的市场环境，体现出了一定的政策支持，但随着市场竞争的加剧以及监管力度的加强，第三方支付行业可能将面临着一系列的整顿和洗牌，未来不排除政策变动的可能。因此，从整体上来说第三方支付还是存在着一定的政策风险。

对于主体资格风险，我国对第三方支付的主体资格合法性在2010年之前一直存在着争议，主要是由于其处在金融业与网络运营业的"灰色地带"，即一方面从事着诸如货币的支付结算、具备资金储蓄性质的沉淀资金等类似银行的金融业务，另一方面又未得到银监会的批准，有违《商业银行法》的相关规定。而随着《非金融机构支付服务管理办法》及其实施细则的公布，尤其是支付牌照的发放，使得第三方支付的法律地位得到肯定，从而对于第三方支付来说，能否顺利取得支付牌照，获取相应的主体资格，就成为支付商首要考虑的资质风险，这种风险很可能给消费者和商家带来损失。

对于法律责任风险，由于第三方支付提供的服务主要依托于互联网，而且毕竟《非金融机构支付服务管理办法》的效力低于《商业银行法》，那么在复杂的网络环境中，一旦发生诸如用户支付资金的损失、欺诈或个人信息的泄露等纠纷时，法律责任的归属问题就比较难以界定，为此如何准确界定其中的网络合同效力、责任承担、诉讼范围等法律责任问题，保障用户及自身权益，就成为需要关注的又一风险。

2.金融风险

第三方支付作为互联网金融的重要组成部分，虽然其仍然属于非金融机构，但其提供的服务已经涉及金融领域，诸如货币的支付结算以及一定程度上存在着具备资金储蓄性质的沉淀资金等金融业务，其必然会具有类似于金融机构的相关金融风险，这种风险大部分出现在账户模式中，具体可分为沉淀资金风险、套现风险、洗钱风险、流动性风险等。

对于沉淀资金风险，由于第三方支付系统与传统的金融系统相比，资金停留在第三方支付账户中的时间更长，而且像支付宝这样拥有巨大市场交易额的企业，其沉淀资金量可是不容小觑的。据调查显示，截至2018年底，仅支付宝一家就处理了120多亿笔网络支付业务，其金额涉及3.5万亿元，可想而知其沉淀资金之多。另外对于支付宝沉淀资金的运用也一直是个敏感话题，其资金主要分散存管在全国各地各家各级银行，但实际上仍然很难掌握其总体规模及流向。对于整个第三方支付，如若其沉淀资金利用不当，比如投资失败，甚至是卷款潜逃等，其风险后果是难以估量的。

对于套现风险，在网上交易中，第三方支付平台为交易提供了技术性支持，可却无法保证交易的真实性，很有可能某些人会利用第三方支付账户如支付宝等，通过虚假交易来实现资金套现，比如信用卡套现。对于信用卡的提现，每家银行都会采取设置提现成本等措施进行控制，然而通过网上几乎免费的第三方支付平台，提现成本完全可以避开，尤其是自2014年12月以来，股市出现利好的情况下，更容易激发人们套现炒股的热情。而非法套现一方面无疑会增加个人的风险点，比如遇到资金诈骗、个人信息泄露导致信用卡被盗刷甚至影响个人征信等风险，另一方面也会增加银行信用卡业务的风险，给银行资金的安全性甚至整个金融体系的稳定性带来威胁。

对于洗钱风险，第三方支付参与网上交易后，原本的一次买卖交易变成实际意义上的两次，即买方与第三方支付机构、第三方支付机构与卖方，加上虚拟网络的隐蔽性，使得银行无法准确把握交易的真实性，对于资金流向的识别也会较困难。尤其是有些第三方支付账户可以随意注册，不需要实名认证，这就为网络洗钱、赌博及各种犯罪提供了便利，比如不法分子利用木马病毒、虚设交易等手段通过第三方支付窃取用户资金。而且随着第三方支付的跨国发展，更有可能发生资金的非法跨境流动，加大了洗钱风险。

对于流动性风险，主要是由于发生诸如前文所述的第三方支付沉淀资金运用不当、经营管理不善等问题，使得企业面临资金变现压力或是资金流失无法收回进而无法满足运营需要而产生的，这不仅会给第三方支付企业带来流动性风险，也会对第三方支付用户尤其是网上交易中的商家带来风险。

3.市场风险

市场风险是指由于市场价格水平波动引起的风险。市场风险经常包含流动性风险。第三方支付的市场风险是指由于第三方支付市场价格水平受第三方市场各因素变化影响而发生波动引起的风险。目前第三方支付的市场风险主要包括：银行拒绝合作的风险、客户流失的风险、潜在进入者的风险、替代品及其他企业竞争的风险、行业内现有企业的竞争风险。

第一，银行拒绝合作的风险。第三方支付是将其平台与各大银行连接起来，为客户提供方便、快捷、低成本支付服务的支付平台和工具。银行在第三方支付的存在与发展中起着至关重要的作用，第三方支付行业会因为银行的不予合作和拒绝提供网络接口而遭受致命的打击。

第二，客户流失的风险。第三方支付的客户是第三方支付平台的使用者。各第三方支付企业为了扩大市场份额，正经历着在价格上相互竞争，甚至采取免费策略的阶段。目前第三方支付企业与客户的议价能力有限，客户的忠诚度也不高，一旦第三方支付服务中出现失误则会导致大量的客户资源流失。

第三，潜在进入者的风险。目前，银行和部分有实力的电子商务企业已在开发自己的支付平台。这些企业的介入必然会给第三方支付带来威胁，所以第三方支付企业必须实现自身的创新和支付体系的完善以应付银行及电子商务企业的介入。

第四，替代品及其他企业竞争的风险。新一代跨行网上支付清算系统（即"超级网银"系统）在中国人民银行的牵头下正式上线。该系统和第三方支付服务具有相似的功能，可以为企业客户及个人客户提供全天24小时实时的资金跨行汇划、扣款、账户和账务询查等业务。另外，鉴于银行和电子商务公司的信誉度远高于第三方支付平台，银行及电子商务公司所提供的直接支付、邮局汇款、货到付款等服务将给新兴的第三方支付市场带来激烈的竞争。

第五，行业内现有企业的竞争风险。第三方支付行业内现有服务商较多，已超过400家，且出现严重同质化现象，同质化的产品和服务导致第三方支付行业"价格战"硝烟四起。激烈的竞争给第三方支付企业带来了很大的威胁，在挤压第三方支付市场有限盈利空间的同时引发了恶性竞争，对客户服务也造成了一定的影响。

4.信用风险

在第三方支付过程中，参与主体主要有买方、卖方、银行和第三方支付商。虽然由于第三方支付的介入弥补了交易过程中部分信用缺失的问题，但同时也带来了新的信用风险，根据主体不同，可分为买方违约风险、卖方违约风险、银行违约风险和支付商违约风险。

买方违约风险从交易过程看，主要涉及交易前的买方身份真实性、资金来源合法性等，交易中的虚假交易等违法违规操作以及交易后的单方面退货等问题，虽然买方违约不一定会造成卖方及支付商的资金损失，但无形中肯定会提高对方的运营成本，影响其声誉，导致客户流失等风险的发生。

卖方违约风险主要为在买方支付货款后，卖方未能按约定准时发送货物或货物质量有问题，从而导致损失的风险。这虽然不会造成买方货款的真实损失，但会使买方的时间成本、退货的物流费用等增加，而且也会使第三方支付商的运营成本增加。

银行违约风险一方面可能是由于银行员工的操作不当或失误，另一方面可能由于第三方支付的支付命令与银行系统的结算处理不同步或有误，从而导致一定的流动性风险，但是这种风险发生的概率通常较小。

支付商的违约风险主要体现在其内部的违规操作、挪用资金或管理不善，导致的诸如客户信息和交易数据等的泄露、资金运用不当如前文所述的沉淀资金风险，从而影响第三方支付本身的信用，甚至导致破产等风险的发生，这些都会给客户带来不必要的困扰，甚至引发巨大的经济损失。

5.技术及操作风险

技术风险主要体现在银行方面的结算接口系统、支付商的支付服务系统以及买卖双方的终端系统等方面，比如因为维护不当、系统不稳、病毒入侵等导致诸如电子设备、通讯系统等软硬件设施的故障，都将可能使得交易失败、数据泄露等风险的发生。

操作风险多是由于人为的错误或故意为之而导致的直接或间接的损失，比如用户方面由于疏忽大意导致操作失误，或是银行、支付商工作人员的故意、违规操作，或是操作系统或流程本身的不完善、失灵，这些都很有可能导致风险的发生，从而给交易中的参与主体带来损失。

二、第三方支付的风险防控

1.金融风险防控

第一，沉淀资金风险控制。《非金融机构支付服务管理办法》中对支付机构的沉淀资金做出了明确规定，禁止支付机构将不属于自身资产的该项资金挪作他用。为避免第三方支付机构挪用沉淀资金进行非法运营等操作，人民银行要严格要求其开设备付金专用账户，从而与其基本账户分开，并且这种备付金专用账户只能选择在一家银行开设，方便统一监管。另外托管银行要做好备付金账户的专业管理，最好针对具体客户做出明细分类账，切实核实查证每笔交易的真实性，杜绝第三方支付机构通过伪造交易等手段擅自挪用沉淀资金。针对资金托管的信息披露，如果按照基金托管半年或者一个季度报告的话是无法及时发现问题的，必须加强信息披露机制，托管银行可加快对于第三方支付机构沉淀资金报告的发布频率，最好能实现实时公开，而且应建立健全查询机制，使利益相关人可以实时查询资金状况。同时，人民银行还可以建立客户备付金保证金制度，通过对支付机构的动态监控，依据其组织规模、资金流动和信用评级等情况，要求其向人民银行缴纳一定比例的保证金，形成类似于保险的保障制度，从而保障用户的资金安全。

第二，开展落实反洗钱和反套现工作。基于前文所述的第三方支付的特殊交易机制，资金可以通过第三方支付在虚拟网络上方便自由快捷地流转，从而为洗钱者和套现者提供了可乘之机，比如网络赌博、信用卡非法套现等。为切实做好风险控制，必须将第三方支付机构纳入《反洗钱法》和反套现有关规定的监控范围，要求其严格执行反洗钱和反套现义务。通过建立并完善用户认证体系，对用户的真实身份进行严格审查，可联合全国公安系统对用户身份信息进行比对识别，严格审核其资格合法性和服务真实性，确保资金流动的可追踪性。同时要加强网上交易系统电子签名及交易记录的监测及审计工作，有效甄别洗钱及套现活动，对大额交易和可疑交易及时报告。监管部门和托管银行也应定期或不定期地进行资金流动监测审查，可通过物流公司的发货凭证和商家已售货的发票等来审查交易真实性，杜绝违法套现活动，另外，对于反洗钱和反套现的立法工作也要加强，研究制定更加细致明确的反洗钱和反套现规定，同时可加强国际反洗钱合作，交流信息、协调监管，严厉打击洗钱犯罪和套现行为。

第三，加强资金流动性监管。对于第三方支付流动性风险的控制，首要的就是对其沉淀资金的管理，严格把控沉淀资金的运用，这在前文已有所表述，严格区分支付机构自有资金与沉淀资金，加强对第三方支付机构的检查和审计，禁止将沉淀资金挪作他用，如违法违规投资等。另外，监管部门要严格设置第三方支付市场准入门槛，使得具有相当资金规模和一定信用、实力的机构进入市场，同时得以进入市场的第三方支付机构自身也要不断创新，寻找新的盈利点，积极开展一些增值业务，同银行积极开展合作的同时，也可以创新开发出一些银行尚未涉及的金融类新业务，提供差异化服务。同时支付机构自身最好也建立独立的风险管理部门，负责监管企业内部各项运作合规性，确保资金安全性、流动性。

2.市场风险控制

目前第三方支付的市场风险主要有银行拒绝合作的风险、客户流失的风险、潜在进入者的风险、替代品及其他企业竞争的风险、行业内现有企业的竞争风险以及流动性风险。针对目前存在的各种市场风险，第三方支付机构本身需实施以下各项措施来控制市场风险：（1）拓宽盈利渠道，提升服务质量；（2）加强产业链业务合作：第三方支付机构需不断创新技术、提高客户服务质量、增强自身优势、加强与银行的合作，并在银行未涉及的市场上，创新开发一些金融类新业务；（3）提供多元化服务：目前的第三方支付机构已不仅是一个支付通道，第三方支付行业的激烈竞争要求其必须丰富服务种类，拓展新的业务领域；（4）营销策略创新：第三方支付市场的同质化是导致第三方支付市场竞争激烈、屡现价格战的主要原因，故第三方支付机构在丰富其产品种类的同时还须创新其营销策略，以体现差异化优势。

3.信用风险控制

由于目前我国第三方支付市场的信用体系不够完善导致第三方支付市场的信用风险屡次发生，故第三方支付机构需不断完善自身与用户的信用，采用建立信用体系、构建内部反欺诈机制、使用欺诈监控机制的方法来降低自身的信用风险和反欺诈风险。

4.操作风险控制

在第三方支付市场中技术风险是操作风险很常见的一类，这类风险严重影响支付过程中的安全性，然而对于第三方支付机构来说规避技术风险是很困难的。第三方支付机构需不断加强企业本身的软硬件建设、加强商户及客户数据储存及传输、不断研发新的安全信息技术。

第三节 众筹的风险特征与防控

一、众筹融资的风险特征

众筹融资不同于一般意义上的融资，作为一种新生的事物，其不确定性更大，蕴藏着更大的风险，主要有法律风险、技术风险、信用风险和管理风险。

1.法律风险

对于预购行为的众筹行为在法律上是允许的，但是作为投资的众筹行为存在法律风险。众筹网站通过向投资人提供目标公司的增资扩股、股权转让等商业信息，促成投资人与目标公司股东签订增资扩股协议、股权转让协议或者其他协议，最终使投资人成为目标公司的新股东，投资人从事的是股权投资行为。因为资金来源于大众，对象不特定。根据法律规定，股份有限公司向不特定公众发行，必须要经过批准。众筹网站的行为有证券经纪的意味。根据中国法律规定，从事证券经纪业务需要得到中国证监会批准的特殊资质。

2.技术风险

技术风险主要指产品技术的不成熟、寿命不确定或持续创新能力不足等带来的产品难以获得市场竞争优势的风险。（1）产品技术不成熟。众筹项目有一部分是技术处于开发阶段或技术试验阶段，如果研发生产出来的产品无法达到预期的功能，或者产品的瑕疵多，项目的支持者将会蒙受损失。一个创意项目跟一个过硬的产品有本质的区别，如果把两者弄混，将是非常危险的。（2）技术标准缺乏。产品生产出来后，因为属于前沿性的高科技产品，缺乏鉴定的标准，支持者难以鉴定质量是否合格，会不会存在质量安全隐患。（3）技术寿命不确定。现代知识更新加速，科技发展日新月异，新技术的生命周期缩短，一项技术或产品被另一项更新的技术或产品所替代的时间是难以确定的。如果换代的时间提前出现，或者实力雄厚的企业率先研发生产出类似产品，发起人的项目价值将大为下降，支持者也有可能面临损失。

3.信用风险

在委托代理关系中，信息不对称与不确定性是在委托代理关系中产生道德风险的根源。项目支持者与项目发起人形成了委托代理关系，这种关系是基于网络社区建立起来的。美国著名数字预言家埃瑟·戴森曾经对此作出过论断，"数字化是一片崭新的疆土，可以释放出难以形容的生产能量，但它也可能成为恐怖主义者和江湖巨骗的工具，或是弥天大谎和恶意中伤的大本营。"由于网络社区真实与虚假并存，成员间人际关系脆弱，在利益的驱动下，网络水军、网络推手也可能介入到项目推广中，项目发起人与支持者之间的信息不对称与不确定性更加严重。在难以有效鉴定信息真实性和可靠性的情况下，支持者把资金委托给发起人，中间缺乏担保和监管制度，易产生道德风险。此外，众筹的资金来源主要是大众，对大众网友而言，他们往往缺乏对投资风险的预估，难以鉴定发起人是否真正具备专业的知识和能力来实现项目，项目是否具有真实性和合法性等，这无疑增加了项目发起人违约的可能性。对那些居心叵测的人来说，这种模式是有机可乘的，欺诈事件的发生也就防不胜防了。一些狡猾的企业家有很大的空子可以钻，他们可以通过成立虚假公司诱导没有经验的投资者投钱给他们。

4.管理风险

管理风险是指由于项目发起人因管理不当而给支持者造成损失的风险。（1）项目发起人的素质风险。作为项目的领头人，应具有敏锐的洞察力、高超的组织能力和果断的魄力。众筹项目很多发起人都是技术出身，具有技术专长，很少兼具领导才能。（2）组织风险。通过众筹网络社区，在短时间内获得大量订单，这需要迅速组建团队、建立内部管理制度来处理这些订单，并且与支持者保持良好的关系。一些项目发起人反映，通过众筹发布项目后，他们被许多额外的事情困扰，包括回复电子邮件，以及为资助者制作纪念T恤，这导致他们没有时间专心研发技术，最终导致项目失败。如果项目没有一个合理的组织结构，没有一个优秀的团队，没有一个有效的激励和约束机制，技术开发有可能受阻，项目有可能失败。

二、众筹的风险防控

1.完善投融资人资格审核，合理设置准入门槛

首先，对投资人的资格审核，众筹融资大大降低了公众参与的门槛，但是并没有改变投资风险。各国的股权众筹平台都设定了合乎法律或行业惯例的合格投资者准入门槛。如美国在法律上对年收入或者家庭净资产有要求；英国通过个人申报信息和在线问卷调查的方式来判别合格投资者。《中华人民共和国证券投资基金法》对合格投资者做了规定："达到规定资产规模或者收入水平，并且具备相应的风险识别能力和风险承担能力，其基金份额认购金额不低于规定限额的单位和个人。"这里对合格投资者规定了四项要求：收入上的要求，风险识别能力，风险承担能力的要求，认购金额上的要求。收入上，可借鉴不同地域的收入标准、工作标准和最低消费标准，对个人和机构投资者设定不同的标准，以求最大限度地保护投资人；风险识别能力上，应当从投资者的年龄、职业、投资经历来甄别其风险识别能力；风险承担能力上，主要是通过明确的风险提示和对收入的审核予以考量，但标准不宜过严，否则会影响投资者投资的空间和积极性；认购金额上，通过对投资者基金实力和风

险抵御能力进行有效的判断，避免一个项目的投资者过度分散，导致权利义务过于复杂而阻碍融资进程，以满足项目融资的现实需要。其次，可对众筹平台实施市场准入制度，可设置一定的条件，采取备案制或许可制，使符合条件的众筹平台从事众筹业务。再次，规定众筹发起人的资质与责任，为保证众筹项目的规范运作，应对众筹发起人作出严格的约束。最后，对众筹各个主体的权责作出明确规定，进一步强化和实施众筹过程监督。

2.通过第三方支付平台完善资金流管理

资金流的问题关系投资者资金的安全，也是投资者保护的一个重要方面。众筹平台必须是独立的平台，"自融"是众筹平台的禁区，众筹平台一旦与发起人产生关联，或者独立发起项目，就会与其他项目发起人产生直接或潜在的利益冲突，丧失自己的独立地位。美国"JOBS"法案的相关规定，众筹平台及其雇员不得以任何形式提供资金参与众筹项目。筹资者与投资者可以通过委托信任的银行或第三方平台进行资金的流转，众筹平台不经手资金的流向，也不提供资金，不直接介入投资者与筹资者之间的交易流程，只起到交易服务和辅助作用，并由项目发起人和支持者协商向托管方支付一定的管理费用，从而保障资金流的安全。

3.设置投资者冷静期，完善融资机制

在股权融资当中，传统金融市场有一套完整的程序，如尽职调查、信息披露、财务审计、股东大会等一套完整的程序来尽可能地帮助消费者减少投资风险，而众筹中所有环节均通过投资双方的直接交流来进行。投资者只能依赖自身的信息通道和以往经验做出判断。投资者最大的风险在于缺乏足够的信息来判别风险和定价风险，只拥有决定是否投资的权利，而设置冷静期将极大改变这一状况。冷静期是指设定一个固定期限，投资者将投资资金打入第三方托管账户后，在总体投资金额达到筹资者要求后的这个固定期限内，投资者都可以要求无理由的资金返还。冷静期的设置是为了在更大程度上保护弱势的投资者的利益，防止投资者因冲动投资带来的不利后果。在众筹融资，特别是股权众筹当中，设置投资者冷静期为缺乏相关领域投资经验而处于弱势地位的投资者提供特殊的保护。

第四节　网络贷款的风险特征与防控

一、P2P网络贷款的风险特征

P2P借贷模式，是由孟加拉国穆罕默德·尤努斯教授首创，将小额闲散资金集中起来贷给有资金需求的人的一种商业模式。随着互联网的发展普及，P2P借贷由单一的线下模式，发展成线上线下并行，最终形成现在的P2P网络借贷平台。当前，我国

P2P行业在传统模式的基础上演变出了多种具有中国特色的运营模式，相对传统的模式甚至产生了很大的异化，这使得P2P的内部风险管理变得更加复杂。

1.信用风险

第一，来自借款人的信用风险。信用风险即违约风险，是借款人无法按时还本付息的风险。相对于线下的民间金融而言，网络交易的虚拟性导致很难认证借款人的真实信息，由于缺乏抵押和担保，使其信用风险明显高于其他正规金融机构。网络平台是一种基于网络的个人对个人小额信贷创新模式，其信用风险表现在两个方面：一方面，借款人和贷款人之间信息不对称程度较大，借款人因为各种原因出现违约的可能性总是存在的；另一方面，整个借贷行业会因为经济发展的周期性波动而面临周期性信用风险。

P2P网络借贷存在着严重的信息不对称问题。网络借贷平台兴起很重要的原因是由于已有的金融机构对于中小企业等弱势群体的金融排斥，而网络借贷的低门槛则使得在金融机构借不到款的弱势群体能够得到金融服务。因此，P2P借贷中的借款人一般自有资本数量不足，不能保证稳定的还款来源；或者信息不透明，不能提供让银行相信其可以长期稳定经营的信息，只能通过其他途径获得融资。这类借款人更容易在面对个人理性和集体理性的冲突，无力偿还借款或者面对高风险高收益诱惑时而发生违约。另外，与欧美发达国家相比，我国个人信用体系的构建尚且不完善，网络借贷平台并没有与征信管理局实现个人信用信息的共享，无法像银行一样登录征信系统了解借款人资信情况。同时，平台信用评级手段有限，风控体系脆弱，虽然可以通过电话、网络等渠道调查，但难以得到借款人的信用、经营状况及贷款用途等信息。与银行体系成熟的风险考核指标比，平台没有标准的风险考核体系，贷款人承担很大的逆向选择风险和道德风险。

逆向选择风险指的是借款人为获得贷款，隐藏对自己不利的信息，甚至提供虚假信息，使贷款投向风险大的借款人。可行项目的预期收益率越高，风险越高，而没有抵押担保的借款人更愿意利用较高的平台借贷成本借款去冒险投资。因而，高风险借款人可能会把低风险、信用状况较好的借款人挤出市场。道德风险指当贷款人发放贷款后，借款人可能不按合同约定使用资金，或从事高风险投资导致贷款因无法归还而违约。当借款人在贷款人不知情的情况下从事高风险经营时，经营成功时，借款人获得高收益而贷款人不会有任何增加的收益；经营不成功，损失极有可能由贷款人承担。

第二，来自网络借贷平台的信用风险。除了借款人信用体系不完善外，网络借贷公司本身也具有一定的信用风险。平台信用评级手段有限，风控体系脆弱。由于我国信用评价体系不健全，平台无法像银行一样登录征信系统了解借款人的资信情况并进行有效的贷后管理。目前国内主要依靠的信息调查技术手段，包括与公安部系统联网的身份认证、与教育部系统联网的学历认证、与移动电信等运营商合作的用户认证及视频、地址等。但身份资料和借款人用途仅通过网络验证并不可靠，有可能出现冒用他人材料，一人注册多个账户骗取贷款的情况。与银行体系的不良贷款率、贷存比、资本充足率等成熟的风险考核指标相比，平台没有一个标准的风险考核体系。

网络借贷平台是借助于网络的中介，借贷过程中要完成资金的周转，但是其资金托管并不规范，由于资金规模有限，几乎没有银行愿意提供托管服务。很多网贷经营者利用第三方支付平台进行资金的周转或是利用经营者个人账户完成周转。如果资金在周转过程中经过经营者个人账户，那么平台经营者将在多笔资金的来往中形成一笔相对稳定的账户内资金。这样，平台经营者通过虚拟账户和在途资金，可能会将大量的客户滞留资金用于高风险投资。一旦失败，贷款的资金链会断裂，波及一大批平台客户；更有甚者，平台经营者对于账户内资金的操作还可能涉及洗钱、套现等非法活动，造成更大的风险。

2.操作风险

第一，利用网络贷款进行合同诈骗。网络贷款中存在借款人进行诈骗的高风险。因为网络贷款的一大特点是利用便捷的互联网运作借贷业务，特别是单纯中介型以线上业务为主的网络贷款平台，这导致了交易对方难以了解借款人提供的信息真实与否，贷款平台的信息收集仅有赖于借款人提供的信息，其可能利用虚假身份作为借款人发出贷款申请；还有可能借款人身份信息虽然是真实的，但是资金用途是虚假的，例如商业计划书是虚假的，在计划书中宣称自己即将从事的商业活动能够还款，但其实却在高消费。

借款人可能利用网络贷款进行诈骗，以非法占有为目的，在签订、履行合同过程中，以虚构的个人或者冒用他人名义签订合同、以虚假的资料证明自己的财务状况、收到借款人资金后逃匿等。

而采用第三方支付平台则可能造成部分恶意创办的网贷平台利用管理不严的资金托管机构进行欺诈。这也是淘金贷诈骗案发生的原因。在该案件中，环讯支付和淘金贷的合作模式属于直接支取服务，即淘金贷在环讯支付设立一个资金账户，投资人直接将资金打入淘金贷在环讯的账户，后来发生了经营者卷款跑路事件。

第二，借新债还旧债。目前，中国网络贷款平台众多，但信息联系与共享机制尚未很好地建立起来，且网络贷款通过网络进行审核交易，十分迅捷便利，这使得借款人可以轻而易举地实施借新债还旧债，从一个网络贷款平台借款后，再通过另一个网络贷款平台借款来偿还前债，风险也随之急速扩散。借款人不断以新借款来偿还旧债，其中存在诸多风险。一是借款人以自己能借到新款作为偿还旧债的一个保证，一旦无法筹得新款，其资金链就会中断，违约风险就会暴露；二是在这种模式下，若借款人所借资金数额庞大或者有众多借款人同时实施该行为，其蕴藏风险将成倍剧增，可能会牵连多家网络贷款平台，加剧行业内部风险。

3.业务管理风险

网络贷款这种新型业务在管理和运营过程中的风险也不能小觑。第一，由于网络借贷需要大量实名认证，借款人的身份信息及诸多重要资料留存网上，一旦网站的保密技术被破解，资料泄露可能会给借贷双方带来重大损失。第二，目前这些贷款平台都自行设计了审核和风险管理机制，其本身可能因为实力、技术、能力、资源有限等原因存在诸多漏洞，如其无法像银行一样登录征信系统了解借款人资信情况等。若放贷金额达到相当水平，风险控制不严，后果将十分严重，甚至影响社会稳定。第三，国内网络贷款平台的相当部分工作人员未受到金融专业培训，而银行在放这类贷款时，有着完整的授信评级、信贷管理程序和系统，而且放贷人员必须经过专业的培训才能走上信贷岗位。网络借贷公司也有审核人员，比如人人贷打出"拥有一套科学有效的信用审核标准和方法"的口号，但有人认为，这只是在模仿银行，实际上审核人员的专业素质很难达到风险控制的要求。

4.市场与政策风险

网络借贷平台的市场风险主要体现在高杠杆导致的坏账和利率波动导致的不良贷款上。

另外，作为经营货币的公司，网络借贷平台对利率的波动会十分敏感。当货币政策从紧，利率水平上升时，借款人从银行借款的难度增大，转向网络借贷平台，借贷业务规模会迅速增大，呈现逆周期增长的特点。但是当货币政策过于紧缩时，虽然业务规模大，但是此时实体经济会受到冲击，企业或个人收入减少，违约概率升高，平台的不良贷款会增加，甚至引发流动性风险。

政策风险主要是体现在宏观政策效果可能被弱化的风险。网络借贷公司虽然属于信息中介公司，但是由于其中介对象是资金，具备一定的银行业金融机构属性，但是由于资金运作游离于银监会及人民银行监控之外，银监会和人民银行无从掌握网络借贷资金数量、投向及运营情况。随着网络借贷公司业务不断发展，资金规模越来越大，当达到一定规模之后，由于大量资金在银监会和人民银行统计范围之外，银监会和人民银行根据不完整的金融统计数据制定的宏观调控政策效果可能被削弱。例如在国家对房地产以及"两高一剩"行业调控政策趋紧的背景下，民间资金可能通过网络借贷平台流入限制性行业，与国家政策相悖，从而就大大减弱调控效应。

二、网络贷款的风险防控

1.P2P网络贷款平台应该建立合适高效的风险控制

体系良好的风险控制体系可以实现风险的分散和控制，从而达到降低风险的目的。就P2P网络贷款平台来说，第一，应该建立适当的盈利模式，保障持续经营的现金流，尽量避免风险巨大的资金错配；第二，应该根据平台的盈利模式建立合适的风险控制系统，从而达到保护投资者资金安全，吸引投资者放贷，最终盈利的良性循环；第三，P2P网络贷款平台应该加强对借款人的征信审查手段，根据客户征信等级的不同设置不同的贷款额度条件，从而降低风险；第四，通过实名认证建立个人资信管理系统，并且应该积极谋求行业信息共享，和银行征信系统对接，从而降低整个行业的风险；第五，应该强化交易流程的严谨性，投资者账号应与个人身份证、银行卡、手机号实行绑定，并且通过U盾等IT技术防控木马风险，尽可能地保障投资者资金安全。

2.行业应该建立自律组织

首先，P2P网络贷款平台应该在政府指导下建立行业联盟，规范行业行为以及收费标准，拒绝恶性竞争，促进行业良性发展；其次，行业联盟成员应该在客户资信方面进行共享，设立行业内的黑名单制度，从而降低各平台坏账的发生；最后，行业联盟与应与第三方机构合作，建立一个司法求助机构，解决行业内企业纠纷，帮助投资者求偿求助，防止影响金融稳定和社会稳定的不良事件发生。

3.投资者应该强化风险意识和自我权益保护意识

投资者是P2P网络贷款平台的核心，也是风险最终的承担者，并且由于信息不对称，是行业中最弱势的一方。投资者在对平台项目进行投资时，要强化风险意识和自我权益的保护意识。第一，投资者应该分析自己的财务状况和风险承受能力，利用小额闲散资金进行投资，并且应该把资金分散到多个平台，切不可因为平台高额的收益盲目地跟风投资，一旦平台倒闭将血本无归；第二，投资者应该选择知名度高，比较成熟的平台进行投资，投资前应该确认平台的合法性和正规性，是否取得相应牌照等；第三，如果闲散资金比较大，最好进行保本的有担保项目投资；第四，投资者应该认真学习网络诈骗的相关案例和知识，要有能力甄别冒牌网址和冒牌链接；第五，投资者应该注意个人的账户信息安全，不定期更换复杂的数字、字母、符号的组合密码，不要轻信钓鱼网站的链接，不要安装来路不明的软件，定期杀毒保障电脑的安全。

第八章　我国绿色金融发展创新模式

绿色金融是指金融部门把环境保护这一基本国策作为自己的一项基本政策，通过金融业务的运作来体现"可持续发展"战略，从而促进环境资源保护与经济协调发展，并以此来实现金融可持续发展的一种金融营运战略。

第一节　我国制造业的发展战略目标

任何一个国家的强大都离不开其产业的强大，尤其是制造业的强大。无论今后科学技术怎样进步，发展先进的制造业将是人类社会永恒的主题。制造业也将永远是人类社会的"首席产业"。在过去20世纪中，制造业给美国、日本、欧洲带来了巨大的经济发展和市场繁荣。

一、制造业的定义及分类

21世纪的世界制造业正在进行着一场深刻的战略性重组，美国、欧洲和日本等制造业发达国家在努力保持本国高新技术垄断地位的同时，正以降低本国生产成本和提高市场竞争力为最终目标，在全球范围内进行着新一轮制造业资源的优化配置。中国的巨大市场和廉价劳动力，已经成为世界制造业大规模转移和抢滩登陆的一个重要市场，中国制造业也同样面临着巨大的机遇和挑战。在全球经济一体化和知识经济日益壮大的21世纪，在我国入世后的今天，制造业将处在一个什么位置上；中国的制造业又将如何加快改革、调整结构、加强技术创新、面向市场以适应我国经济和社会发展对制造业的巨大需求；中国制造业本身又将如何发挥已有存量的巨大潜力并不断形成新的经济增长点；如何进军国际市场，在激烈的竞争态势中赢得我们应有的份额。这些都是大家共同关心的问题和我国目前迫切需要解决的问题，是贯彻落实党的十九大精神，走新型化工业道路所要解决的问题。

（一）制造业的定义

制造业是对采掘工业和农业所生产的原材料进行加工或再加工，以及对零部件进行装配的工业的总称，即以经过人类劳动生产的产品作为劳动对象的工业制造业，在国外是个广义的概念，包括所有生产人造物品的行业，小到药品、饼干、家电、服装，大到汽车、飞机、轮船等都属于人造物品。像采矿业、石油开采和建筑业等，虽是工业的重要组成部分，但不能算作制造业，因为它们的产品不是人造物品，而是自然界已有的天然物质。以服务为特征的第三产业更不能算作制造业。

（二）制造业的分类

制造业一般有消费品制造业和资本品制造业、轻型制造业和重型制造业、民用制造业和军工制造业、传统制造业和现代制造业之分，其中装备制造业越来越重要。

1.按制造业的性质划分

制造业分为两大类：一是直接对采掘工业的产品进行加工，其产品仍作为原材料使用，亦即原材料工业，如冶金工业中的冶炼业，炼油工业、水泥工业及一部分化学工业等；二是对原材料工业、农业以及经过初步加工的采掘业的产品再进行加工、制造各种工业制品，即加工工业，主要包括机械加工业、电子工业、食品工业、服装工业家具工业等。

从1985年起，中国正式确定了制造业的行业分类，共31类；食品制造业，饮料制造业，烟草加工业，饲料工业，纺织工业，缝纫业，皮革，毛皮及其制品业，木材加工及竹、藤、棕、草制品业，家具制品业，造纸及纸制品业，印刷业，文教体育用品制造业，工艺美术品制造业，电力、蒸汽、热水生产和供应业，石油加工业，炼焦、煤气及煤制品业，化学工业，医药工业，化学纤维工业，橡胶制品业，塑料制品业，建筑材料及其他金属矿物制品业，黑色金属冶炼

及压延加工业，金属制品业，机械工业，交通运输设备制造业，电气机械及器材制造业，电子及通信设备制造业，仪器仪表及其他计量器具制造业，其他制造业。参照联合国颁布的国际标准产业分类系列，在31类下又分189个小类和491个细类。

2.按劳动、资金、技术和知识四要素的相对重要性大小进行分类

表8-1 世界制造业大致可分五个不同层次

层次	企业类型	特点	例子
1	资源密集型	主要是将资源直接作为企业产品，或者对资源进行粗加工后作为产品	矿厂
2	劳动密集型	由普通的设备和流水线加上简单劳动所构成，以生产一般零部件和简单的产品组装为主	我国沿海地区的来料加工和组装企业
3	资金密集型	由高度自动化的、复杂昂贵设备加上简单劳动所构成，以生产大批量的关键零部件或进行大批量的复杂产品组装为主	汽车整机厂
4	技术密集型	由技术型工人和技术人员加上一些精密仪器和工具所构成，以制造和装配精密产品为主	高精度机床的装配生产
5	知识密集型	由创新型设计人员加上信息技术，以及一些精密仪器和工具所构成，以开发设计复杂产品和控制软件为主	工业控制系统研制企业

在知识经济时代，知识密集型产业和技术密集型产业将成为创造社会财富的主要形式。但资源密集型产业、劳动密集型产业和资金密集型产业依然存在，同时，这些产业中的知识含量将显著增加。这里的知识指的是科学知识，技术指的是经验性的、技巧性的技术，后者也可视为是一种知识。知识密集型产业与技术密集型产业的区别主要是前者更强调技术创新，后者更注重技术的精湛。

3.按技术含量和水平划分

经济合作与发展组织（OECD）根据 1980～1995 年期间，产品研究开发（R&D）密集度（R&D经费对总产值的比率）的高低和产品的技术含量，将所属10个工业发达国家的21类制造行业分为四类，如表8-2所示：

表8-2　10个工业发达国家的21类制造行业分为四类

产业类型	实例
高技术产业	航天航空、计算机与办公设备、电子和通信设备和制药
中高技术产业	科学仪器、电子机械、自动车辆、化工制品和非电子类机械
中低技术产业	船舶，橡胶与塑料设备、其他运输设备，石材、粘土和玻璃制品、有色金属制品，其他制造、金属制品等
低技术产业	炼油、钢铁制品、造纸及印刷、纺织和制衣、木制品和家具等

高技术产业可视为知识密集型产业。高技术产业不是一成不变的，今天的高技术产业可能变成明天的中技术产业，今天的低技术产业也可能变成明天的高技术产业，但各产业的技术含量总是在不断增加，企业资助研究与开发（R&D）的比例在增大，高学历毕业生在企业就职的比例在急剧上升，越来越多的企业有自己的研究基地甚至大学，科学知识和技术知识的差别越来越小，探索技术上的解决方法已成为新的科学问题和答案的有效来源。

二、制造业与其他产业的关系

我国制造业的发展水平远落后于发达的工业化国家，我们还需要很长时间大力发展制造业，提高制造业水平以弥补这个差距。

（一）制造业与农业

农业是国民经济的基础，发展高产、优质、高效农业之路、是农业发展的根本出路。而"两高一优"农业的核心就是要完成农业增长方式向集约型的转变，实现这个转变的关键是靠农业科学技术的推广和应用。而科学技术的应用又主要依附于制造业的发展，先进的农用设备需要制造业来提供。只有制造业水平的提高，才能为农业提供更为先进的生产方式，才能促使农业的现代化发展。

另一方面，农业水平提高后需要大量的制造业产品，如农机、化肥和农药等这为制造业提供了巨大的市场空间，也推动制造业不断地前进。由此可见，制造业水平的提高对农业发展具有重要的意义，而农业的发展又促进了制造业水平的提高，二者是相辅相成的。

（二）制造业与服务业

制造业是服务业的基础，在知识经济中，服务产业将占越来越重要的地位。美国服务部门创造的产值包括运输、销售、教育、医疗和信息及其他服务行业的产值，占美国国内生产总值的3/4，它提供的就业岗位占总数的80% 此处的服务行业是指第三产业，而农业、林业，矿产业等是第一产业，第二产业中除采掘业和建筑业等外主要是制造业。

尽管服务业发展迅速，但是它仍离不开制造业。服务业的发展需要制造业为其提供物资基础和市场：首先，从产品价值链分析，制造业是产品增值的关键，服务业中的各种服务通过制造业才能使产品增值，因为它需要依附于制造业为其服务提供设备，现代的服务更是需要高效的制造业为它提供先进、多功能、高科技的设备，例如电子商务首先就离不开计算机和网络设备的支持。其次，城市金融、保险等现代服务业的发展是以制造业为服务对象，它们为制造业建设提供资金和保险服务。超越制造业规模和实际需求的服务业是不可能实现自我循环的发展方式。世界上除极少数国家由于有利的地理环境而在旅游、转口贸易和金融等方面得到很大好处外，大多数工业化国家无不靠领先的制造业，使国家在市场和制造全球化中获得丰厚的利润。通过利润的再分配，使本国的服务业得到迅速发展，使人们的生活水平普遍提高。第三，制造业提供的购买力高低决定了第三产业发展的空间，制造业从业人员收入大幅下降必然导致社会购买力下降，从而出现所谓的"生产过剩""需求不足"，制约了服务业的发展。反过来，服务业的发展又促使了制造业的高速发展，服务业的发展将为制造业提供更广阔的市场空间。

（三）制造业与信息业

党明确提出了坚持以信息化带动工业化，以工业化促进信息化，走出一条科技含量高、经济效益好、资源消耗低、环境污染少、人力资源优势得到充分发挥的新型工业化路子。这就意味着信息产业在我国具有更加广阔的发展前景。

根据北美行业分类系统的定义，信息业是指那些将信息转变成商品的行业，包括：生产和分发信息及文化产品的行业；提供传递或分发这些产品以及数据或通信方法的行业；处理数据的行业。按照这种定义，信息业下分4个行业：出版业、电影和录音业、广播电视和通信行业、信息服务和数据处理服务行业。也就是说，它包括了软件、数据库、卫星通信、寻呼、移动电话和其他无线通信、在线信息及其他信息服务，也包括了传媒的报纸、书刊的出版、电影、音像出版、甚至图书馆等行业。

信息业的发展与制造业息息相关，信息业的发展并没有降低制造业在经济发展中的地位。大规模集成电路的制造，甚至包括卫星在内的通信设备的制造，都离不开发达的制造业。因而工业化国家的信息化并没有脱离其制造业的物质生产，而是提高了制造业生产过程的知识含量，也就是技术因素大大提高。信息业的服务宗旨除了改善人们的通信、娱乐外，很大部分是为制造业服务。例如：汽车业的发展对计算机制造业和软件业的发展有重要意义，高级轿车上装有7至10个以上的计算机。美国最大的计算机生产厂商不是IBM，而是通用汽车公司。美国计算机总产量的60%以上是汽车用计算机。另外，从各种计算机辅助设计和制造软件到企业局域网和广域网的建设，信息业发挥了巨大的作用，深刻地改变了制造业的面貌，促进了制造业的发展，使制造业继续发挥基础工业的作用，并从中获取高额利润，在美国，由于广泛实现了生产自动化，目前制造业产值的40.4%来自信息产品的附加值。信息技术与制造业的关系是一种相互依赖、高度融合、相互促进的关系。

（四）制造业与高技术产业

按照经合组织建议的标准，高技术产业包括航天航空、计算机、办公机械、电子通信和制药产业。经合组织是按研究开发（R&D）的含量对产业进行分类的。见表8-3：

表8-3经合组织是按研究开发（R&D）的含量对产业分类

R&D的含量	产业
<1%	低技术产业
1%～3%	中技术产业
>3%	高技术产业

高技术产业一部分属于服务业及其他，如软件业、咨询业等，另有一部分属于制造业，如计算机、通信设备、航空航天、新材料等等的制造。提出的北美行业分类系统（NAICS）中，在制造业的分类中专门列出了一个计算机和电子产品制造行业。它包括了计算机、计算机外围设备、通信设备、类似的电子产品以及这些产品的元件等的生产。高技术产业的一部分属于制造业，它并不是完全独立于制造业之外的。高技术产业是制造业中技术含量比较高、更新比较快、效益比较好、利润比较高的产业。高技术产业需要有高投入，而较高的开发投入是来自于较高的工业增加值，工业增加值包括工资、折旧、税收、利润。

既然高技术产业不是独立于制造业之外的，在这里我们就强调制造业与高新技术本身的联系。首先，制造业的发展对高新技术起着基础性作用。一方面，没有制造业水平的同步跟进，高新技术研究会受到阻碍，研究成果的产业化也会受到限制；另一方面，制造业为高新技术提供巨大的应用市场，是高新技术的发展动力。制造业凭借多年积累的机制和广大的市场，借助于高新技术的提升改造作用，是最容易体现高新技术的效益的领域，对高新技术的吸收、应用，可以加速制造业的发展，而为了更好地吸收高技术，必须加速制造业的发展，如果制造业水平无法跟进，必然妨碍高新技术的应用。其次，高新技术又对制造业起着提升的作用。一方面，高新技术改进了制造业的生产工艺、生产设备、提供了性能更佳的原材料，从而提高了制造业产品的质量，降低了生产成本，提高了产品的技术含量，获得竞争中的优势。另一方面，高新技术提高了制造业的总体水平，促进制造业分化，取代了部分落后的传统的制造业，带动了制造业产业结构优化升级。可见，高新技术与制造业是互动发展，高技术产业的发展离不开工业的发展，离不开制造业的强盛，而制造业的发展本身就是高技术产业发展的过程，不能将发展高技术产业与发展制造业割裂开来。

我国一直主张发展的"高技术产业"并没有形成规模，其根本原因就是缺乏一个复杂的、多样化的、技术先进的制造业体系的支持。如果一个国家的主要机电设备和技术含量较高的中间产品依靠进口，这样的制造业体系使"高技术产业"永远发展不起来，如果中国没有形成像美国、日本和德国相类似的制造业生产能力，要构建高技术产业无疑是"空中楼阁"。

制造业它仍占有很重要的地位，仍然是整个经济的物质基础。农业、服务业的设备需要制造业提供，信息业和高技术产业的发展也需要制造业这一载体和基础，制造业是经济发展必不可少的基石。无论今后科学技术怎样进步，发展先进的制造业将是人类社会永恒的主题，制造业也将是人类社会的"首席产业"。

三、制造业在经济发展中的作用

制造业是实现工业化、现代化的水之源、木之本。世界主要发达国家诸如美国、日本、德国、法国、意大利和英国等，其综合国力之所以强大，最重要的特征就是拥有世界一流的制造业。因此，是否具有高度发达的制造业已成为衡量一个国家综合国力是否强大的最重要的标志。

（一）从世界范围看制造业的作用

1.制造业是对国民收入贡献最大的产业

在行将率先进入知识经济的工业发达国家中，汽车制造业、航空制造业等依然是支柱工业，而信息技术的发展又使得制造业的生产效率大幅度地提高。尽管制造业的人数逐年下降，其产值在国民经济总值中的比例也逐年下降，但制造业依然是社会财富的主要来源。

制造业不仅通过其直接的产品销售对国内生产总值做出贡献，而且通过对中间产品、原材料、服务等的需求，刺激了整个经济的发展把这些因素加起来，制造业占整个经济的比重大大超过它的直接贡献。比如在美国，制造业占经济的实际比重大大超过制造业占整个产业的比重的25%。在世界制造业产生巨大反响的"改变世界的机器"书的作者在该书的第一句话是："一个国家要生活得好，首先必须生产得好。"可见，制造业在国民经济中的重要作用。

2.制造业是知识经济的重要支柱，是国家综合经济实力的重要体现制造业并不是夕阳工业，它在信息革命前就已存在，人们的衣食住行用都离不开制造业的发展。从"衣"来说人类需要制造业提供各类服装和纺织品。从"食"来说，人类需要制造业向农业提供化肥、农药和各种农产品加工设备。从"住"来说，人类需要制造业提供钢材、水泥等建筑材料。从"行"来说，需要制造业提供飞机、汽车、轮船、火车等各种运输工具。从"用"来说，需要制造业提供各类日用消费品。可见，人类对制造业依赖程度很大。在知识经济时代，制造业将注入大量的高新技术而焕然一新并仍然发挥作用。所以说"只有夕阳产品和技术，没有夕阳产业"。伴随着制造业的提升和高技术制造业的出现，制造业仍将是一个国家经济的原动力，是知识经济的重要支柱，制造业绝不会成为夕阳工业。

制造业不但不是夕阳工业，它更是知识经济的载体和高新技术发展的动力。知识经济是将知识作为一种生产要素并在社会再生产过程中起主导作用的经济。知识经济不能独立于工业经济之外存在，它必须以制造业提供的物质产品为基础，因而制造业是技术的载体和转化的媒体。信息技术、核技术、空间技术、激光技术、生物技术等领域实现的重大突破，无一不是通过制造业这个载体和媒介，才创造出像电子计算机、电视机、基因产品、光导纤维等一些前所未有的崭新产品，深刻的改变了人类的生产方式、生活方式甚至思维方式

制造业并不等同于传统产业，制造业不仅包括高新技术的内涵，同时更是高新技术发展的动力。近年来，随着科学技术特别是电子信息技术的飞速发展，制造业的生产技术和生产方式也发生了巨大的变革。一是先进的制造技术创造了更先进的生产方式和更高的生产效率。二是先进的制造技术正在对传统的制造技术进行着系统的改造。传统制造业既是高新技术发展的物质技术基础，同时也为高新技术产业的发展提供市场和动力。在全球经济一体化竞争的推动下，传统制造业正在不断地吸收着电子、信息、材料、能源以及现代化管理等领域的最新技术成果，使传统制造业的技术水平和生产效率发生着日新月异的变化。高度发达的制造业和先进的制造技术，已经成为衡量一个国家综合经济实力和科技水平的最重要标志，成为一个国家在竞争激烈的国际市场获胜的关键因素。

3.制造业是解决就业问题的一个重要部门

制造业对就业的贡献有两个方面：一是制造业自身创造的就业机会，二是制造业的发展促进服务业的增长，从而增加第三产业的就业机会。除了制造业本身提供

的就业机会，服务业的就业潜力同样依赖于制造业的发展水平。技术密集型制造业的带动，可使得具有高劳动生产率的制造业部门的劳动力收入大幅度提高，从而形成对消费品市场的新需求，促进服务业的巨大增长，拉动第三产业的就业率上升。如果制造业上不去，第三产业也不可能吸纳更多的劳动力。世界经济发展的历史表明，第三产业将会吸纳越来越多的生产力，但是制造业仍然是解决就业矛盾的一个重要领域，而且制造业的发展水平直接关系到第三产业的发展。

4.制造业是实现国家现代化的保障和国家经济安全的基础

放眼世界，发展制造业始终是振兴经济、实现现代化的最佳路径谁抓住了制造业谁就抢得先机，就能在国际竞争中领导群雄。现代化包括农业现代化、工业现代化、国防现代化、科学技术现代化，这四个现代化构成国家整个现代化。农业现代化，在一定程度上是个农业工业化问题，它需要制造业来提供大量装备和生产资料。工业现代化就是工业本身要大大提高，包括产品质量和生产工艺装备，这些都需要制造业来支持。国防现代化所需要的大量现代化的武器、军事装备更是离不开制造业，特别在武器方面，如果说日常的民用装备还可以从国外买的话，那么武器相当大程度上要靠本国自己来做，这就迫切需要工业、制造业来支持它的发展。科学技术现代化，很大程度上体现在工业科学技术方面，同时现代科学技术的很多手段，如仪器、仪表、大型装置等也需要制造业来提供。同时依附于现代制造业的科学技术通过与信息科学、材料科学、管理科学和生物科学的交叉融合，成为现代先进的制造技术。它对于保障国防现代化具有重要意义，"没有先进制造技术，火箭、导弹无法上天，超大规模集成电路无法制作。"

（二）制造业在我国经济发展中的作用

中国制造业是新中国建国以来经济空前发展的主要贡献者，没有中国制造业的发展就没有今天中国人民的现代物质文明。中国制造业作为中国人民衣食住行可享用产品的载体和国家安全所需产品的提供者，是任何时候都撇不开的产业，没有制造能力的民族是没有竞争能力的民族，是不能抵御外来侵略而任人宰割的民族，百年屈辱的历史正是有力的佐证，制造业的兴衰不只是制造业的大事，而且是关系到国家的国际竞争力和国家安全的大事。

中国是一个后发国家，工业化的进程还远未完成，人们衣食住行的要求远未得到满足，甚至农业经济的历史使命尚未完成，少部分人民的温饱问题还没有得到解决。在此背景下，对传统产业的作用评价，对产业所谓的"朝""夕"划分，应依国情有所区别，中国制造业在我国并非夕阳产业。

1.制造业是国民经济的物质基础和产业主体

制造业拥有最为庞大的产业体系，我国社会经济活动划分为门类，大类，中类和小类四个等级。制造业是16个门类之一，并分别占全部大中小类的33%、46%、

64%，仅次于美、日、德、排世界第四位。

2.制造业是解决我国就业问题的重要部门

制造业是吸纳农村剩余劳动力的主力，中国现代化的进程取决于农村剩余劳动力转移的速度，就业问题是中国政治和经济问题中始终不能回避的一个难点。

3.制造业的发展是我国经济结构转型的基础

发展中国家的经济结构转变大体上可分为三个阶段：第一阶段，农业占主导地位；第二阶段经济结构重心转向制造业，制造业对经济增长贡献提高；发展到第三阶段后，制造业产品的极大丰富将促进服务业的发展，服务业将成为经济增长的主要贡献者。

提高和发展我国制造业具有十分重要的战略意义和现实意义。制造业在工业化过程中起着主导作用，是其他任何产业不可替代的，农业和国防现代化离不开制造业的发展，科学技术现代化同样离不开制造业的发展。制造业不仅是经济和社会发展的物质基础，还是我国国民素质从农业小生产状态向工业文明演进的物质基础。那种认为现在在我国已进入新的经济时期。制造业已成为夕阳产业可不予重视的观点和非物质经济已成为主导的提法是完全没有根据的。无论是接踵而来的信息时代还是知识时代，制造业都必将在汲取时代营养的基础上成为下个百年展示人类进步的繁荣产业。21世纪不但是信息的世纪、知识的世纪，而更将是一个制造的世纪，一个具有崭新的制造面貌的世纪。

四、制造业结构的发展

就目前各种因素发展的趋势看，经济全球化进程将进一步加快，第五次企业并购浪潮尚处于发展之中，各国政府还将会继续放松国内反垄断政策的执行等。由此可以推断，西方国家企业集中度上升的趋势将持续一个时期，国内市场的垄断性还会有所增强，国内市场垄断性的增强，内在地具有向全球化市场垄断过渡的趋势，从而导致跨国公司，跨国并购将越演越烈。

（一）制造业结构调整的规律

制造业结构的调整反映了一国工业化的发展道路，一个国家工业化进程如何，又反映了一个国家的生产力和经济发展水平。同时制造业结构升级的具体进程，在很大程度上取决于各国的工业水平，因而，制造业结构调整的趋势是工业化进程的体现。从西方发达国家所经历的制造业结构调整来看，整个制造业结构调整是按下列顺序来进行的。

1.制造业的重工业化

由以轻工业为中心向以重工业为中心的转移过程，就是所谓的"重工业化"过程。从资本主义国家的制造业结构调整来看，大多数国家都是从轻工业开始的。由于重工业是为其他产业提供原材料、能源和机器设备等生产资料的，是国民经济的总装备部，因此，随着生产力水平的提高，经济的发展，重工业的地位就愈来愈重要，重工业在工业中的比重也就随之上升。

2.制造业的高加工度化

由以原材料工业为中心向以加工、组装工业为中心的转移过程就是高加工度化过程。在制造业重工业化的初期阶段，制造业结构表现在以原材料为重点的结构关系。这时的制成品多为初级产品和粗加工产品。随着生产力的发展和重工业化水平的提高，原材料制造业所占的比重逐渐缩小，而加工、组装制造业占的比重逐步提高，以至于当重工业化进展到一定时期后，或者说当原材料制造业发展到一定水平后，制造业结构就会由原材料为中心的结构向以加工、组装制造业为中心的结构转换。制造业高加工化意味着制成品内部结构的复杂化和精度化，意味着分工协作的进一步深化。因而制造业的重工业化又可分为以原材料制造业为重点的阶段和以加工组装制造业为重点的阶段。

3.制造业的技术集约化

随着高加工度的进一步发展，制造业各产业会越来越多地采用高新技术和先进工艺，实行制造业的半自动化和自动化，技术密集型的尖端技术产业也会不断产生，即制造业结构表现为技术集约化的趋势。目前发达国家制造业结构的这一趋势很明显，他具体表现在技术结构的升级和技术密集型产业的不断发展，这代表着制造业结构升级的方向，对此，我们将在下一个问题中分析。

（二）当前制造业结构升级的重点

制造业结构的不断升级是经济增长的引擎，它直接表现为技术结构的升级，制造业的技术升级是经济结构调整的立足点，因为如果将资源投入到低技术的产业，不仅投资收益率低于社会平均收益，而且整个制造业结构升级缓慢，从而制约经济的持续增长和人均国民生产总值的迅速提高；当社会资源日益集中到技术含量较高的产业时，制造业结构升级的速度就会大大加快，全社会的劳动生产率就会提高，从而加快结构调整的过程。当制造业技术结构出现快速升级时，出口结构也日益转向技术密集型产品，使本国在国际技术分工体系中从垂直分工向水平分工转变，而进出口产品技术含量的提高，就是制造业结构升级的直接表现。

世界制造业结构调整中的主流是增加技术密集型部门的投资，技术产品交易正日益成为世界贸易的核心，如果一国技术密集型制造业发展缓慢，将使制造业技术长期处于落后状态。发展中国家和发达国家制造业结构的转变，显示了部门结构不断从劳动密集型向技术密集型转变的规律。

五、制造业技术的发展

美国是高度发达的工业化国家，但美国制造业并没有非物质化倾向，其结构调整的基本趋势是逐步放弃技术和知识含量低的制造业部门，不断提高技术和知识含量高的部门。因而，美国的制造业结构是全世界技术水平相对高的结构，制造业的劳动生产率也是最高的。

（一）现代制造业的技术演变

制造业是国家经济发展的重要支柱，制造业技术是制造业赖以发展的支撑，是发展竞争优势的有力武器。现代制造业的技术演变大约可分为这样几种情况：一是运输速度型技术推动制造业的科学技术革命；二是战略武器推动空海技术发展；三是市场经济战略争夺全球居民客户，使非民用型制造业技术民用化。这三种规律和路径。一直是世界各国日益争夺的关键。冷战结束以后，这种争夺更加专业化和全球化。因而，分散、大而全的制造业往高精尖发展，全球工厂（市场化）与国家技术垄断化成为新的争夺形式。

近十年来，世界各国都投入了巨大的财力和物力，强化作为光机电一体化制造业基础的先进制造业的技术及产业发展的战略研究。先进制造技术已经成为全球制造业争夺的市场焦点。在制造技术近200年的发展过程中，经历了从作坊到机器生产向批量生产、低成本大量生产的变化过程，并进一步面向顾客生产方向前进。正是为了实现这种生产方式的转变先进制造技术应运而生，它是传统制造技术不断吸收机械电子、材料、能源、信息及现代管理等技术成果，将其综合应用于制造全过程，实现优质、高效、低耗、清洁和灵活生产，取得理想技术经济效果的制造技术的总称。

同时，先进制造技术将对21世纪的制造业及其相关联的其他产业的发展发挥更为重要作用：一方面，先进制造技术持续不断地融合光电子、计算机、信息等新技术的研究成果，使得这一新兴的产业成为新的经济增长点。据了解，数控技术模块化、网络化、多媒体和智能化已是技术发展的热点。另一方面，先进制造技术的应用大幅度提高了光电子、自动化控制系统、传统制造等行业的技术水平和市场竞争力，成为许多高新技术产业和高新技术制造业装备的基础，推动诸多相关行业的效益增长。

美国、德国、日本等国已经开发出了数控、计算机数控、直接数控、计算机集成制造系统、制造资源规则、柔性制造单元、柔性制造系统、机器人、计算机辅助设计制造、精益生产、智能制造系统、并行工程和敏捷制造等多项先进制造技术与制造模式。这些技术的推广与应用，不仅使本国企业的国际竞争力得到巩固，也使得世界先进制造业发展迅猛。

（二）现代制造业的生产和技术发展方向

现代制造业主要是追求先进制造技术，而先进制造技术并不是指一项具体技术，而是机械、材料、电子、信息、自动化、管理、环保等多门学科的理论和技术相互渗透，共同发展而形成的技术综合体。所以现代制造业的技术发展方向就主要表现在以下几个方面：

1.向制造全球化方向发展

制造业全球化方式发生了新的变化。传统的制造业全球化方式有：一是以母国为生产基地，将产品销往其他国家；二是在海外投资建立生产制造基地，在国外制造产品，销售给东道国或其他国家。其特点是：自己拥有生产制造设施与技术，产品完全由自己制造；在资源的利用上，仅限于利用东道国的原材料、人员或资金等。

跨国公司特别是制造业跨国公司在信息技术革命，管理思想与方法，企业组织形式发生了根本性变化，并且这种变化将成为新型全球化方式而发展下去。

其主要特征是：广泛利用别国的生产设施与技术力量，在自己可以不拥有生产设施与制造技术的所有权的情况下，制造出最终产品，并进行全球销售。主要有两种形式：一是制造业公司掌握产品设计、关键技术、授权国外生产厂商按其要求生产产品，自己则在全球建立营销网络，进行产品的广告宣传与销售及提供售后服务。如耐克公司的耐克牌运动鞋就采用这种方式。二是制造业公司在全球范围内建立零部件的加工制造网络，自己负责产品的总装与营销。

制造业的技术研究与开发全球化合作趋势加强。现代技术革命与高新技术的出现，对传统制造业产生了明显的影响，同时，也造就了高新技术制造业的形成、发展壮大。高新技术产业具有风险高、产品生命周期短、市场前景较难把握等特点。为提高技术的生命周期，减少风险，提高竞争力，制造业跨国公司已经逐渐加强了研究与开发的全球化合作。在美国的硅谷地区，30%的研究与开发工作是在日本与欧洲进行，90%的组装工作是在第三世界进行的。发展中国家也积极参与了研究与开发的全球化合作，通过全球化合作可以使企业避免在国内开发一些国外已经相当成熟的产品，推动企业对技术的引进、消化、吸收、创新等工作向更高的层次发展。

2.向制造虚拟化方向发展

虚拟制造是指因强化外部资源利用和特许经营而几乎没有了自己的生产场所和销售渠道的企业。虚拟制造只有在利用信息技术的条件下才能产生和发展。虚拟制造使得一些具有核心能力或资源的人或组织不必具有传统的企业实体，凭借先进的信息通信联络手段，调集别人的力量，以其独有的核心能力或资源就能实现其战略构想。如美国著名的耐克公司，自己只生产其中最关键的耐克鞋的气垫系统，而其余全部业务几乎都是由外部公司制造提供。凭借其独特的设计能力，耐克公司将主要精力集中于新产品的研发和市场营销上，在全球范围制造和销售耐克牌运动鞋，其产值以20%的年递增率增长。许多快速成长的计算机公司、软件公司及其他高技术公司，都是利用了虚拟制造的模式来实现其战略构想的。

3.向制造网络化方向发展

随着计算机网络技术特别是Internet和Internet技术的迅猛发展，制造业的功能内涵和运作模式都发生了深刻变化。借助于计算机网络，人们在信息交流、资源共享、网络联盟以及功能集成、远程管理、异地制造等方面都取得了前所未有的进展。制造网络化势必成为21世纪制造业的热点之一。

4.向制造敏捷化方向发展

敏捷制造是一种面向21世纪的先进制造战略和现代制造模式。为了适应新时期世界制造业市场的激烈竞争，制造业不仅要灵活多变地满足用户对产品多样性的需求，而且还要及时快捷地满足用户对产品时效性的需求，这样就促使制造业向敏捷化方向发展。"敏捷化"是制造业在急速变化、连续分裂的全球市场中向用户提供高质量、高性能的商品和服务而取得高利润的保证，它可以看作是由开拓化、创新化的管理机构和知识化。技能化的人才队伍以及柔性化、先进化的技术条件三位一体所构成的新型制造概念。由于"敏捷化制造"在一定程度上还属于哲理性的概念，所以制造业应将其和具体的内容紧密结合起来应用，并在敏捷、快速、高效上做文章。

5.向制造环保化方向发展

在国民经济各门类中，制造业从业人员多、影响范围广，加上占用资源、消耗能源的程度非其他领域可比，因而对人类居住的环境总体影响很大。在环境问题已成为国际社会关注焦点的今天，向环保化或绿色化的方向发展就成为制造业在21世纪的必由之路。环保化制造或绿色化制造是一个综合考虑环境影响和制造效率的现代制造模式，其目标和宗旨是使所制造的产品在从设计、制造、包装、运输、使用、维护直至报废处理和善后处置的整个产品生命周期中对环境的不利影响最小，而对资源的利用效率最大。制造业向环保化方向的发展使人们在设计和制造产品时，不但要考虑产品的技术先进性、经济合理性，还必须考虑产品的环境友善性，并使产品在整个生命周期内都能实现"绿色化"。

六、21世纪中国制造业面临的挑战

时至今日，以美国为代表的发达国家已成功地实现了经济结构的调整，开始进入了新一轮经济增长周期。他们在积极发展高新技术产业的同时，也加紧对传统产业的高新改造与提升，使之重新获得竞争力。而对我国来说，工业经济时代尚未完成，制造业技术水平与实力比较落后，更令人担忧的是我国制造业依靠自身力量进行产业升级的机制不足，这对未来制造业的发展、升级以及适应21世纪制造业的发展要求，无疑将是最大的制约因素。21世纪我国制造业将面临着严峻的挑战，主要表现在：

（一）廉价劳动力在知识经济中的优势将减弱，甚至消失

随着知识经济的到来，硬件产品和元件的价格急剧下跌，服务变得比产品更加重要，柔性和自动化制造系统使劳动力的低成本优势逐渐消失。有迹象表明，随着知识经济的到来，一些本已被发达国家某些学者视为"夕阳工业"的传统制造业有可能重返工业发达国家。在发展中国家已经比较成熟的劳动密集型产业（如纺织和制鞋业）中，工业发达国家通过利用微电子CAD和CAM技术等，利用已有的和创新的市场知识和设计知识，正在夺回曾丢失的竞争优势。又如，发达国家的造纸业目前已经高度知识化，生产的纸张质量好、价格低、并且在从材料的获取到生产过程都很少对环境造成不良影响。他们通过培育新的、适合造纸的快速成材的树种，得到具有高质量纤维和均质性好的材料，在此基础上采用先进的制造技术得到价廉物美的纸张。

我国目前不少产品，属于劳动密集型产品，是依靠较低廉的劳动力维持较低的价位。正是因为有了这种较低的价位，同时又正好遇上发达国家以及新兴工业国家和地区进行大规模产业结构调整的机遇，使我们及时填补了国际市场上初级产品和低水平制成品的市场缺额。现在这一调整过程已越来越接近结束，同时受高新技术迅猛发展的影响，目前的国际市场已呈现出一种深刻的变化，即进出口商品结构已开始从劳动密集型和资本密集型为主向技术与知识密集型转化，这就是说，国际贸易中传统的靠拼出口数量、拼低价推销、拼优惠条件的粗放式经营已逐步转向主要依靠科学技术进步、增加产品技术含量、依靠信息灵敏、依靠科学管理和优良服务的集约式经营。单纯的低价格已越来越没有竞争力。所有这些都对我国形成了新的竞争威胁，我国廉价的劳动力在知识经济中优势将减弱甚至消失。

（二）不是同一量级的较量

发达国家和发展中国家在同一市场中竞争，无疑是不同量级拳击手间的较量。发达国家有着深厚的科技、经济和文化基础，占据着国际竞争的有利地位，这使得我国制造业受到前所未有的挑战和压力。有关研究表明，工业发达国家与发展中国家的差距本质上是知识方面的差距。发展中国家资源和人口的数量占世界的大多数，但世界上90%以上的科技投入、科技人员和科技活动却集中在工业发达国家。发展中国家由于缺少自己的专利、品牌和知识产权，不得不依靠发达国家或跨国公司来发展自己的经济，在经济全球化中处于被动地位。知识经济的到来有可能加剧知识分配和交易的不平等，发展中国家把知识产权交给工业发达国家，而自己又不得不以高昂的代价来购买知识的成果。

由于市场全球化和制造的全球化，尽管工业发达国家纷纷把产品的制造和装配

等低增值部分放到低工资的中国，但是他们自己则抓住新产品、新工艺和新装备的开发设计，以及产品的销售等高增值的环节。并通过知识保护，以确保其新产品、新工艺和新装备在开发设计方面的领先地位，从而保证其高额利润，在世界市场中分得最大份额。虽然工业发达国家制造业在其国民生产总值中的比值逐年下降，但他们借助其在产品开发设计、新工艺和新装备的领先地位，取得了高额利润，并通过社会再分配，通过社会分工，使整个国家的生活水平稳步提高。例如个人计算机，美国的 IBM、英特尔、微软等大公司，通过开发 CPU 和软件赚钱，其利润为 25% ~ 35%。

工业发达国家不会把产品的核心制造技术放到国外，因为没有制造企业的及时的信息反馈，其新产品、新工艺和新装备的开发设计水平的提高就比较难，更何况它们还必须考虑本国的就业问题，因而，一些美国人认为，中国将是 21 世纪世界上最有吸引力的制成品生产基地，但所制造的产品是由其他国家的企业设计、营销和投资的。

（三）人才竞争居于劣势地位

21 世纪的竞争是人才的竞争，发达国家利用其人才优势，进一步扩大其竞争优势。而我国由于装备差、资金少、师资力量薄弱，无法向年轻人传授最新的科学技术。因而在一定程度上我国把希望寄托在送年轻人到国外学习，学成后回国。而年轻人到国外学习后，由于发达国家和我国在工作和生活上存在的巨大差别，结果是出去的多，回来的少。

（四）技术进步所起作用相对较小

技术进步是促进制造业经济增长的一个重要因素，但在目前阶段，技术进步对中国制造业增长做出的贡献甚小，且进步速度慢。以机械工业为例，测算仅有 34%，不仅低于目前许多发达国家工业的平均水平，也低于某些效益较高的发展中国家，甚至低于中国的农业。

（五）面临着有限的资源与日益增长的环保压力的挑战

地球这个宇宙中的一个村落已日益变小，环境污染正威胁着人类的生存，而有限的资源正威胁着人类的继续发展。因而如何实现可持续发展已是 21 世纪人类的一个重要课题。绿色设计技术、废旧产品的拆卸与回收技术、生态工厂的循环式制造技术将得到迅速发展。我国尽管资源总量丰富，但是人均资源的占有量却相当贫瘠。同时由于技术落后，一系列废旧产品的回收与再利用技术还很低的，同时由于资金的缺乏，很多制造企业都没有能力启用这些技术，从而导致了严重的环境污染。在我国大批低技术水平、半手工制作的乡镇企业的存在，更是加剧了环境污染。这些都对我国 21 世纪的制造业提供新的挑战。

七、中国制造业战略目标的构想

当前，经济全球化和以信息技术为先导的新兴产业的发展加快了全球经济的区域结构调整，世界产业格局面临重新洗牌。我国经济已经进入平稳发展阶段，需要通过战略性结构调整推动经济持续快速发展。中外经济发展的互动选择和制造业的特点、以及我国制造业的种种现状，都决定我国应该加快发展并完全有可能做大做强我国的制造业。因此我们提出的战略目标是：力争在不太长的时间内使我国由制造业大国走向世界制造业强国，成为世界制造业中心之一。

从我国的具体国情来看，这一战略目标是解决许多现实问题的有效途径。首先，中国成为制造业强国、成为世界制造业中心，制造业企业的数量和规模将会扩大，对劳动力的需求将会增加，能够吸纳更多的各层次的劳动者在制造业部门就业，有效地解决就业问题。其次，中国可以通过发展制造业，利用外资和技术对传统产业进行有效改造，实现中国产业结构的调整和升级换代。第三，中国成为制造业强国和世界制造业中心，意味着中国工业在国民生产总值中的比重将增大，从而加快中国工业化的进程，提高中国工业化水平。最后，从历史上看，成为全球制造业中心的英国、美国和日本都在短短的几十年时间内，实现了生产力的超常发展和国家经济的迅速崛起，从而成为世界经济强国。面对新的机遇，如果中国能够抓住成为新世纪的制造业中心之一，必将实现国民经济的加速发展，极大地增强国家的经济实力和综合国力，缩小与发达国家的差距。因此，我们说这一战略目标的制定不仅有其现实的可能性，同时也具有其重要的意义和必然性。

下面我们来看，迎接制造业强国、迎接"世界制造业中心"，我们到底需要准备的是什么？我们怎样才能实现这一总体目标？

（一）产量目标

对制造业而言，产量（包括出口量和进口量）是个非常重要的指标，产量反映制造业的规模，产量及其出口量直接反映了一国制造业的供给能力以及国际竞争力；而一国对制成品的需求则反映一国在制造业方面的消费能力和在世界市场中的地位。因此我们将进出口作为一个主要的产量标准。

（二）质量目标

要成为制造业强国，成为世界制造业中心，产品的数量是一个方面，要在世界上占第一位，但更重要的是质量，要在世界上数一数二，首屈一指。同时，产品不仅在国内有市场，在国外市场也大有销路，要像海尔集团生产名牌产品，能在国外设立地区总部，并与大零售商建立销售关系。产品在国际市场上畅销，只靠价格低廉是没有出路的价格低廉只能畅销一时，从长远讲还要质量和服务来保持畅销不衰。制造高质量的产品是一个企业科学研究、设计制造、生产工艺综合能力的反映，没有高水平科技人才，高素质的劳动者是不行的，而目前我国缺乏和需要的正是技术和人才。

高技能人才是职工队伍中的中坚力量，他们在制造高质量产品生产中发挥着关键性作用。技能是质量的可靠保证，技能关系科技成果转化为现实生产力成效，技能的高低反映在产品质量上是非常明显的。一个国家制造业发达程度不仅取决于产品设计，关系产品质量的生产技能也至关重要。在汽车制造业发达的德国和以制造机械表而闻名的瑞士，无论高科技的设备多么先进，却永远不能代替技术工人灵巧的双手。

（三）技术目标

技术反映了制造业的内在生命力，它是成为全球制造业中心的一个重要标准，是走向制造业强国的关键。技术给一个企业、一个部门乃至整个国家带来的是一种在制造业上的垄断力量，正是这种垄断力量保证了一国制造业不断增加财富的积累。产品差异是垄断利润的源泉，而技术是产品差异的重要因素，同时由技术产生的产品差异可以保证一个企业、一个行业拥有持久性的优势。

在全球化的情况下，主导一国制造业发展的核心动力正在转向技术，尤其是核心技术，只有在核心技术的支持下，一个国家在某种制造行业中才能够处于垄断优势地位，并利用这种垄断能力获得长期的超额利润。当一国在多个产业中拥有核心技术，就会形成制造业发展的内在动力，从而保证制造业积聚劳动力和资本的能力，在此基础上，全球制造业中心才有可能形成。

（四）装备水平的目标

装备制造业是为国民经济和国家安全提供技术装备的制造业的总称。它覆盖了机械、电子、武器弹药制造业中生产投资类产品的全部企业。仅就前面各项目标并不能真正实现制造业强国和世界制造业中心的战略目标，没有装备制造业的提高，制造业只能做大而根本不能做强。因为装备制造业产业关联度高，需求弹性大，对经济增长带动促进作用强，对国家积累和就业贡献大，装备制造业是科学技术物化的基础，高新技术产业化的载体，装备制造业是任何国家经济实力和国防实力的体现，也是工业化国家的外贸主体。在某种程度上讲，西方工业化国家的经济和科技的发展是得益于其完善和高水平的制造业特别是装备制造业体系的建立。

我国制造业要做大做强，要成为世界制造业的中心之一，只有在制造业产品产量、产品质量、技术水平和装备水平都同时得到改善和提高的前提下，才能得到实现。换句话说，产量目标、质量目标、技术目标和装备水平目标是实现总体战略目标，即使中国从制造业大国走向制造业强国，成为世界制造业中心之一这个目标的具体的标准。

八、中国制造业的发展路径及应重视的问题

作为一个发展中的大国，在经济全球一体化的背景下，我们必须立足于充分发挥现有的比较优势，立足于制造业结构的升级和持续快速增长，立足于世界制造业的发展规律和方向，来具体规划中国制造业的发展路径，以促进战略目标的实现和制造业的振兴。下面就是基于这"三个立足"来探讨我国制造业的发展路径，从而确保其科学性和现实性。

（一）中国制造业的发展路径

在发展道路上，要坚定不移地走国际化与独立自主相结合的道路。从制造业的发展路径来看，是独立自主地发展制造业，还是走接纳国际产业转移、合资或允许国外独立设厂的国际化之路，或是国际化与独立自主相结合的道路，是首先要考虑的问题。

在经济全球化的大背景下，任何一个国家的制造业必须是开放的，但同时，中国是社会主义国家，工业化进程和国家统一大业还未完成，在关系国家经济安全和国防安全的产业领域，发达国家是不会转移或合资的。因此，我国的制造业一方面应当参与国际分工与重组，积极接纳其他国家部分制造业行业的转移，引入国外先进技术和管理经验，加快发展。另一方面，在一些关系国家经济安全和国防安全的产业领域，我们必须大力发展自己的制造业，特别是关键性的、战略性的装备制造业。

在产业结构调整上，要采取重点突破、多层次推进的策略。继续大力发展劳动密集型产业，积极发展资金密集型产业，集中优势有重点地发展技术密集型产业。首先，在选择发展重点时，必须考虑到我国制造业总体上与工业发达国家存在着阶段性差距的现实，重点发展那些在国际竞争中具有比较优势的产业。我国制造业中的制鞋服装、玩具、小家电等劳动密集型产业。以其价廉质优形成了国际比较优势，在当前及今后一段时间内无疑是我国应继续大力发展的产业。这有利于解决我国较为突出的就业问题，并可以通过劳动密集型产业的发展，积累资金、扩大创汇、培养人才，提高管理水平。其次，对于重化工等资金密集型产业的发展，在我国进入工业化中期后，应居于很重要的地位，因为装备制造业大多属于这个范畴。当前我国资金短缺的问题仍很严重，可以通过吸引外商投资和社会投资来缓解这个矛盾。加入世界贸易组织以来，中国已成为全球瞩目的外商投资首选地之一。制造业又是外资最有可能选择的行业。我们要抓住这一战略性的机遇，促进资金密集型产业的发展，以改变装备制造业发展滞后的突出矛盾。最后，技术密集型产业在目前我国尚处于劣势，不具备与工业发展国家全面进行竞争的实力，但是它代表着未来的发展趋势，是制造业结构演变的先导产业。我们应选择有较好基础的一些重点技术、

重点产品、重点企业、予以重点突破，甚至实现跨越式发展使得我国在技术密集型产业有立足之地，在一些局部取得国际优势。

随着我国制造业在国际市场上扩大和竞争力的增强，要逐步改善其国际分工中的地位，提升产业结构。总之，产业结构调整要立足全局兼顾局部，根据不同地区和领域的具体情况，处理好劳动密集型、资金密集型和技术密集型产业的关系。

在产业组织上，要走寡头主导，大中小共同发展的道路。大中小企业在国民经济中都是不可或缺的，大企业的优势是很明显的，而中小企业也随着生产工业化程度的提高、社会分工的细化，随着不同产业、产品在物理及其他属性的差别对企业规模要求的不同，随着人们需求的多样化和共性化，其生存的空间也日益广泛。因此，企业之间就存在了寡头与中小企业的共生网络，不过从一个产业总体状态来看，主导产业发展的还是寡头企业，支撑整个产业的是寡头和众多的中小企业。日本的崛起，其中一个主要原因就是大企业和一大批中小企业相互支持、相互配合而形成了长期合同关系。和松下电器集团共生的有1500家企业，由它们为集团公司、子公司、孙公司、分公司和参股公司提供配套的零部件和其他服务。

为此，我们首先要促进大企业，企业集团的发展。根据我国的企业规模结构状况，如果单纯地依靠企业自身积累、自我扩张而扩大企业规模，这必然要经历一个漫长的过程。因此，借鉴美国等经济发达国家形成大型企业的经验，不仅要鼓励优势企业去兼并劣势企业，实行资产重组，扩大企业规模，也要鼓励企业实行"强强联合"，通过大企业间的联合和重组，更能够在较短的时期内形成具有国际水平的大规模企业，形成寡头企业的主导地位，从而为提高中国的市场集中度创造最基本的条件。其次，就是要促进中小企业的发展，为中小企业提供资金和政策上的支持，引导和鼓励为中小企业服务的社会中介机构的生存，建立专门的中小企业管理机构，改变目前混乱、低效率的机制。

在技术路线上，要循序渐进地向自主创新的模式转变、扩大对外开放，加强与国际科技的合作，积极引进国外先进技术，是加快我国技术升级和经济发展的有效途径。但改革开放至今，我国制造业始终没有摆脱"引进消化型"的技术创新模式，制造业大部分技术及关键设备依赖进口，对引进技术的消化吸收重视不够，绝大部分制造业企业技术开发能力和创新能力薄弱，缺乏技术创新的资金。因此在积极引进国外先进技术并加以消化吸收的同时，要加大自主创新的投入力度提高自主创新能力，使自主研发的技术和产品所占比重逐步提高。在21世纪，我国制造业必须向自主创新模式转变，战略技术、核心技术是引进不来的，只能立足于自主创新。同时，引进技术本身不可能是最先进的，而且近年来技术更新越来越快，导致引进的技术有可能失效。因此，实施引进消化与自主创新相结合的模式，并逐步向自主创新模式转变，走自己创新之路才是正确的选择。

在市场开拓上，坚持国内市场与国际市场的并重。总体上要以国内市场需求为主，同时开拓国际市场，并力求出口区域多元化。目前，我国制造业产品的国内市场总体上是供大于求的局面，而我国农村市场的潜力还很大，我国的经济发展和产业升级，也为装备制造业提供了巨大市场需求。另外世界对中国市场看好，国内市场成为我国制造业引进外资、技术和开展对外合作的重要筹码，同时也是中外产品竞争的主要阵地。因此，我国制造业必须立足于国内市场，不断扩大国内市场的占有率。当然，这些产业需要根据国内市场需求，努力借鉴国外先进技术成果，大胆进行技术创新，不断提高产品的技术水平、质量档次和用户服务水平，不断降低生产成本。在市场竞争上，我国制造业要由来料加工为主的模式转变为"研发—生产—营销—服务"一条龙的经营模式，大力加强研发和营销两个环节。

在抓住国内市场的同时，还要实施出口战略。目前发达国家由于劳动力成本不断上涨，正加速向外转移一些传统产业。我国是最具承接国际制造业转移吸纳力和优势的发展中国家之一，尤其是对于中国具有比较优势的劳动密集型制造业，要大胆实施"引进来"的措施，在充分利用优势的同时，注意利用高新技术来提升，从而使之尽快成为具有国际竞争优势的全球产业。同时在国外市场的开拓中，我们要加强绿色产品的生产，这包括绿色材料和绿色包装，从而克服进入国际市场的绿色壁垒，并最终使得我国制造业走向生态产业和可持续发展的轨道。

在制造业布局上，要形成各具特色的区域制造业。制造业的区域发展布局必须体现发挥优势，形成特色的原则，处理好全国规划与地域布局的关系。首先，要破除传统的地区分割、行业分割的体制，推进跨国、跨地区、跨行业的联合、兼并与重组，在现已形成雏形的若干地区，按照市场规律，促进其发展成为在国际上知名且各具特色的制造业集中地，并通过这些集中地带动全国制造业的发展，形成网络化的区域产业结构。其次，要充分利用沿海城市的区位优势和工业发达国家产业调整和转移的机遇，吸引外商来这些城市投资办，或承接外商转包加工任务，形成一批技术先进、有一定规模、有特色的出口加工基地。要形成以企业为主体，产学研结合，行业协会为中介政府进行政策引导和宏观调节的经济运行新构架，加速科技成果转化，实现商品化、产业化，推进制造业在发展中再上新台阶。

在改革与发展上，要以改革促进发展。制造业的发展和全球化，对改革有更高的要求，也给以更大的动力。通过市场化改革，不仅推进企业的深层次体制改革，形成强大的制造业企业群体，同时也促进了市场体系的完善和公平竞争环境的建立，从而为制造业的发展形成一个良好的微观和宏观环境。这一改革首先体现在完善社会主义市场经济体系的同时，使国有企业在从计划经济向市场经济的转型中，经受市场经济的市场配置资源和优胜劣汰基本法则的检验，做到与其他所有制企业在相同条件下竞争。其次，体现在国有企业自身的改革。国有企业应加快建立现代企业制度，完善企业的法人治理结构。在企业内部，改革管理方式和经营机制，才能焕发活力，迎接市场竞争。最后，转变政府职能，优化对制造业的宏观调控和服务。改革政府传统的行政审批制度，在充分尊重市场机制的基础上，为所有企业创造一个公正、公平与公开的市场竞争环境，创造面向各类投资者的公平竞争环境和市场准入条件。

我国制造业要走新型发展道路，还必须高度重视制度创新、管理创新、培养和造就大批德才兼备的科技人才，当务之急要高度重视人才队伍的建设。

（二）中国制造业发展应重视的几个问题

应当指出的是，无论采取何种发展路径，都不足以解决中国制造业内部和外部存在的根本问题，这些问题有的甚至是相当严重的。如不加以重视和解决，势必会成为影响制造业战略目标的实现。这些问题突出表现在下面几个问题上：

1.人的问题

制造业的提高和发展需要各种人才，市场的竞争归根到底也就是人才的竞争，制造业不能长期依靠低成本的劳动力和低廉的价格来维持竞争优势。人力资源的缺乏是发展中国家落后的最主要的原因，目前我国的高层次人才队伍相当匮乏，同时面临着严重的技工短缺，我国城镇企业共有1.4亿名职工，高级技工只占技工总数的3.5%与发达国家的40%的比例相差甚远，这个数量远不能满足市场的需要。同时更为严峻的是，我国在岗技术工人的年龄结构趋于老化，高级技工的大龄化趋势日益凸显。未来的制造企业需要的知识型人才是多方面、多层次的、既需要大学毕业的产品设计、工艺设计和管理人才，也需要大量的能工巧匠，特别重要的是在长期的生产过程所取得的生产经验（生产秘诀）这是目前的信息技术所无法代替的。

对此，我们要保留一批以培养各类工程技术人员为主要目标的本专科高、中等学校，大力发展工程技术类职业教育。大力提倡继续教育和终身学习，建立继续工程教育体系。大型企业要建立自己的培训机构，并与院校结合培训教育企业工程人员，动员组织建立公共培训机构为中小企业服务。同时实行职工技能鉴定和职业资格证书制度这是一些发达国家的普遍做法，实践证明这是促进职工学习技术的有效措施。

2.机制问题

中国多数制造企业的劳动生产率低下，竞争能力不强，在很大程度上就是经营机制的问题。经营机制不顺，管理停留于较低的水平，将会使企业不适应当今世界经济和技术迅猛发展的现实，影响企业国际化经营的水平，抵消了我们在劳动力成本方面具有的比较优势。

因此，我们要建立符合国际规范的经营和管理机制，积极探索和运用现代化管理手段，大力推进制度创新，推进企业内外部资源最大限度地有效整合，由粗放式经营真正转变为集约经营.运用现代化管理手段就是要促进企业管理思想的现代化、管理组织的现代化、管理方法的科学化和管理手段的现代化。为此，建立现代化企业管理体系，树立符合现代化管理的人才观念，配备符合现代化大生产要求的技术装备，建立计算机管理系统和质量管理体系。制度创新的重点就是完善现代企业制度和法人治理结构，建立法人治理结构，它主要是解决制度设置中资产的委托代理制度。法人治理结构最开始的发展是建立这样一种规范的委托代理关系，形成对代理人的一种权力制衡机制，避免所谓的内部人缺陷。制度创新就是要建立层层委托代理链以及他们的权利制衡，这也是法人结构一个出发点。法人治理结构的第二层要突出出资人的利益。在所有这些利益构成中，出资人的利益是企业利益构成中最重要的、占第一位的利益。这是全球化的深化和加入世界贸易组织之际，中国企业的当务之急。

3.观念问题

纠正过去对制造业的夕阳产业和非物质已成为主体的误导，广泛传播对提高和发展我国制造业重要性的认识，正确引导媒体，充分认识制造业在现代化过程中的核心地位和关键作用。

近年来，服务业、金融业的发展速度快于制造业的增长速度，且在发达国家，对经济的贡献已由第二产业（包括制造业）让位于第三产业（主要指服务业）。但我们认为，制造业在经济和人们生活中的地位的重要性是永恒的，没有制造业，服务业会成为无源之水，无本之木。

4.政策问题

最后，制造业的发展还需要有一个良好的政策环境，跨世纪战略发展过程中，国家应对制造业进行较大力度的政策扶持，并制定一个有效的、面向未来的，旨在提升产业国际竞争力的政策体系。

首先，在新的环境下，制定一个以技术进步和增强国际竞争力为核心，以调整产业结构为突破口，以促进规模经济发展为主要目标的产业政策。破除传统地区、行业分割的体制，推进跨国、跨地区、跨行业的联合、兼并和重组，在现已形成雏形的若干地区，按照市场经济的规律，促其发展成在国际上知名并具有特色的制造业集中地；同时制定和实施更强有力的强制集中政策。根据其他国家的经验，发展中国家的产业集中化，由于原有市场机制力量弱小、外部竞争力量强大、赶超任务紧迫等原因，必须通过政府的政策支持才能实现。

其次，国家对制造业的一个重要政策扶持应该是整顿市场秩序，严肃经济法律，维护合理竞争，打击假冒伪劣。因为，制造业是国民经济中最直接面对市场的产业，同时又是深受市场发育不充分和市场秩序乱危害最大的产业。这一政策实际上是政府一般经济职能与实施产业政策的特殊经济职能相结合的政策，是中国作为发展中国家的一个特殊需要。从具体内容上看，这一政策的内涵不仅包括健全市场体制等方面的一般性内容，而且包括打击与消除地方保护主义、促进与集中化政策相结合的竞争发展等方面的特殊性内容。

最后，就政府职能而言，要改革政府传统的行政审批制度，在充分尊重市场机制的基础上，为所有企业创造一个公正，公开与公平的市场竞争环境。要创造面向各类投资者的公平竞争环境和市场准入条件，重点解决4个方面问题：一是放松政府管制，改革政府投资管理体制，以备案制替代审批制；二是整顿市场经济秩序，打破行业垄断和地方保护主义，确保全国统一大市场的形成；三是完善法律法规体系，使政府政策和企业竞争行为都能够在透明的法治环境下进行；四是加强政府服务功能。

制造业在其历史发展过程中为人类生活水平的提高和经济发展所做的贡献不可磨灭。高技术的注入使制造业本身内涵扩延，这使得制造业在将来后工业时代具有更广阔的发展空间和发展前景。萨谬尔森在他的《经济学》中说，穷国具备率先发展起来的国家在工业化过程所不曾有过的优势。在发达国家进入后工业化时代，发展中国家以制造业为支点，带来经济起飞，这是一种后发优势；同时，全球化不断深化、全球制造业正在重新调整区域布局、我国也已加入世界贸易组织，这些都为我国制造业的发展提供了新的机遇，但是怎样抓住这个机遇，采取什么对策，结果大不一样。

我国制造业已有长足的发展，并有着明显的优势，但我们却不该陶醉于此，还要看到我国制造业与发达国家的差距，看到我国制造业存在的问题。我们要高瞻远瞩，开拓创新，加快传统制造业向现代制造业的演进，始终充分发挥比较优势，主动参与全球分工，不断提升综合竞争能力，逐步发展壮大自己。我深信。中国的制造业一定能够应对挑战，一定能够与时俱进，一定能在中华民族的伟大复兴事业中做出自己应有的贡献，在不久的将来，中国制造业一定能够以强者的姿态屹立于世界市场，由制造业大国走向制造业强国，并成为世界制造业中心之一，从而最终实现新世纪中国制造业的振兴。

第二节　我国绿色金融法律制度的完善

绿色金融是指金融部门把环境保护这一基本国策作为自己的一项基本政策，通过金融业务的运作来体现"可持续发展"战略，从而促进环境资源保护与经济协调发展，并以此来实现金融可持续发展的一种金融营运战略。绿色金融是在可持续发展观念深入人心、环境问题日益突出的背景下的必然产物，是传统金融发展模式已到尽头、面临转型的战略选择。与传统金融相比，绿色金融是一种更加符合可持续发展和环境生态保护的金融运行模式。由于绿色金融在我国尚处于发展初期，在具体实施中存在不少问题，尤其是绿色金融的实施缺乏相关法律法规的保障，缺乏相关的监督体系和责任体系。因此，绿色金融立法显得非常必要而迫切。通过立法来完善绿色金融法律制度，对于实施绿色金融发展战略具有重要的意义。

一、绿色金融与绿色金融立法的必要性

我国虽然在绿色金融的立法上出台了一些部门规范性文件，但存在很大的不足。主要表现在立法层次太低、缺乏强制力和执行力等。因此，我国应借鉴和吸收世界银行等国际组织和美国、英国等发达国家在绿色金融立法上的成果，以期对完善我国绿色金融法律制度有所帮助。

（一）绿色金融的含义及其发展趋势

完善我国绿色金融法律制度应借鉴国外经验，立足我国实际，遵循公平原则、生态秩序原则、效率与效益原则等基本原则。在具体完善绿色金融法律制度时，通过设计绿色金融法律制度的基本架构，把制定《绿色金融促进法》与完善绿色金融部门法律制度、完善绿色金融监管法律制度、完善绿色金融法律责任制度等相结合。完善我国绿色金融法律制度是一项系统性、综合性的工程，是在已有的基础上进行的开拓创新。因此，不仅需要完善绿色金融法律制度，同时也需要其他相关法律制度的综合支撑。

1.绿色金融的含义

金融是现代经济的核心，是市场经济有序运行的枢纽。现代经济中，任何产业的成长、发展都需要金融的支持。没有金融的支持和发展，整个国民经济就失去了赖以为继的生存基础和前进的动力。功能健全的金融体系能促进经济的增长，而不健全的金融体系则会对经济增长造成消极影响。正源于此，我国高度重视金融业的良性运行和可持续发展，提出了实施绿色金融战略。虽然绿色金融在我国还是个比较新鲜和不太惹人注意的事物，但在一些金融业比较发达的国家却早已出现，并将之付诸金融实践领域中。绿色金融，又称环境金融或可持续性融资，最早出现于年的美国。当时美国政府创造性地把环境因素引入金融创新，研究如何有效评估环境风险，从而开发出适宜的环境金融产品，并形成稳定的产品构造，向投资者出售，以获得实现经济发展与环境保护相结合所需的资金。

关于绿色金融的内涵，国外学者研究的定义不尽相同，《美国传统词典》将其定义为：环境金融（绿色金融）是环境经济的一部分，研究如何使用多样化的金融工具来保护环境，保护生物多样性。

国内学者对绿色金融的定义也尚存争议，远未达成共识。目前主要有以下三种比较有代表性的观点：第一种观点认为，绿色金融是指金融业在贷款政策、贷款对

象、贷款条件和贷款种类上，将绿色产业作为重点扶持项目，从信贷投放、投量、期限及利率等方面给予第一优先和倾斜的政策。第二种观点认为，绿色金融是指金融部门把环境保护这一基本国策作为自己的一项基本政策，通过金融业务的运作来体现可持续发展战略，从而促进环境资源保护和经济协调发展，并以此来实现金融可持续发展的一种金融营运战略。第三种观点是把绿色金融定义为金融业在经营活动中要体现环保意识，即在投融资行为中注重对生态环境的保护及对环境污染的治理，注重环保产业的发展，通过投融资行为对社会资源的引导作用，促进经济的可持续发展与生态的协调。应该说这三种观点都有一定的道理，都指出了绿色金融的实质是通过投融资行为这一金融调控工具，合理配置社会资源，并达到保护环境的目的。但第一种观点太片面，把绿色金融单纯等同于绿色产业，定义视野过于狭窄。第三种观点没有体现绿色金融的核心意义所在，绿色金融的最大意义应该是解决金融业自身的发展难题，并非全然是附庸于经济发展和生态保护的工具。

绿色金融是在可持续发展理念成为全球共识的背景下提出的，是对现行金融发展模式的革命性变革，具有深远意义。"地球不是我们从先辈那里继承来的，而是我们从我们的后代那里借来的"，这发人深省的话启示我们，不能只顾眼前利益而不顾长远发展，只顾自己索取享用而不顾后代的需要。绿色金融的本质在于通过金融业务的运作帮助和促使企业降低能耗、节约资源，将环境风险纳入金融风险管理的范畴和业务考核范围，注重环境风险的防范，避免使整个社会陷入先污染，后治理再污染，再治理的恶性循环之中。通过倡导绿色金融的发展理念，切实转变经济发展方式，密切关注环保行业、生态产业等未来新兴产业的发展，注重长远利益，以未来良好的生态经济效益和友好环境反哺金融业，建立金融行业的生态补偿机制，促使金融发展与生态保护相结合，实现金融可持续发展。与传统金融片面追求经济利益、忽视环境保护和生态平衡不同，绿色金融的一个突出特点是更强调人类社会生存环境利益，它将对环境的保护、资源的利用作为考核的标准之一，通过自身的活动引导经济主体去关注自然生态平衡，减少环境污染，保护和节约自然资源，维护人类社会长远利益和长远发展。与传统金融相比较，绿色金融更讲求金融活动的开展与环境保护、生态平衡相协调，最终实现经济与人类社会可持续发展。

2.绿色金融的发展趋势

（1）绿色金融在国外的发展趋势

绿色金融在国外的发展趋势主要是朝着碳金融的方向发展。碳金融现在成为国外尤其是发达国家研究和实践的热点。碳金融主要涉及的是排放权交易。排放权是人类为了控制气候变暖，维持安全的生存环境，必须规定温室气体二氧化碳的排放量而产生的一项环境权。可以预见，将来各国的经济发展、水平需建立在相应的二氧化碳排放量范围之内。超过排放量指标的，须向其他国家购买，否则将会影响到其本身的经济发展速度与规模。这种可交易的碳排放量机制是在《京都议定书》上所创立的，加上碳排放权的稀缺性、普遍可接受性以及可计量性，使其成为在全球流通的"国际货币"，将对国际金融体系产生深远影响。

（2）绿色金融在国内的发展趋势

我国在发展绿色金融方面主要朝着综合化、多元化的方向努力，绿色信贷、绿色证券、绿色保险共同发展。尤其是在信贷业上频频出台绿色信贷新政，走在绿色金融发展的最前列。但"前途是光明的，道路是曲折的"，没有一帆风顺的坦途可以让绿色金融顺利实施下去，必定会遭遇挫折，甚至反复，特别是来自传统观念的阻挠和既得利益群体的抵制，可以说是危险与机遇并存，但机遇不容错过。在发展绿色金融的路途上，我国不应该满足于做一个跟随者、赶超者、状元或冠军，更高的追求是做开创者、设计者和规则的制定者，能够引领全世界率先而行。

（二）绿色金融战略实施的目的及存在的问题

1.我国实施绿色金融战略的目的

促进金融业的可持续发展和环境保护：实施绿色金融的根本目的就在于实现经济发展与生态保护并行不悖。目前虽然国家加大了对"高耗能、高污染"这类两高产业的调控力度，但两高产业的增速总体依然偏快，尤其是在国家采取巨额投资举措应对国际金融危机的影响，用投资来拉动经济增长的情况下，这种调控越发无力。由此可见，在环境保护行政主管部门可以采用的行政手段中，"区域限批"和"流域限批"这两种最严厉的措施能够发挥的作用依然有限。环境保护部门在应对污染大户，解决环境污染问题时，是"心有余而力不足"。因此，有必要引入绿色信贷这种经济手段来对"两高"等污染企业的迅速扩张加以有效控制。因为，在高污染、高排放产业迅速发展的背后，商业银行的贷款对该类行业的发展起到了决定性作用。企业发展所需资金，除上市公司可以通过股市直接融资而获得外，其他大部分企业主要通过银行等金融机构的间接融资来获取。而绿色信贷是绿色金融的核心组成部分，如果能采用绿色信贷相关措施对此类贷款进行严格控制，将迫使污染企业重视环境保护问题，这也有利于金融机构实现自身的可持续发展。

促进金融机构加强环境风险控制：商业银行作为金融机构的主体和核心组成部分，本身是以营利为目的，风险控制在其经营过程中占据相当重要的地位。

传统的风险管理没有把环境风险管理纳入其中，这是因为之前环境还没有突出成为一项必须防范的风险，直到商业银行贷款的安全性与企业的环境状况之间的密切关系越来越引起银行界和学术界的关注时，环境风险才被人们所重视。随着我国对环境保护力度的不断加大，企业环境责任问题日益显现，银行不顾环境风险进行放贷、企业滥用银行贷款造成环境破坏给银行带来直接或间接的风险，造成呆账损失，这是银行搬起石头砸自己的脚，由此引起的巨大损失已不容忽视。因此，绿色金融的实施就要求尽快建立我国的贷款项目环境风险审查评估制度，从而保证贷款安全，强化银行的风险控制。还可以促使金融机构更加注重环境风险的防范，减少因环境风险而带来的不必要的损失，其他金融机构在开展业务时也同样需要注重环境风险防范。

促进我国顺应世界金融发展趋势：从根本上讲，我国整个金融体系的建立和金融机构的设置主要是参照国外先进经验，尤其是欧美等发达国家的先进经验。所以我国金融业的发展是比较滞后的，这是我们必须正视的事实。在计划经济时期，我国实施大一统式的严格的金融管控体制，金融行业完全没有活力，不能有效发挥其功能，这使得在很长一段时间我国金融业失去发展的空间和动力，一直停滞不前。直到改革开放之后，我国恢复商业银行这一金融市场的核心主体，同时开始组建保险公司、证券公司等金融市场的基本单元。到目前为止，我国已基本形成了银行、保险、证券分业经营的"三足鼎立"的金融发展格局。这一具有中国特色的金融格局是顺应经济全球化和金融一体化发展的。如今，绿色金融已成为世界金融发展的一个不可逆转的趋势，我国必须顺应这一历史潮流，着力发展绿色金融，抢占绿色金融发展的制高点，争取走在世界的前列而不再落后于人。

2.我国绿色金融战略实施中存在的主要问题

要想实现我国绿色金融战略的目的，就必须重视和解决其实施中存在的问题。综合我国的实际情况，目前我国绿色金融战略实施中存在的主要问题表现在以下几个方面：

金融企业社会责任意识淡薄：作为企业的一种，金融企业尤其是银行应当承担与其他企业类似或相当的社会责任。这种社会责任主要体现为一般化的社会责任和银行作为一类特殊企业主体所应承担的特殊的社会责任。一般化的社会责任大体包括两大方面：一是公司必须依照法律行事，即遵守法律的规定，履行法定的义务；二是必须实践"公司之伦理责任"及"自行裁量责任"，要求公司如同个人一样具有道德的一般水准，在营利的同时不能逾越"社会性负责任的行为"。这种一般性的社会责任，银行是必须承担的，而且也是最起码的社会责任。与一般的社会责任相比，银行所应承担的特殊的社会责任主要包含以下内容：

第一，审慎经营和风险控制责任。银行是高风险行业，促使银行审慎经营，加强银行内部控制机制以控制经营风险，是确保银行稳健发展，避免银行危机和保障经济安全的重要途径。银行承担风险控制责任，有利于维护存款人信心，稳定金融秩序，保护存款人利益和社会公共利益。

第二，业务开展有利于社会经济发展的责任。这种责任可以说是银行落实绿色金融战略的责任基础。这种责任的其中之一就包含了银行必须重视环境保护的责任。由于银行等金融中介对其他行业提供金融支持，具有宏观政策传导的作用，对银行业经营的方向进行符合社会责任的合理定位，使其调整业务范围和内容，将有利于促进国家经济发展和宏观经济政策的实施。银行将业务拓展与全社会关注的问题紧密结合，使得其经营活动适应社会发展和生态环境保护的要求，促进民生改善和社会发展。

银行重视环境保护的社会责任，在环境污染加剧和生态日益遭到破坏的今天，显得尤为重大和迫切。这种社会责任要求银行在发放信贷时，不能只关注能否收回本息，同时必须关注借款人使用贷款的用途、目的以及是否会造成环境影响等问题。银行在经营活动过程中，应避免支持污染和破坏环境的企业，而是要大力支持和鼓励可持续发展行业和环保企业的发展，维护环境质量。

然而令人遗憾的是，在改革不断深入和银行股份制商业化改造的过程中，我国一些银行打着"商业化""市场化"的旗号，强调自己是商业主体，是以赚钱为首要目的，以追逐高利润为宗旨，社会责任意识淡薄，从而使绿色金融战略的实施大打折扣，"铁本事件"就是一个很好的说明。

绿色金融贯彻执行的法律依据不足：这主要表现为缺乏一套较为完整的引导绿色金融长期发展，规范各方权、责、利，指导各方经济和社会行为的绿色金融法律制度体系。这直接导致绿色金融的发展缺乏贯彻执行的法律依据，缺乏行之有效的法律保障。现已出台的相关绿色金融的文件，也仅仅停留于部门规章的层面，其中很大一部分还是建议指导性文件，根本没有刚性的约束力和较强的执行力。比如关于绿色信贷的执行就令人堪忧。原因在于绿色信贷的标准多为综合性、原则性的，缺少具体的绿色金融指导目录和环境风险评级标准，金融企业难以制定相关的监管措施和内部实施细则，降低了绿色信贷措施的可操作性。因此，目前推行绿色信贷的体制及机制还很不健全，标准也很不完善。

绿色金融的实践主体和形式较单一：目前，我国发展绿色金融的实践主体仅局限于银行，其他金融机构如保险公司、证券公司还未完全成为实施绿色金融相关政策的实践主体。而这直接造成绿色金融整体的推进速度迟缓，徘徊不前。由于银行一家唱独角戏，有时还"罢演"，银行本身实施绿色金融的积极性不高，缺乏各个金融机构之间的密切配合。更重要的是在绿色金融的推行上地方政府的态度还是有点暧昧，既想推行又怕影响当前经济发展的速度，裹足不前。各级政府部门在推行绿色金融政策上立场不一致，并且存在地方保护主义。同时，社会公众的参与力度也远远不够。政府和行业协会在推动绿色金融的发展上没有发挥应有的作用。

从形式上来说，主要还是依赖于商业银行和政策性银行实施绿色信贷政策，尚未形成直接融资渠道和间接融资渠道相结合、货币市场和资本市场相结合、银行与非银行金融机构相结合的较为完善的绿色金融服务体系。绿色证券、绿色保险也仅仅是提出了一个概念、还没有切实具体的政策可供参照执行。对于绿色证券的推行还有诸多难题未解，推进绿色证券政策的资本市场环境尚未成熟，环保核查制度和环境信息披露制度很不健全。由于我国资本市场具有"新兴加转轨"的双重特征，还存在一些深层次问题和结构性矛盾，改革已步入深水区，还在探索阶段。这使得资本市场环境准入机制尚未成熟，对绿色证券实施的有效性产生重大影响。对于绿色保险，待破解的难题也不少。首先是保险公司在开展绿色保险业务上还未形成共识，发展前景令人堪忧。其次是推行绿色保险实施的难度较大，企业本身负担较重，再须拿出部分资金来购买绿色保险易加重企业负担。再次是绿色保险的相关制度建设不足，缺乏具有可操作性的绿色保险实施制度。

缺乏绿色金融监督体系和责任体系：目前，我国实行的是金融分业监督管理，这与我国金融分业经营体制是相匹配的。有效监督体系可以确保相关规定严格贯彻落实，反之，则使纸面上的规定成为一纸空文。因此，我们在推行绿色金融的过程中应建立相应的绿色金融监督体系，量化考核标准，监督绿色金融政策的落实情况。然而，缺乏有效的监督是我国目前推行绿色金融的一大软肋。缺失相关法律法规监督的绿色金融就好像是折了翅膀的鸟，永远也飞不起来。绿色金融事关国家未来发展，事关社会的安定团结，因此必须以制度的方式落实环保与金融合作中政府机构各部门的责任与义务。有责任才有压力，有压力才有动力，缺乏法律意义上的责任体系是不会有绿色金融实现的动力和可靠保障。我国目前关于绿色金融的责任建立基本上是一片空白，而缺乏事前有效监督和事后责任追究，绿色金融就无法实现自身的价值。

（三）绿色金融立法的必要性

目前我国实施绿色金融战略存在的上述问题，直接或间接与我国绿色金融立法有关。绿色金融在我国的发展趋势不可逆转，这已是毋庸置疑的事实。"凡是存在的都是合理的"，我们无法否认绿色金融发展的事实和合理性，但是，它并非自然生长，绿色金融作为政府推行的一项利国利民的政策，需要通过立法来加以保障和促进，使之"名正言顺"。秩序是法律最基本的价值，用法律的形式来维护金融秩序是最有效、最可靠的方式。绿色金融立法能够保障和促进绿色金融战略的实施，为其提供具有较强约束力的行为规则保证相关的措施落到实处。当然，没有绿色金融战略的实施也就没有绿色金融立法的必要，绿色金融战略的实施是绿色金融立法的前提。二者相互依存、相互促进、缺一不可。结合我国实际，对绿色金融立法的必要性可以归纳为以下几点：

1.绿色金融的实施需要相应法律依据

虽然中国人民银行、环保部门和银监会联合制定或单独制定了若干发展绿色金融的规章或意见，但大多数限于指引性或指导性的文件，缺乏强制力和普遍适用性。而法律是全国人民意志的集中体现，代表全国人民和国家的根本利益。它是通过严格的法定程序，集中全国人民的智慧并经反复酝酿、研究而形成的。它具有强制性、普适性和科学性，在法治国家，任何一项重大的战略和改革的出台，都必须有相应的法律依据。绿色金融战略的提出和实施也是如此，需要相应的法律依据使之"师出有名"，从法律的层面上认定其存在的合理性和正当性。

2.绿色金融的实施需要法律加以规范

法的规范作用根据对象的不同，可以被概括为指引、预测、评价三种作用。具体说来，指引作用是指法律对人的行为起到导向、引路的作用。这种指引是一种规范的指引，普适性的指引，不是针对个别人而是针对整个社会群体的指引，具有连续性、稳定性，是形成稳定秩序的必不可少的条件和手段。绿色金融的实施主体需要法律为其行为指定正确的方向，使其行为符合法律的规定。评价作用是指法律作为人们对他人行为的评价标准所起的作用。它是用法律的规范性、普遍性和强制性的标准来评价人的行为，其重点在于行为人的外部行为、实际效果以及行为人的责任。这体现在绿色金融立法上就是通过设定监管部门对实施绿色金融义务方的行为进行评价的职责，评价相关行为是否符合绿色金融法律的规定。而这种评价有可能产生采取制裁措施的法律后果，而非简单地说教。法的预测作用是指人们根据法律，可以预告估计人们相互间将怎样行为以及行为的后果等，从而对自己的行为作出合理的安排。法律是明确、相对稳定的规范，它的内容是具体的并在一定时期内保持连续性，这就给人们进行行为预测提供了可能。倘若相反，法律规范朝令夕改，那么人们就无法进行行为的预测。正是法律的相对稳定性，绿色金融的实施才需要立法，才能为绿色金融的实施提供稳定、连续发展的前提和行为预测。人们也才能够准确预测哪些行为符合绿色金融的要求而可为，哪些行为不符合绿色金融的要求而不可为。这样绿色金融法律制度才能成为"吏民规矩绳墨也"。

3.绿色金融的实施需要法律加以促进

法律对绿色金融的促进作用主要体现在制定若干奖励性的规范，通过这些奖励性的规范来促使相关实践主体积极主动落实绿色金融的相关政策目标。奖励性的规范可以分为税收、利率、环保级别等种类。而设定奖励性的规范可以从两个方面来考量一方面从金融机构的角度，可以对实施绿色金融战略的金融机构给予税收上的优惠和财政上的支持，以鼓励金融机构在开展业务时，更加主动落实绿色金融政策。另一方面从企业的角度，银行可以对投资环保行业和发展生态产业的企业给予贷款利率优惠、贷款贴息和更多的融资支持。有时候奖励性的规范往往比惩罚性的规范更有效，说到底无论是商业化的金融机构还是其他企业都具有追逐利益的本性，当其觉得有利可图的时候自然会主动为之。而我们设定奖励性的规范就是要给利，通过给利使企业自觉自愿实施绿色金融。所谓"己欲利而利人，己愈达而达人"，这样既使企业获利，也使我们的环境更加美好，达到一种"双赢"的局面。

4.绿色金融的实施需要法律提供保障

国际经验表明，以立法形式确保绿色金融的有序发展是极其必要的。法律之所以是一种比道德更有效的社会治理方式，就在于它通过设定外在的惩罚措施来约束人的行为，而不同于道德的内心约束。对于我国来说，在未来的二十年内，减排任务十分艰巨。我们应该通过立法明确绿色金融发展目标和计划，规范绿色金融发展路径，以法律的强制约束力来保障绿色金融的顺利实施。比如美国就通过相应立法限定二氧化硫排放总量，为建立可交易的排放许可证机制提供了国内法基础。联合国气候变化框架公约及其京都议定书的实施，则成为二氧化碳排放配额市场创立的国际法基础。针对当前我国节能减排所面临的严峻形势，发展绿色金融，利用金融手段来确保节能减排的目标实现是唯一的出路。为了保障节能降耗和污染减排目标的实现，应当加快推进绿色金融法制化建设，完善相应的法律约束机制和责任机制，为绿色金融的实施提供完善的法律保障。

（四）我国绿色金融立法概况与不足

绿色金融是在市场经济条件下实施的新型金融发展模式，市场经济是法治经济，是依法办事、依法管理的法律制度健全的经济体制。依法治国的方针也写入《中华人民共和国宪法》。法律成为促进经济发展和完善社会治理的最重要手段。我国正处于社会主义市场经济建设的初期阶段，相关法律法规还不甚完善，在金融市场上也存在法律缺位的状况。绿色金融立法对于完善市场经济条件下的金融市场意义重大，能够使金融法制化建设迈上新步伐。我国《立法法》明确规定对于涉及金融的基本制度的事项只能制定法律。而绿色金融战略的实施已实际触动到一些金融的基本制度，需要对一些金融基本制度进行变革。因此，只有通过立法才能解决这个问题。绿色金融立法是完善绿色金融法律制度的前提和必要手段，绿色金融法律制度又是实施绿色金融战略的必要保障。因此，绿色金融立法对于实施绿色金融战略是非常必要的。

1.我国绿色金融立法概况

立法，又称法的创制、法的创立、法的制定等，通常是指有法的创制权的国家机关或经授权的国家机关在法律规定的职权范围内，依照法定程序，制定、补充、修改和废止法律及其他规范性法律文件及认可、解释法律的一项专门活动。立法有广义和狭义两种理解，这里主要是从广义上来理解立法概念。广义上的立法概念泛指一切有权的国家机关依法制定各种规范性法律文件的活动，它既包括国家最高权力机关及其常设机关制定宪法和法律的活动，也包括有权的地方权力机关制定其他规范性法律文件的活动，还包括国务院及其部委和有权的地方行政机构制定行政法规和其他规范性法律文件的活动。由于我国目前尚无专门规定绿色金融的法律和行政法规，因此，由享有行政立法权的国务院部委制定的以具有政策性、引导性、指引性的规范性法律文件为表现形式的相关规范也可以纳入立法范畴。

2.我国绿色金融立法的不足

总体而言，上述有关绿色金融的规定，是我国立法针对发展绿色金融的现实要求所作的积极应变。但是这些立法尚存诸多不足和缺陷，主要表现在立法层次过低、缺乏强制力和约束力、可操作性不够强、内容不全面仅局限于绿色信贷且过于笼统、欠缺责任追究机制和惩罚机制等，比如在《节能减排授信工作指导意见》中，只是宣示性地声明各个金融机构必须认真贯彻执行，并没有在具体内容上明确假如不遵照执行，应该承担什么样的法律后果，缺乏相应的责任追究制度和惩罚手段，致使该文件规定的金融支持节能减排措施难以落到实处。同时，还说明了我国尚未建立起完善的绿色金融法律制度，这些零零碎碎出台的意见和指导性文件不成体系，相互之间缺乏关联，导致其很难肩负起绿色金融战略在我国全面实施的重任，很难为绿色金融的发展提供足够的法律保障和制度支持。不过正是由于这些立法上存在不足，所以为绿色金融法律制度的完善留下了空间。因此，我们应大力加强绿色金融立法，构建完善的绿色金融法律制度，并积极引导和推动绿色金融的深入发展。

二、完善我国绿色金融法律制度的基本设想

我国在构建绿色金融体系和绿色金融法律制度建设方面起步较晚，与国际先进水平相比差距还很大。为了将国际上在绿色金融立法方面所取得的成功经验和做法引进国内，加强在绿色金融立法方面的国际交流与合作显得十分必要而迫切。

（一）完善绿色金融法律制度的基本原则

完善绿色金融法律制度的基本原则，是指法律制定者在绿色金融法律制度完善过程中，应该遵循的基本准则，它是立法的指导思想在法律的完善过程中的具体化、实践化。绿色金融法的目的与宗旨，即在金融法中全面贯彻可持续性发展和环境保护理念，而要实现这一目的，在完善绿色金融法律制度中必须遵循以下基本原则：

1.公平原则

可持续发展所追求的公平性原则包含三个方面的内容：一是同代人之间的横向公平性；二是世代人之间的纵向公平性；三是自然公平，即人类作为自然界的一员，与其他物种之间在享受生态利益与承担生态责任方面的公平性。环境与资源是人类生存、发展的共同物质基础，如果当地人破坏资源、浪费资源，不仅制约自身的发展，更剥夺了后代人继续发展的权利，对于被动承接的后代人是不公平的。因此，有必要在绿色金融法体系中贯彻新的公平观，重整人与自然的关系，通过人与自然之间的公平交易，促进经济利益与生态利益双重目标的实现。

2.生态秩序原则

人们在社会生活中往往考虑的只是自己的行为对社会秩序的影响，却忽略了对

非社会秩序即生态秩序的影响。生态秩序是其他一切秩序的基础，环境危机实质上就是对生态秩序的破坏。正是基于这样一种现状，可持续发展提出人与自然和谐共处，引导人们不仅要维护经济秩序、社会秩序，也要关注与人类生存、发展密切相关的生态秩序。绿色金融法的秩序价值观也应该突破传统理论的限制，按照可持续发展的需要相应更新，为金融业乃至整个经济体系与环境协调发展构建新的秩序体系。

3.效率与效益原则

"效率""效益"是经济学常用的概念，现在已经延伸到法学领域。尤其是经济分析法学派，更将效率与效益视为法学的核心价值之一。经济学中效率指的是资源的有效利用与配置，是投入与产出的比较效益指的则是预期目标实现的有效程度。把效率与效益的概念引入法学，更密切了经济学与法学的联系，拓宽了法学研究的视野。

金融法虽然已着眼于整体效益和社会效益，但以可持续发展的要求来审视，它仍有一个较大的缺陷，即没能很好地反映环境效益。可持续发展强调的是人口、社会、资源、环境与经济发展的整体性，强调经济效益、社会效益和环境效益的统筹兼顾。不能因成本高、效率低而置可持续发展的精神于不顾，忽视社会利益和环境后果也不能只顾结果，不管效率，耗费过多的国家资源，造成社会发展能力的损失。传统法律的公平、自由、安全等价值都是为了追求其终极价值——财富增长的最大化，亦即效率价值，也就是我国一直奉行的"效率优先，兼顾公平"的价值理念。这种价值观对于人类文明的进步有着不可磨灭的贡献，但是，它忽视社会公平和生态和谐的多元价值，将社会生活简化为单一的经济生活，将法律的功能也局限于对经济秩序的工具性保护，与现代社会的发展产生激烈的冲突。在这种价值观下，靠牺牲环境创造经济财富在所难免，所以，要保护环境，就必须树立环境价值的权威，寻求可持续发展的价值目标。绿色金融立法的重点就要追求绿色效率与绿色效益，创造"绿色利润"，实现经济发展与生态保护的紧密结合。绿色金融法应以追求社会整体效益为其最大的价值取向。根据可持续发展的定位，在绿色金融法律制度中既要重视提高金融效率，又要注重实现社会效益与环境效益。

（二）完善绿色金融法律制度的基本架构

绿色金融的发展需要相应的法律制度安排。所谓绿色金融法是指有关调整绿色金融的法律规范的总和。也就是金融法的绿化，即体现环境保护理念的金融法。还有学者认为绿色金融法是指以金融手段促进环境保护的法律规范的总称。其实二者的定义从实质上来说是一致的，都强调在金融法中全面贯彻可持续发展即环境保护理念。从目前我国绿色金融发展现实来说，我国绿色金融法律制度主要包括绿色银行类法律制度、绿色证券类法律制度、绿色保险类法律制度以及绿色金融监管类法律制度。由于在我国绿色金融的发展处于起步阶段，其发展理念还有待普及和深化，推动力尚显不足，相关法律法规制度尚未建立起来，制定一部单独的促进型法律是必要的。结合绿色金融在我国实施的现实需要，大胆设想应从整体上制定《绿色金融促进法》，作为实施绿色金融的"母法"。由此，绿色金融法律制度的基本架构可以如下图所示：

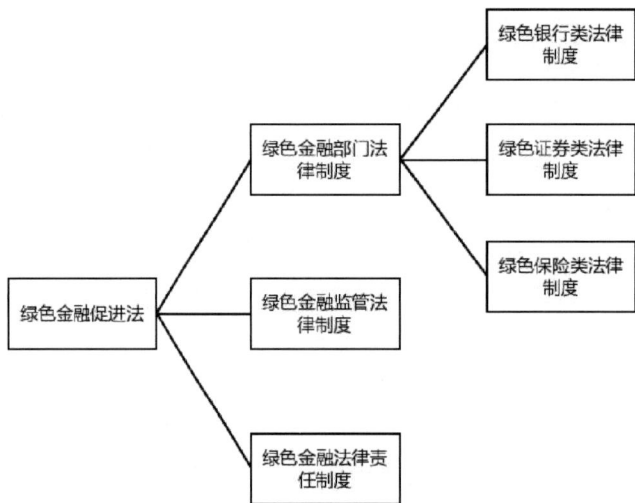

图8-1　绿色金融法律制度架构

需要指出的是这种法律制度架构的设计是基于我国现实，在目前阶段最易实现的绿色金融立法模式。先以制定《绿色金融促进法》作为绿色金融战略实施的基本法律依据和绿色金融法律制度的主干。该法律的主体部分囊括绿色金融部门法律制度，包括绿色银行以绿色信贷为核心、绿色证券、绿色保险等这几大类别，再可以加上绿色金融监管和绿色金融责任制度的若干规定。当然，《绿色金融促进法》并非局限于这些内容，还可包含其他绿色金融法律制度，如排放权交易法律制度和绿色融资法律制度等。而绿色金融部门法律制度也不只是在《绿色金融促进法》中体现，还可在其他法律诸如《商业银行法》《贷款通则》等进行规范和体现。绿色金融监管及绿色金融法律责任等制度也是如此，也可在其他法律中进行规范。

（三）完善绿色金融法律制度的基本内容

1.绿色金融促进法

因为政策容易朝令夕改，而转化为法律则具有相对的稳定性。绿色金融政策符合"转化为法律的政策"所必须具备的条件，对相关绿色金融政策进行整合，站在绿色金融发展的整体高度进行立法，由此转化而来的法律可以称为《绿色金融促进法》。《绿色金融促进法》作为促进绿色金融发展的"基本法",构成绿色金融法律制度的核心和主干。从法律部门分类来说,《绿色金融促进法》应该属于以社会利益为本位的社会法,更多体现国家宏观金融政策和环保政策。

第一,关于《绿色金融促进法》的立法路径。绿色金融政策法律化的路径应是由"软法"上升为"促进型立法"。在已经出台的绿色金融法律规范性文件中,我们可以发现最系统、水平最高的是《节能减排授信指导意见》,它具有明显的"软法"性质。所谓"软法"是指缺乏国家法的拘束力但却意图产生一定规范效果的成文规范。"促进型立法"对银行业全力支持节能减排具有积极的和主要的促进导向,对社会的发展具有引导意义"促进型立法"中指导性规范、自愿规范相对较多,强制性规范较少。国家节能减排战略的顺利实施迫切需要以银行业为主的金融机构的配合,我国目前的绿色金融政策很符合"促进型立法"性的特点,故我国绿色金融政策法律化的最佳形式是"促进型立法"。"软法"与权利义务对应的"管理型立法"如经济法区别明显,但"软法"的内在性质与"促进型立法"相比却很相似责任形式主要是道义责任、社会责任,只是"软法"属政策,"促进型立法"属法律。故由"软法"上升为"促进型立法"是我国绿色金融政策法律化的最佳路径。

第二,关于《绿色金融促进法》的立法目的。《节能减排授信工作指导意见》以下简称《指导意见》第1条指出"银行业金融机构要……从落实科学发展观、促进经济社会环境全面可持续发展、确保银行业安全稳健运行的战略高度出发,充分认识节能减排的重大意义,切实做好与节能减排有关的授信工作"。这一条明确将落实科学发展观、促进经济社会环境全面可持续发展、确保银行业安全稳健运行作为政策目标。当然该《指导意见》只是站在银行业这一角度来说的,但可以将之扩展到其他金融行业,使之成为整个绿色金融部门应贯彻的政策目标。再者从立法的角度来看,《绿色金融促进法》应将保障金融行业安全稳健运行作为直接目的,将促进经济、社会、资源、环境全面协调可持续发展作为最终目的。立法目的应该在总则中予以确立,作为绿色金融战略实施的宏观指导思想。

第三,关于《绿色金融促进法》的基本内容。在《绿色金融促进法》中可以确定如下具体内容分专章设立总则、基本管理制度、发展形式包括绿色信贷、绿色证券、绿色保险、排放权交易等、激励措施、法律责任、附则等。

在总则中除了确定立法目的,还要对相关的概念进行界定,如对绿色金融这个种概念和绿色信贷、绿色证券、绿色保险等这些属概念进行明确的定义。还应在总则中确定把实施绿色金融作为国家经济社会发展的一项重大战略。国务院绿色金融发展综合管理部门可以确定为中国人民银行负责组织协调、监督管理全国绿色金融发展工作国务院具体负责金融监管的部门中国银监会、中国证监会、中国保监会按照各自的职责负责有关绿色金融的监督管理工作。地市级以上地方人民政府已经设立了政府金融工作办公室的，可以确定由该部门负责本行政区域内绿色金融发展的组织协调、监督管理工作；地市级以上地方的金融监管部门银监局、证监局、保监局按照各自的职责，负责本辖区内有关绿色金融发展的监督管理工作。

在基本管理制度中应当设立要求金融企业制定绿色金融发展规划，并报相关金融监管部门批准。绿色金融发展规划中应包括规划目标、适用范围、主要内容、重点任务和保障措施等。政府应要求金融机构应当配合环保部门的工作，对污染严重的大户实施"断粮"措施，坚决要求停产整顿，上马环保设施。政府应当会同环保部门共同制定相关环保标准和企业环境分类管理制度，这样银行业金融机构在企业申请贷款时有具体的环境审核标准，避免银行业金融机构陷入无所适从的境地。

在规定绿色金融发展形式上，按照我国现实要求，可以分为绿色信贷、绿色证券、绿色保险、排放权交易等发展形式。由于前三种形式涉及我国金融基础部门，因此可以在各自的金融基本法领域内进行法律制度上的完善在下文的具体制度完善中会进行详细介绍，所以在《绿色金融促进法》中可以对这三种形式的大体发展方向和发展要求上作出相应规定，而不必在操作细节上重复进行立法，以免规范过多而影响实施的效果和造成法律之间的冲突。目前，我国尚无在国家层面上针对排放权交易的立法，排放权交易缺乏法律统一而有效的规制。因此，可以在该法中制定相应规范，以引导排放权交易的良性发展。其内容包括排放权的确认；环境容量产权的取得和界定环境容量产权交易主体及交易范围当事人权利义务；市场交易程序和操作手段政府的作用和职责等。

关于绿色金融激励措施，可以运用利率政策、税收政策和建立相关奖励机制，来鼓励绿色金融的实施，促进绿色金融的发展。作为一部促进型的法律，《绿色金融促进法》应更多地采取激励措施以促进绿色金融的发展。尤其是对符合国家产业政策的节能、节水、资源综合利用等投资项目，金融机构应当给予优先贷款等信贷支持，并积极提供配套金融服务。而对于生产、进口、销售或者使用列入淘汰名录的技术、工艺、设备、材料或者产品的企业，金融机构不得提供任何形式的授信支持。国家还可以调整税收政策，建立绿色税收机制。对于污染严重的企业加征环境资源税，而对于生态环保企业可以给予所得税减免等优惠措施，以鼓励其发展。政府还可以设立研究和发展绿色金融的专项基金，用以支持开展绿色金融方面的研究，包括绿色金融法律制度方面的研究。

2.完善绿色金融部门法律制度

完善绿色银行法律制度：根据以上分析可以得知，在银行立法方面，信贷法律制度的绿化和完善是关键。虽然在《绿色金融促进法》上已经对绿色信贷进行了相关立法，但具体说来也只是粗线条的，一部简单的促进型法律不可能对绿色信贷法律制度作全盘而细致的规定。为适应我国发展绿色金融、推进绿色信贷的要求，在立法上可以采取法律修正案的形式完善《商业银行法》的相关规定。同时在《贷款风险分类指导原则》中增加环境风险评估的内容，严格规定贷款人的注意义务，逐步构建我国绿色信贷法律制度。在政策性银行的立法方面，应该出台政策性银行法律法规，在该法律法规中确立政策性银行的法律地位，还可以成立专门的环保生态银行。

完善绿色证券法律制度：为了发展绿色金融，促进证券业与可持续发展战略的融合，就完善绿色证券法律制度而言，应当主要从以下方面努力：

第一，完善环境信息披露法律制度。通过证券监管将环境保护的要求融入投资活动和企业的管理之中。证券法对企业，特别是上市公司的行为有重要的导向作用，不论是其投资活动，还是其管理方式和行为模式。可以说目前法律规范最完善的公司是上市公司，因而上市公司往往又是其他公司的榜样，证券法对上市公司形象的设计有深远的社会影响和社会意义。要求公司进行环境信息披露不仅是为了满足利害关系人对环境信息的需求，对企业完善环境会计制度和环境风险管理制度也有很大的促进作用。虽然我国《公司法》对于上市公司的信息披露作了严格要求，但几乎没有涉及环境信息披露的规定。鉴于环境问题对企业财务状况和经营成果的影响越来越大，企业在其重大决策和日常活动中都必须考虑环境成本和环境效果，将环境管理融入企业运作之中，因此，仍有必要进一步加强环境信息披露方面的立法。这可以把还处在试行阶段的由原国家环保总局出台的《环境信息公开办法》通过修改和完善及时转变为由国务院出台的《环境信息公开条例》，在该条例中应明确以下内容一是信息披露对象。规定披露对象限于三类投资者、证券监管机构和环保部门。公众可以通过申请来获取相关的信息。二是信息披露的方式。可以采取强制公开与自愿公开两种方式。对于事关重大公共利益和投资者利益的信息应该强制公开其他的则视情况而定自愿公开。三是信息披露的内容。对与投资对象和企业环境风险有关的所有重要信息，如企业的环境保护实施运转情况、环境费用投入、企业面临的环境风险情况等等。通过把部门规章提升为行政法规，提高关于环境信息披露制度方面的法律位阶，能够使环境信息披露法律制度更加完善。

第二，完善绿色融资法律制度。证券业应当为环保产业的发展优先提供融资渠道。证券市场是企业重要的直接融资渠道，对发展经济、调整产业结构都有重要作用。环保产业是非常有前途的新兴产业，已被确定为我国今后重点发展的产业之一，但其基础尚薄弱，发展的条件和机制尚未健全，急需各方面政策的扶持和帮助。因此，证券法应做出相应规定，对符合条件的环保企业优先安排上市或发行绿色债券，允许环保投资基金上市融资等。此外，证券监管机构也要加强监管力度，严格禁止污染环境严重的企业以及建设项目通过证券市场融资。政府和环保部门还可以通过设立各种绿色基金环境基金来拓宽环境融资渠道，比如可以在我国《证券投资基金法》中规定环境基金的种类和运作制度，确定基金融资方式、管理制度、分配制度和评估制度等法律内容，政府和人民银行可以鼓励私人参与生态基金的建设，鼓励企业建立环保基金和生态基金，允许私人参与城市公共环境治理项目的建设。在发展绿色基金上应该允许先尝先试，默许一些金融创新行为。同时建立环境基金风险防范制度，不仅要监督环境基金项目可能出现的财务、项目风险，还要协助企业规避因实施基金投资而出现的风险。这需要环境基金设立专门机构，进行基金投资项目和业务的风险评估和控制，加强环境基金的风险管理。环境基金的形成，将会为环境融资提供广阔的渠道，加速绿色金融的发展。

完善绿色保险法律制度：绿色保险又叫环境责任保险，在我国被称为环境污染责任保险。绿色保险是指以被保险人因污染环境而承担的环境赔偿或以治理责任为标的的责任保险。它通过解决环境纠纷、分散风险、为环境侵权人提供风险监控等为环境保护提供服务。我国是世界上受污染最严重的国家之一，据原国家环保总局的数据显示，仅年一年，全国就发生环境污染事故起。而事故发生后，由于没有合理的善后处理机制的保障，企业往往难以承受高额的赔偿和环境修复费用，引发了许多社会矛盾。因此，在我国开展环境污染责任保险具有重要意义，对于我国的污染事故善后及时处理，化解纠纷矛盾和环境保护非常有帮助。在国外已被许多国家证明是一种有效的环境风险管理市场机制。

3.完善绿色金融监管法律制度

第一，明确绿色金融监管机构。目前，我国对金融业的监管主要采取的是分业监管模式中国银监会主要负责对银行业的监管、中国证监会主要负责对证券业的监管、中国保监会主要负责对保险业的监管。这"三会"各司其职、分工明确、互相协调，共同形成我国金融分业监管体制。在监管方面，我国只在银行业的监管上有专门性的立法，制定并颁布了《银行业监督管理法》，这也是世界上第一部专门性的银行业监管法。世界上很多国家的银行业监管的法律规定均见之于各国的中央银行法、商业银行法及其他金融法律、法规中。随着混业经营的金融运行模式的逐步发展，再加上银监会、证监会、保监会在各自监管领域的封闭性，"三会"之间的信息共享和沟通协调机制不健全，导致很多监管上的弊病和漏洞。尤其是对"全能型"的金融控股集团容易出现监管上的缺位。"三会"融合的趋势也越来越明显。有学者建议中国应建立统一履行金融监管职责的金融监管局。但这种想法至少在目前还只是一些学者的一厢情愿，会不会出现"三会合一"的走向还不甚明了，而且也尚未得到政府的回应。所以，就目前金融监管的形式而言，还是以分业监管为主，因此绿色金融监管机构就应明确为中国银监会、中国证监会和中国保监会，并建立"三会"之间信息共享和沟通协调的长效机制。

第二，完善绿色金融监管法律制度。中国银监会作为商业银行的行政监管机构具有对商业银行的运行和风险控制进行监管的职能。这些职能的设定有明确的法律规定。银监会对商业银行的监管，必须确立环境风险在银行审慎经营规则中的地位，着重加强信贷监管，用信贷手段卡住污染企业的喉咙。《中华人民共和国银行业监督管理法》第1条规定包括风险管理在内的银行业金融机构审慎经营规则。第一条规定，银监会应当对银行业金融机构的业务活动及其风险状况进行非现场监管，建立银行业金融机构监督管理信息系统，分析、评价银行业金融机构的风险状况。但是对于银行业应该如何遵守审慎经营规则，该法并没有加以详述。在绿色金融的监管立法中，可以完善相关的经营规则，制定具有可操作性的具体规则，使银行在环境风险管理的防范上有具体的规则可供参照执行，同时也便于监管机构能够有效的开展监管。根据审慎经营规则的定义，风险控制包括环境风险控制是其不可缺少的一部分，因此，在银监会制定的关于银行风险控制的相关规则中，应该确立企业贷款项目环境与社会影响评估的相关内容，根据具体评估企业贷款项目对环境影响的程度来确定是否贷款和贷款的额度。加快建立银行业环境风险预警机制，从而将商业银行推行绿色信贷作为风险控制的基本内容。对于实施"绿色信贷"政策，需要尽快明确银监会对违规贷款银行的处罚职责，明确银监会的监管权限和设立具体的标准。银监会应加强对银行业环境风险防范上的监管，这也是绿色金融监管立法的重中之重。银监会作为重要的绿色金融行政执法机关，在具体行政执法过程中可以采取以下措施：一是禁止银行业金融机构向没有通过环评制度和"三同时"制度的投资项目放贷；二是制定绿色信贷环保标准，对于不符合信贷标准、不符合环保要求的有关贷款项目要求银行不予放贷；三是与环保部门联手建立环境监管信息共享体系，及时跟踪、检测企业的违法污染环境的行为，加强交流和沟通。环保部门可以定期向银监会提供企业的环境信息，以便银监会对银行信贷情况进行检查；四是对于违规放贷的银行采取严厉的惩罚措施，相关惩罚措施包括罚款、暂停授信业务、停业整顿等。

由于在保险业和证券业上没有制定单独的监管法律，而是在《中华人民共和国保险法》和《中华人民共和国证券法》中设专章规定了相关监管规范。我们认为在以后的绿色金融监管的立法上，也可以不制定单独的保险业监管法和证券业监管法，可以在既有的监管法规的基础上进行相应条款的完善。假若以后我国改变现有分业监管的格局，实行金融统一监管，就可以相应地制定绿色金融统一监管法律。

4.完善绿色金融法律责任制度

由于我国实行比较严格的金融管制措施，在《中国人民银行法》中规定的法律责任特点是直接责任者负责和央行的行政诉讼责任，强调的是银行首长负责制下的个人责任追究制度，多体现为追究行政责任和刑事责任。根据《中华人民共和国商业银行法》和《中华人民共和国银行业监督管理法》的有关法律责任的规定，大部分涉及追究行政责任和刑事责任。这就决定了我国现行的金融法律责任制度是以刑事责任为主，以民事责任为补充。对于绿色金融责任制度的建立，应改变现行责任追究机制，应以民事责任为主，刑事责任、行政责任为补充。这是由于我国金融机构已逐步实行股份制改造，特别是银行业。很多民营银行和外资银行相继成立或进驻我国，假如政府还按照计划经济的思维，一味对银行进行金融上的严格管控，这对市场经济的完善和金融业的发展是极为不利的。我们应把银行变为真正的民事上的主体，无论是国有还是私有，银行终究要回归市场，找到自己应有的位置，再也不是行政机构的附庸。在这种情况下，作为民事上的主体，其"私"的性质就决定了法律责任制度应当以民事责任为主，以刑事责任、行政责任为补充。

对于绿色金融责任机制的完善，可以结合现有的金融法律法规中有关法律责任的规定，并根据绿色金融发展的需要，形成我国特色的绿色金融法律责任机制。按主体分类，我国绿色金融法律责任主要有三类：一是对于不按绿色金融法律法规制度规定实施绿色金融的，比如在绿色信贷相关规定上不按制度规定发放贷款，在审核时不预先对企业贷款项目的环境风险进行评估，则应对相关银行管理人员与信贷审核人员追究相应的责任。对由于银行没有按照绿色信贷的要求，就给予贷款的项目，造成重大环境污染事故的，银行应承担部分民事赔偿责任。二是企业没有按照环境部门的要求披露相关环境信息，没有按照绿色金融的强制性规定披露企业所投入项目的环境信息，则企业的管理人和负责人应按照法律的规定承担相应的法律责任，造成重大后果的，依法追究刑事责任。三是金融监管部门的监管人员，不按照绿色金融监管法律制度的规定，失职或越权监管应承担民事赔偿责任和行政责任。

（四）加强相关法律制度的综合完善

有人建议，在现有的法律制度基础上，再出台一部《绿色金融法》就可以解决绿色金融发展的问题，把绿色金融所有的法律规范都装入其中。这个想法未免太过于乐观，对于绿色金融的发展，我们不能期望一劳永逸。绿色金融法律制度的完善是一项系统工程，不仅需要针对绿色金融的专门立法和完善现已制定的金融法律法规，而且需要其他相关法律制度的综合完善。相关金融法律法规的完善对绿色金融的发展至关重要，为绿色金融提供强有力的支撑。

首先，要改变立法完善上存在的局限性。对于绿色金融法律制度的完善不能只局限于金融领域，而应该在其他法律部门尤其是环境保护方面的法律制度比如《环境保护法》《环境影响评价法》《水污染防治法》《大气污染防治法》等相关法律制度中进行补充和完善。

对于我国年开始实施的《环境保护法》，由于我国急速的经济建设步伐和工业化进程，导致我国生态环境发生了巨大变化，环境污染日益严重，致使很多规定都不合时宜。因此，必须对《环境保护法》的相关规定进行修改，尤其需要加大环境保护行政主管部门的执法权，改变"除了罚款就一无所有"的窘境。通过完善相关法规，加大对违法行为的处罚力度，重点解决"违法成本低，守法成本高"的不合理现象，规定环保执法部门可以联合金融机构对"污染钉子户"实行一定程度上的"金融制裁"。还需关注《环境影响评价法》中的环境影响评价制度。环境影响评价是指对规划和建设项目实施后可能造成的环境影响进行分析、预测和评估，提出预防或者减轻不良环境影响的对策和措施，进行跟踪监测的方法与制度。环境影响评价制度最重要的就是预防功能，可以事先对项目的环境影响进行评估，加强了相关规划和建设项目的环境管理，但这项制度仅是从环保部门的角度来说，环保部门执法权的相对软弱性和手段的局限性并不足以防止金融资金流向没有通过环评的项目，导致环境影响评价制度不能完全发挥应有的作用。所以环境影响评价制度应逐步完善相应的环境标准和评价体系，以期与绿色信贷中的贷款前的环境风险审查制度共同发挥作用，形成两道阻截环境污染和生态破坏的"防火墙"。针对我国目前行业环保标准多为综合性、普适性，行业准入标准也只涉及个行业。已有的环保政策和信息缺乏统一管理与发布机制，行业环保标准也是"政出多门"，缺乏统一性和规范性。为此，环保部门可联合行业组织和协会，建立一套基于环保要求的产业指导目录。如对各行业的产品、加工工艺、污染程度、如何排污等加以界定，为银行制定信贷标准提供可以参考的信息。而这套产业指导目录应具有法律效力，是各个行业必须一体遵循的规范。

其次，我们也不能忽视金融责任中的刑事责任。因为金融业毕竟是高风险和事关大局的行业，运用法律手段严格防范金融风险还是很紧要的。法律最重要的功能恰恰在于防范风险，比如刑法最重要的功能并不在于事后惩罚犯罪，而是事前预防犯罪，"预防犯罪比惩罚犯罪更高明，这乃是一切优秀立法的主要目的"。之所以设定严格的金融犯罪的刑事责任，是因为金融事关国家全局，"牵一发而动全身"，必须严控金融风险和其他可能对金融造成影响的风险。《刑法》上关于金融犯罪的法律规范应予以相应完善，以刑罚的威慑力保障绿色金融顺利实施。

再次，立法完善的指导思想也需改变。如果仍然沿袭以前"遇着问题绕着走""把问题留给下一代解决"，那么越来越多的问题累积起来就会使得很多问题积重难返，导致矛盾的集中爆发。这种回避问题的思路只能行一时，不能根本解决问题。对于绿色金融法律制度的完善，应该顺应我国金融市场发展趋势，对一些原则性的规定尽量细化，使其具有可操作性，而不是"聋子的耳朵——空摆设"。

第三节　当前我国转变经济发展方式的战略思路

加快经济发展方式的转变是当前我国经济领域的一场深刻变革，关系到我国改革开放和社会主义和谐社会建设的全局。深入贯彻落实科学发展观的重要目标和战略举措，就显出丰富而深刻的时代内涵和重大的意义。转变发展方式，我们要遵循"扩内需、保增长；调结构、上水平；抓改革、增活力；重民生、促和谐"的原则。要坚持"把经济结构战略性调整作为主攻方向，把科技进步和创新作为重要支撑，把保障和改善民生作为根本出发点和落脚点，把建设资源集约型、环境友好型社会作为重要着力点"。

一、制定环境友好型消费政策，形成消费主导新格局

纵观消费的若干决定因素，收入可谓是起到决定性影响的一个方面。收入的总量和分配的结构在很大程度上决定了一个国家消费程度的高低。当前我国国民收入分配的不合理性，已经明显制约了以消费为主导的新格局的形成。

当前，我国收入分配的结构存在比较明显的倾向性问题：就社会与政府的而言，财富主要集中在政府方面；就劳方与资方而言，财富主要集中在资方方面；就普通行业与垄断行业而言，财富主要集中在垄断行业方面。这三个方面的倾向性问题，就共同引起了收入分配差距的不断拉大，这也成为制约国内消费走高的重要因素。与此同时，居民收入比重的不断下降制约了消费的扩大，劳动报酬偏低，也使得对消费的启动缺乏收入基础，财富分配的不公，使消费空间难以形成有效地拓展。这些方面都构成了阻碍形成消费新格局的重要方面。

（一）加快收入分配体制改革

在新一轮的发展方式转变与改革进程中，从扩大消费的要求出发，应当将国民收入分配制度的改革作为深化经济体制改革的重点进行把握。要从根本上转变经济发展方式，调整我国内需外需结构、投资消费结构，走出一条符合中国国情的科学发展的路子，必须采取有力的政策措施拉动消费特别是居民消费需求，以为经济增长的真正和持久动力室最终消费需求，我们发展经济的根本目的就是要满足人民群众日益增长的物质文化需求。

1.扭转"三个集中"的趋势，使劳动报酬在初次分配中的比重得到提高

从我国的当前现状看，扩大内需关键是对于"三个集中"倾向的扭转，提高劳动报酬在初次分配中所占比重。我们需要在以市场机制为基础的调节上，深化对收入分配体制的改革，建立健全职工工资正常增长机制，使职工收入增长的速度不低于劳动生产率上涨的速度，不低于物价上涨的速度，并与企业效益的增长保持基本同步，为群众拥有更多的财产和财产性收入提供经济基础，逐步提到劳动报酬在初次分配中所占的比重，提高居民收入在GDP中所占比重。

2.加快提升居民财产性收入，严防资产泡沫产生

作为我国文化市场和国家能够达到国富民强的一个重要的标准之一，财产方面

的收入在城乡居民的总收入中的比重至关重要。发达国家的发展经验表明，只有当居民财富积累到一定程度，人均GDP突破2000美元后，财产性收入才能作为重要收入的一部分来到居民手中，并对扩张消费形成重要影响。当前，我国居民的财产性收入所占比重还非常低，建立健全居民财产性收入机制，对提高居民收入水平具有相当重要的意义。我国城镇居民与发达国家居民的财产性收入的比重相比，仍存在很大的差距。我国金融证券市场欠规范、房地产业扭曲发展、土地资源随意性开发等现象的存在都给居民投资带来了极大的风险，政府需要在提高居民财产性收入中严格防止资产泡沫的出现。为此，扩大消费与提高居民财产性收入，至少需要采取如下措施：

（1）保护居民财产不受侵犯

对广大群众尤其是社会弱势群体的财产权的保护应当予以高度重视，对其财产的征用、没收或者被拖欠等不当行为都应严格纳入法律规制之内，以此确保财产性收入来源的基础稳固性。特别是保障农民土地权益和保障城镇居民财产权益方面更应加以重视。

（2）规范并完善资本市场

通常一个完善的社会，居民投资时将少部分财富投放到股市、楼市等高风险领域，而将大部分资金存放在银行理财产品、国债等低风险领域。当前在我国，高风险投资领域的收益要远大于其存在的风险，银行存在负利率的现象使得存钱也不一定能保值，迫使百姓将资金从银行取出投入到高风险的投资领域。投资市场的欠规范，行业自律和个人信用上的薄弱对投资者而言都是不公平的。为此，政府应首先积极推进资本市场的完善，建立起法治环境，为居民提供公平、健康、可持续的投资理财环境。

（3）确保土地作为农民财产性收入主要来源的地位

中共中央发布了一号文件——《关于切实加强农民基础建设，进一步促进农业发展、农民增收的若干意见》，在文件中强调提出了要提高农民的法律地位，保障农民在集体财产方面的收益权，创造各种条件让更多的农民朋友获得更多的财产性收入。

我们要清楚地认识到，扩大消费需求应是扩大内需的主要着力点，扩大居民消费又是扩大内需的重点，要通过完善消费政策，改善消费环境，培育消费热点的手段确保消费在扩大内需中的重要位置。

3.控制政府财政收入的增长速度

近些年，财政收入增长速度远远超过GDP的增长速度，从经济可持续发展和提高居民收入出发，需要对财政收入的增长速度进行合理性控制，尤其是对税收的增长速度，使其与GDP增长速度的差距保持在可控范围内，通过结构性减税使企业负担有效减轻，使税收结构更加有利于我国发展方式的转变。

（1）尽快建立单主体的税制模式

鉴于现行的流转税在税收收入中所占比重较大，以及由此导致的初次分配中"税收侵蚀工资"现象的存在，应将现行的"双主体"税收模式更改为以所得税为主体的单主体税制模式。

（2）控制好以土地财政规模为主的预算外收入

当前各级地方政府大量的非税收入没被纳入财政预算的管理中，不仅滋生了腐败，而且造成了资金的过热和产能的过剩。从可持续发展的角度出发，必须把规范预算外收入管理制度作为今后改革的重点，加大力度控制土地财政规模的扩大。

（二）优化国有资源配置

通过多年的国有企业改革，我国的国有经济在许多竞争性领域实现退出，但国有资源配置仍不合理，集中表现在现行的垄断行业中国有经济的定位仍不清楚，这就造成了收入分配、就业等问题的负面影响，成为扩大消费的体制性障碍。我国当前庞大的国有资源的配置大多集中在竞争性领域，这种格局的形成极大地抑制了消费的启动。

国有垄断行业积累了大量应分配而未分配的利润，成为国民收入分配格局失衡的直接影响因素。部分国有资源的投入不利于带动劳动就业，投资项目多集中在资本密集型的投资上，所需工人少，低的就业拉动效应必然带来低的收入效应，从而不利于对消费的拉动作用。

1.还富于民，调整资源配置的基本取向

收入分配差距的缩小可以极大地影响消费率的提高，但收入分配差距的扩大更重要的原因是因为国民财富分配的失衡。为此，加快推进对国民财富分配结构的调整，提升社会财富在总财富中所占比重，真正实现"国富民强"就显得尤为重要。

（1）坚持公平竞争原则，切实保证"国退民进"

从当前的实际情况来看，某些政府部门惯以"防止重复建设""加强宏观调控"的名义，对国有企业进行帮助和扶持，更有甚者，帮助国企清理对手。政府这种保护国企而放弃维护公平竞争的行为，导致市场也无法实现公平竞争和优胜劣汰。所以，应进一步减少国有经济在竞争性领域的所占比例。

（2）将开放市场和适度竞争引入垄断性行业中

根据当前垄断性行业的实际状况，针对不同类别的垄断状况应分别采取不同的措施。

（3）建立适度的分红机制，有效降低其他税负

国有企业收租分红机制的建立，是对出资人权益切实保护的必然要求，也是对其他税负有效降低的必然方法，以此提高居民可支配收入在GDP中所占比重，进而

使促进消费得以真正意义实现。首先是尽快出台国有企业支付资源使用租金的法律法规；其次是尽快制定国有企业利润分配方案；最后是把国有企业的资源使用租金和利润分红纳入全口径财政预算收入体系。

2.在公益性领域加大国有资源配置

国际上成功的经验表明，国有企业或者国有资本的大部分配置都从事了公益事业，其所追求的不是产生利益最大化而是国民福利的最大化。

（1）在国民经济安全和国民生存发展的重要领域加大国有资产的投入

当前我国存在着国有资本与垄断行业交织在一起的局面。国有资本的存在应该是为了保障公共利益，所涉及的范围也要明确在公益事业的范围内。主要包括关乎国民经济安全的领域和国民生存发展的领域两个方面。

（2）加强对国有资产公益性作用的监管

建立系统的国有资产管理体制，进一步调整国有资产的管理体制；巩固和完善对国有资产监管的法律法规体系，建立科学的考核体系，特别是对国有企业重大决策失误和重大损失的问责追究制度；加快对国有资本经营预算制度的建立，加强国有资本预算的制度化、法制化建设，与此同时建立健全对国有资本预算的定期考核和评价制度。

二、完善社会保障和供给体系，建立公共服务新体制

改革开放以来，我国初步建立了市场经济体制的基本框架，在大大地释放了社会生产力的同时也成功地解决了私人产品短缺的问题。但随着发展型新阶段的到来，社会的需求结构也进入了战略升级期，全面快速增长的公共需求与基本公共产品的缺失，及公共服务不到位的矛盾也日渐突出，当前以基本公共服务均等化为目标的公共服务体制的建立，成为新阶段发展方式转型的重大任务。

（一）创新公共服务体制，实现基本公共服务均等化

改革开放至今，社会结构发生了巨大的变化，利益主体也日益多元化，但重大利益机制并不相协调。从发展方式转型的现实需求来看，尽快对各级政府的基本公共服务供给责任的明确，创新公共服务体系的建立就极为重要。

1.制定适合全国范围的基本公共服务均等化的规划

当前，浙江、海南、广东等地已相继出台了基本公共服务均等化的地方规划。但从实践情况来看，实现公共服务的均等化是一项全国范围的系统工程，很多方面也只有在中央统一规划的情况下才能完成。尽快在全国范围实现基本公共服务的均等化，制定出全国范围的战略策划，使地方与中央职责清晰划分是当前的重要工作。

我国基本公共服务均等化面临着一个基础性问题——公共服务的标准不同意、不规范、不清晰。很多标准相对模糊，因此，尽快制定出全国统一的基本公共服务

均化的范围和标准就显得尤为重要。应当在基本公共服务的范围、种类、标准，等方面对全国性的标准加以规划。

2.建立城乡共同发展的基本公共服务体制

虽然我国的城市发展水平与乡村的发展水平有很大的差距，各方的服务水平也参差不齐，但是我国应该制定一个统一的标准，在以后的几年中，促进我国基层的公共服务方面的均等化，制定好的标准，逐步的促进我国城市和乡村的公共服务方面的统一协调。

（1）对农村现存的基本公共服务体系加以完善

对农村现存的基本公共服务体系加以完善，确保农村养老保险和其他社会保障的实现。解决农民工的基本公共服务制度实现城乡对接的问题，尽快推出能确保农民工子女平等享有义务教育的教育制度。

（2）实现城乡间基本公共服务制度的对接

随着我国城镇化水平的逐步提高，未来几年时间里，实现城乡基本公共服务制度的对接，对于经济社会的发展已经政治社会的稳定都具有相当重要和深远的意义。经济欠发达地区，鼓励有条件的地区先进行改革试点，在我国的欠发达地区，要努力提高我国的基本公共服务方面的水平，政府要预留出城乡公共服务制度的衔接口，努力促进我国公共服务方的制度措施有效的推进与发展。

（二）适应发展阶段调整，实现社会体制发展型转变

当前我国已经实现了由生存型阶段向发展型阶段的转换，社会体制的改革也应当以建设适应社会发展阶段的发展型社会体制为目标。发展型社会与生存型社会存在着明显的不同。一方面，市场和社会的逐步发育成为影响社会体制转变的基本因素，公民的权利意识也大大增强，在这种合力的作用下，政府在行使公职时应当相应调整与不断成长，让群体利益表达机制加以整合，构建出政府、市场、社会相协同治理的框架；另一方面，我国当前施行的社会政策仍处在"补缺式"的阶段，社会政策与经济政策的配合不明显，只有避免社会政策作为经济政策附属和补充的现状，才能形成与社会发展想适应的长期战略规划，形成有效的、整合的社会发展机制。

建设发展型社会体制的最重要就是建立起与经济政策相协调的、中长期的、内部整合的、积极的社会政策机制，在形成制度化的同时形成实现经济社会协调发展的体制。胡锦涛指出"加快经济发展方式转变，既是一场攻坚战，也是一场持久战，必须通过坚定不移深化改革来推动。没有制度上的重大突破，就难以实现经济发展方式的根本转变"。加大对提高经济参与和生活水平的社会干预。投资于人，注重对公民基本权利的保障，鼓励社会成员有效参与，形成能有效增进全体社会成员经济和社会能力的制度体系，让经济政策与社会政策能有效互补与融合，从而提高人力与社会资本的存量，达到推进经济社会全面发展的效果。

（三）提高社会组织的服务供给能力，实现与政府的合作关系

现存的社会问题是各种利益主体的利益突出严重，不能正确表达相应的矛盾是关键，政府与人们之间也存在着沟通方面的障碍，这些问题的存在在日积月累之中就形成大规模的群体性事件。要解决这些问题要通过大力推进社会建设，积极发展各类社会组织，才能实现政府与各利益群体间的有效沟通与合作。

1.积极开展对各类社会组织数量上的发展

经过多年的发展，在社会组织管理上，我国形成了管理登记机关与业务主管单位分别负责的双重管理局面。这种体制的存在就不可避免的造成了很多弊病的凸显，一来抬高了对社会组织登记的门槛；二来社会组织难以避免行政上的管制，官僚化的情况屡见不鲜；三来无法对业务主管部门的职能加以问责；四来对社会组织作用的发挥形成了限制和束缚。

一是改革现行的登记和管理办法，让双重许可的管理机制被社会组织监管委员会代替，对社会组织的登记、备案和监管等职能施行统一的管理，与此同时，对具有专业要求的民间组织给予资质认证和必要的业务指导。

二是依法对社会组织的登记门槛加以降低。在确保其能拥有良好的社会信誉和优质的社会服务的基础上，建立起适合社会组织的竞争机制和自律机制。通过建立一系列的内部质量监控制度、财务监督和公开制度，提供机构的财务透明度。加强对从业人员素质、能力的提高和培养，实现内部激励制度、诚信竞争制度的建设。

2.加大力度保障社会组织在发展中的自主权

实践表明，政府对社会组织职能的干预既不利于政府发挥其作用，也不利于社会组织的发展。当前我国政府改革的目标之一就是适度培养独立于政府和企业的社会组织，打破原有的政社结合的传统体制。这其中最重要的一点就是实现政府从部门利益和行业利益中的超脱，将身份从参与游戏的主体转换为制定公平、公正社会运行游戏规则的主体。逐步实现社会组织从领导人自选、活动自主、经费自筹等方面的改革。

与此同时，改变现存的对社会组织立法落后的现状。我国社会组织的建设与相关联的立法明显滞后于民间组织的发展。为此，抓紧制定社会组织的法律法规，真正意义上从法律层次上规范社会组织的职能、权利、义务、性质、地位等问题，解决法律法规方面的问题，建立一个与民间组织良好运转相匹配的法规体系。

三、加快推进体制机制建设，创建低碳时代新经济体系

当前政府面临的最大挑战就是低碳经济的发展。无论是最早提出这个概念的英国还是紧随其后的美国，政府都对本国低碳经济的发展进行了详细的部署。

全局把握来看，中国要实现好低碳经济的发展，提出长远规划和适应经济发展的管理机制是摆在政府面前的首要任务。加快结构优化升级时推动科学发展的重要途径，促进区域协调发展是推动科学发展的长期任务。

（一）推进能源资源价格改革

当前低碳经济与社会发展存在的诸多矛盾表明，发展低碳经济应该首要解决体制机制性问题。只有推进能源资源机制的改革，对市场供求关系、资源的稀缺程度和环境的损害成本确立一个合理的价格机制，发展形成健康有序的市场管理体系，并最终实现能源和资源的可持续利用。具体方法可以从能源资源价格机制的共同建立着手。

1.大力推动能源价格机制改革

能源方面的价格标准要以市场方面的导向为基础，建立一个能够自主竞争的市场机制，这样做一方面能够对各种能源产品的终端产业进行改革，另一方面也能对开发、加工等其他相关配套环节中的能源价格机制进行改革。杜绝能源价格上下游倒逼的现象，加大能源资源使用的税收征讨，加大对节约能源、保护环境的绿色高科技产业优惠政策的出台。提高《反垄断法》在能源资源行业的使用力度，增强政府在能源供给、储备、价格控制等领域的间接干预能力。

2.完善资源价格的形成机制

对能源企业进行相应改革，形成以法人治理机构为核心的制度，提出激励、约束机制，提高企业对市场价格履行的自觉性。通过深化改革消除制约广大社会需求的体制性机制性障碍，通过发挥好市场在资源配置中的基础性作用米扩大内需，既要发挥好政府这双"看得见的手"的作用，又要发挥好市场这只"看不见的手"的作用，广泛调动各方面的积极性和创造性，不断强化各方面在积极发展方面的活力与潜力。

（二）建立相应的财税支持体系

在哥本哈根会议上，中国首度对二氧化碳的排放标准进行了承诺，但就当前的发展状况而言，进一步量化各项指标并将其纳入政府绩效考核体系是相当重要的。目前我国财政体制与绩效考核体制双重并进，为确保经济的发展，很多地方政府不惜单纯追求GDP总量，与低碳经济发展的宗旨背道而驰。为此，将发展低碳经济的指标量化到各个省份，有地方向下逐步安排是各级地方政府控制二氧化碳气体排放、适应全球气候变化的最行之有效的办法。

大力发挥财税在调控经济发展上的杠杆作用，学习外来的成功经验，制定出相应的财税政策，完善消费税，征收环境税也是重要手段之一。尽管当前我国已有相应的消费税，但征收范围不够广，应将高能耗、高污染的产品和严重污染环境的产品纳入征收范围之内，对以不可再生资源为原料的产品施以重税，尽快研究制定环境税的征收办法，将对海洋、土地、淡水、森林等自然资源和稀缺性资源、耕地占用等列入环境税的征收范围，以此提高企业的生产成本，通过价格提升倡导绿色、低碳消费。

（三）建立可持续发展GDP导向的政绩考核体系

当前，我们应当通过建立和完善环境保护的长效机制，把环境保护摆在更加重要的战略位置。必须清醒地看到，节能减排面临的形势仍然相当严峻。低碳经济的发展需要政府制定一个中长期的规划，对国内相关标准、技术和管理程序都有一个明确的规定。英美、欧盟其他国家一级等世界主要的发达国家都基于各自在能源、环境、政治等方面的优势，扩大其全球性战略，加强了各个领域在低碳经济方面的规划。

中国可以从当前的实际出发，权衡气候发展、中长远目标与经济发展的轻重，充分考虑减少碳排放、能源及环境保护的协同效应。充分借鉴国外在发展低碳经济方面的成功经验，加速完成我国的重工业化改造，最大限度的实现清洁环保的跨越发展，减少潜在的碳排放对经济的影响。

应当认识到，正确的政绩观的核心是民生，领导一旦脱离了这一核心，就极有可能陷入以追求GDP为目的的"经济增长主义"的发展模式中，政府应当综合考虑资源、环境、人文、社会等因素，建立可持续发展GDP导向的核算体系。

辩证看待GDP，以可持续发展观为导向，创建可持续发展的制度环境，通过完善立法、法律监督、有效执法等手段为过持续GDP的实施提供保障。

四、打破发展主义的行政结构，构建以人为本新政府

现阶段中国进入了建立发展型社会的新时期，以公共服务为目标推进政府转型是反映人的自身发展的客观要求。在此要求背景下的政府转型，就是要求政府行政理念实现从"以GDP为中心"到"以人为本的发展为中心"的转变，完成从发展主义政府到公共服务型政府的转型，即从"官本位"到"人本位"的转变。

（一）扮演好制度性主体的角色，纠正增长主义政府的矛盾

金融危机过后，在政府的主导下，我国经济实现了快速复苏的迹象，但不可忽视的是由政府强力刺激出现的经济增长，往往是伴随扭曲市场作为代价。经济建设型政府造成的问题，通过权力干预加以解决，虽然在短期内能收到较好的效果，但从长远看负面影响不可估量。因此政府加快转型对振奋社会信心，鼓舞民间消费与投资都起到至关重要的作用。这就要求政府在经济、社会、行政等领域加快制度改革的不发。

一是实现经济领域制度创新。改革开放30年来，政府已对现代产权、企业、金融等制度实现改革，为进一步巩固改革成果，新阶段还要在公共财政制度、国有资

本管理制度等方面加以创新，以适应发展方式转变的现实需要。银行业应进一步加强对外开放和发展的程度，同时对证券市场推行深入改革，同时下大力气创新金融监管体制，营造良好金融交易环境。

二是实现社会领域制度改革。随着社会体制改革程度的深入，在建设基本公共服务制度，实现城乡社会管理体制、就业体制、户籍制度的统一，加快社会组织发展方面都需要实现创新。进一步健全全民最低生活保障制度，提高最低生活标准，进一步推进城镇养老和医疗保障制度，真正实现全面覆盖的医保制度，健全失业保险相关明细，从根本上保证失业人员利益。

三是实现行政领域制度创新。包括中央地方分工制度、政府问责制度、行政层次制度等在内的行政制度，都是在新阶段政府实现转型的重要内容，妥善安排相关制度是影响转型彻底与否的关键因素。从建立法治入手进行政治体制改革，在全体公民特别是各级领导干部中建立强烈的法治观念，通过完善司法体系，实现执政公正，通过进一步完善基层选举制度，逐步扩展基层民主，真正做到心为民所系，利为民所谋。

（二）扮演好经济性主体的角色，形成对企业服务的新局面

一个好的市场经济的形成，势必需要权力从对微观经济施行干预中脱离出来，切断权力与微观经济的锁链。随着我国施行的积极财政政策和适度宽松的货币政策的淡出，政府抽身微观经济也是客观趋势。趁机加快政府转型，推进垄断行业的改革，形成有利于民营经济、中小企业发展的制度条件将会为经济中长期持续发展创造出相当有利的条件。

1.施行科学有效的中长期发展规划，确保宏观经济政策的稳定性

现阶段我国经济体制转型需要特别关注的问题就是宏观政策与宏观调控如何在经济短期增长与实现中长期经济发展方式转型的兼顾。这就要求政府强化中长期规划的预测性，使经济发展方式转型真正落实到规划中去。

2.规范市场监管，形成公平良好的市场环境

政府需要借鉴现代市场经济通行的做法，加快对监管机构独立性、权威性、专业性的建立，来确保监管的有效性。减少过多对经济交易的干预，将其放入市场规律的发展循环之中。通过适当的监管与干预，营造良好的交易环境，实现经济的有序发展。

3.及时、公开地向全社会提供市场信息和经济信息，确保经济性公共服务通道畅通

准确、客观的经济信息既是经济发展方式转变的基础性条件，同时也是宏观经济科学性的保障。因此经济发展方式转型的关键点就是及时准确反映相关经济信息，保持经济性公共服务通道的畅通。

（三）扮演好社会性主体的角色，实现向为人的发展服务的转换

在这次应对金融危机保持经济增长中，政府在基本公共服务上投入了相当大的力度，对社会消费信心的提高，防止经济危机双向传导产生了重要作用。考虑到我国当前的国情，为加快发展方式的转变，实现政府的有效转型，可以将与人的发展直接相关的基本公共服务作为体现政府社会性公共服务主体角色的主要内容。

1.大力推进义务教育

教育是发展的源动力，同时也是经济增长和社会发展的基本条件。政府在推进义务教育基本国策的基础上，应确定统一全国的义务教育最低标准，保证全国的学龄儿童，不论男孩还是女孩、发达还是欠发达地区的孩子，包括外来务工人员的子女都能享有平等的受教育权，尽量确保经济极为落后地区的教育质量与其他地区的基本一致。

2.大力发展文化产业

政府工作报告明确提出，我们要大力发展文化产业，以高度的文化自觉与文化自觉发展属于民族属于世界的文化事业，着力加大精神文明建设，以文化带动经济的发展，对此，我们要加强文化产业的规划引导，发挥好文化服务平台的作用，培育出文化市场主体，完善文化经济政策，在加强对知识产权的运用和保护的同时，做好文化领域技术的研发与推广应用。

3.加大对基础医疗和公共卫生的投资

政府应当确定包括公共卫生服务与基本医疗保险在内的一揽子基本医疗卫生服务，为全体社会成员提供最基本而有保障的医疗卫生服务。毕竟拥有健康是对未来经济发展最大的投资。

4.提高基本社会保障

现阶段，基本社会保障制度在作为扩大内需的重要手段的基础上，同时肩负着社会安全有效运行基本途径的责任，而且对于和谐社会的建立与发展同时具有"减震器"的效果。政府应当加大对统一基本社会保障制度指导原则和政策的出台力度，同时对地方财政的社保支付方面加大转移力度。

5.提供有效的公共就业服务信息

收入的来源是就业，同时也是社会成员融入社会、赖以生存和体现人生价值的重要途径和基本权利。"要实施更加积极的就业政策，千方百计增加就业"。当前我国就业形势比较艰难，解决人民群众的就业问题是我国解决经济和社会发展过程中的一个重要的问题。加快对城乡和地区之间的就业服务差距的消除，特别是对城市农民工的公共就业服务力度地加大是维护社会和谐和发展方式转变的重要方面。

当前，中国已经站到了经济发展方式转变的十字路口，"构建社会主义和谐社会是转变经济发展方式提出的社会需要"，能否真正实现以公共服务为目标的转型，关

系到经历金融危机后实现保增长成果的巩固，关系到"十三五"时期乃至更长时间段里可持续发展的步伐。汲取多年来事业单位改革的经验和教训，把政府在公共服务方面的最终责任加以落实是建立多元化公共服务体系的前提，只有确保各级地方政府在公共服务供给责任上的明确化、法定化，才能保证政府基本公共服务绩效评价体系的有效施行。

第九章　我国商业银行金融创新趋势

金融创新是指金融机构在经营过程中，为追求利润而实施的对各种金融要素的重新组合，包括采用新技术，运用新的信用工具、推出新的金融业务、实行新制度等。金融创新能力的高低直接决定银行竞争力的大小，决定商业银行在市场竞争中的兴衰成败。金融创新已成为银行业的显著特征，并对银行业的发展产生了深远影响。目前，我国商业银行金融创新尚处于初级阶段，面对全球性的金融创新浪潮和日趋激烈的市场竞争，加强金融创新的研究对我国商业银行具有重要意义。

第一节　我国商业银行绿色金融创新概述

加入WTO后我国银行业对外开放的步伐明显加快，各类金融创新已引起了中国银行业的高度重视。同国际银行业发展状况相比，我国商业银行金融创新目前尚处于初级阶段，国内银行业金融创新仍存在着较多的问题和障碍，主要表现在以下几个方面：

第一，金融创新业务范围较窄，规模较小。目前开办得较为成功的新产品和业务主要集中在个人住房贷款、汽车消费贷款、代收代付、信用卡、票据贴现等少数领域，网上银行、代客理财、金融租赁等尚处于起步阶段，而金融衍生工具、投资银行业务、国际金融业务等众多业务领域仍有待开拓。金融创新规模仍然较小。由于发展规模小，金融创新在提升银行竞争力，改善银行经营状况方面发挥的作用十分有限。

第二，金融创新研发能力不足。目前我国商业银行金融创新绝大多数为吸纳型、模仿型创新，而真正自主研发的原创型金融产品很少。国内商业银行创新手段停留在较低层次，难以针对市场需求独立开发出高技术含量、高附加值的金融产品和业务，这表现出国内商业银行金融创新研发能力的不足，实际上也反映了国内银行业高素质金融创新人才的缺乏。

第三，完善的金融创新体系尚未形成。国内各商业银行基本上都没有建立起健全的金融创新组织体系，金融创新活动缺乏统一管理和整体规划，创新效率低下；完整的产品开发、营销、反馈体系也没有形成，致使产品的开发和营销严重脱节，大量金融创新产品市场推广不力，已面市的产品缺乏必要的维护和改进，客户意见无法及时反馈，不仅削弱了产品的市场生命力，也不利于银行产品开发能力和金融创新水平的提高。

第四，国有商业银行金融创新缺乏内在动力。国有商业银行产权结构单一，国家是其唯一的产权主体，独占国有资产的剩余索取权，作为没有独立经济利益而处于代理经营地位的国有商业银行在经营过程中，必然缺乏追求利润最大化的动力机制。同时，国家为商业银行经营风险承担着无限责任，使国有商业银行风险意识淡化，难以有意识地、主动地通过金融创新，防范化解金融风险。制度安排上的缺陷是制约国有商业银行金融创新的主要障碍，也是导致国有商业银行创新无内在动力的最重要原因。

第五，金融创新的外部环境有待改善。同西方国家相比，我国仍存在着较严格的金融管制，抑制了国内商业银行金融创新的积极性和主动性。现行的金融分业经营、分业监管模式，限制了银行业金融创新的空间。社会公众金融意识不强，社会信用体系不健全，也在客观上阻碍了国内商业银行的金融创新。推动我国银行业金融创新有待于我国金融市场的发展和完善。

第二节　我国银行金融创新存在的问题及原因分析

金融产品创新是商业银行运用新思维、新方式和新技术，在金融产品或服务、交易方式、交易手段以及金融市场等方面的创造性活动，从而实现银行经营利润最大化和风险最小化的一系列经济行为过程。金融产品创新是一个相对的概念，它不仅仅指银行业对产品进行的完全自主的原创性的开发，还包括引入国外已经成熟的产品、对原有产品功能的拓展、产品间的组合和重新组合、产品的重新市场定位等。金融产品创新保证了产品的多样化和服务的特色性，使客户从中得到方便和利益。随着我国金融业全面对外开放的步伐不断加快，外资银行的业务范围开始大量延伸，并且因为其拥有丰富的经验、灵活的机制以及前沿的经营理念，给国内商业银行带来了严峻的挑战。为应对日益严峻的经营形势，国内各商业银行必须不断排除制约我国商业银行产品创新的障碍，塑造高效完备的产品创新机制，以推动我国商业银行金融产品的更新升级，增强其在国际市场中的竞争能力。

一、我国商业银行产品创新存在的问题

（一）金融产品创新层次较低

我国商业银行的产品创新主要表现为外延式的数量扩张而非内涵式的质量提升，吸纳性的多，原创性的少，同质化现象比较突出。产品创新的范围虽广，但大多数

属于易于掌握、便于操作、科技含量少的低层次金融产品，而科技含量多、智能化程度高、不易模仿的创新还比较少。各家银行推出的创新产品大多是在传统存款、贷款、票据、投资、结算、担保等业务基础上的创新，缺乏期权、期货、票据发行便利等复杂的衍生金融产品创新，以及各类金融产品组合创新，这就使得我国商业银行金融服务的广度和深度还很不够。

（二）金融产品创新结构较单一

在已有的创新性金融产品中，负债类产品创新明显多于资产类产品创新。而且在资产类创新产品中，真正能够兼顾保证收益、便于流动、转嫁风险的低成本营销型产品更是匮乏。此外，我国商业银行新产品的发展规模较小，在银行的整体业务规模中占比低，难以起到调整优化整体资产负债结构的作用，也难以产生相应的规模效应。金融产品创新结构的失衡破坏了银行金融产品创新本应具有的整体协调性，降低了金融产品创新的功能和作用。

（三）金融产品创新目标模糊

商业银行产品创新的动机一般有两个目的：一是追求利润，从创新中牟利；二是规避管制，增加经营的灵活性。总之，对市场份额和资源的争夺与占有以及利润的诱惑是市场经济下金融创新的真正动机。但我国金融创新却存在一定偏差，往往尚未经过系统的策划和研究，未充分考虑成本与收益、需要的技术条件、市场需求程度、推广的经济规模等，就推出一项金融创新产品，从而出现了创新的微观动机偏重于在无序竞争中抢占市场份额，以及不计成本甚至负效益的金融创新产品。

（四）金融产品创新信息沟通不畅

从总体上看，我国商业银行的产品创新与市场营销之间尚未形成有机高效联动。由于在一些新业务的设计和开发上，尚未形成系统性、前瞻性的产品需求方案，对新产品宣传营销的针对性也不强，加之相应的服务、科技手段不配套，进而导致一些新业务推出后市场反应平淡、收效不大，对银行效益增长的贡献度不高。此外，虽然我国商业银行近年来采取多种手段推广金融新业务，但效果不明显。如网上银行业务，在信息网络日益发达的新形势下，理应得到很好推广，但由于宣传不到位，业务发展缓慢，目前还基本处于上门推销阶段。还有一些代收代付服务系统，未经过充分考察论证就盲目开发软件、购置设备、培训人员，但代理一段时间后，对方却以种种理由不再续约，造成人、财、物的浪费。

（五）金融产品创新风险意识较弱

实践表明，商业银行的金融创新在转移和分散金融风险的同时，又会产生新的风险。因此，如果没有一套行之有效的风险约束机制，金融创新不仅不会带来效益，反而可能因违规经营而增大风险。当前，我国商业银行的产品创新和制度规范之间存在时间间隔较长、空间差异较大等问题。在时间上，往往是产品创新在前，而制度规范在后，且间隔时间较长。在空间上，各地区和各分行之间进度不一、方法各异。这种管理不规范的状况，使得产品创新具有较大的随机性，带有较多的风险隐患。

二、对策建议

在当今社会发展的大趋势下，可持续发展是国家关注的重点，企业资金来源渠道单一会阻碍企业发展。因此融资、投资方式及方向决定了企业的经济效益。投资、融资等都是存在于社会金融体系中的，但中国现有的经济与政治状况制约了绿色金融在中国的推广。

（一）观念创新

认真抓好商业银行观念的创新。任何一种创新，首先都是观念的创新，没有观念的创新，就不会有其他方面的创新。我国的商业银行必须适应经济发展的需要，尽快从传统观念中解脱出来，只有这样，才能产生新的思想，才会找到解决问题的新方法。

1.坚持以人为本的管理思想

当前商业银行要进一步树立以人为本的管理思想，逐步建立起能使每一个员工都有机会施展才能的机制，创造一个有利于员工的知识、技术、能力培养和提高的环境。使员工特别是核心人才的主动性、积极性、创造力得到充分的发挥，在员工潜力释放和自我价值的实现过程中促进商业银行产品创新的发展，达到员工与银行的共同发展，实现"双赢"。要进一步建立市场化的人力资源管理机制，完善竞争机制和以经济增加值为核心的考评体系，将银行发展与员工的收入紧密挂钩，使对银行发展贡献大的员工名利双收，创造有利于优秀人才脱颖而出的环境，建立有效的激励约束机制和科学完善的培训制度。

2.强化情感管理

在大同小异、目不暇接的金融商品面前，商业银行仅靠金融商品的功能特点已经愈来愈难以唤起客户的热情。现代商业银行营销创新活动已从现代化、机械化的金融服务提升为以人为本的情感型服务。这种金融服务的特征是客户在信用消费之前可以将自己想购买的金融商品概念化和图像化，商业银行借助科技和信息工具及时获得消费者具体而生动的需求信息，并将信息传递到相关的部门；从而根据不同的要求推出各种极具个性化、富有针对性的金融商品，以满足日益个性化和多样化的消费者需求。商业银行通过情感型金融服务创新，给客户以某种信任、荣誉、情感、性格、爱好等方面的满足，这也就是所谓金融产品的"第二价值"，这是一种充满人性与文化，意蕴深刻的产品创新。

（二）战略创新

在现代经济社会中任何组织得以生存的关键在于它对环境变化的适应性，以及需要在创新业务时拥有自我调节的能力，而这些都必须通过预先的战略规划和战略实施，才能有效控制组织的行为。

1.品牌战略

随着WTO过渡期的终结和中国金融业市场化、企业化、信息化、全球化趋势的出现，中国金融市场的竞争日趋加剧，金融产品品牌已经成为现代金融企业最具核心竞争力的资产。品牌之所以能够受到经营者的青睐，就在于它能以其现有价值换取未来的现金流量，将其无形资产源源不断地以增值的形式生成、转化为有形资产，为经营者带来可观的利润。以发展为主题、以效益为中心、以质量为基础的经营思路，为银行产品创新、实施品牌战略提供了充分的可能与机遇。加强品牌建设，提高品牌意识，以品牌化管理探索集约化经营的道路，实现低成本、低风险、高效率、高效益，是提高综合竞争实力、实现精品银行战略目标的重要途径。

2.地域战略

随着经济的发展和人们金融意识的普遍增强，社区金融需求会日益旺盛，对金融需求也日趋多样化，同时由于社区居民在家庭构成、职业、收入、知识结构等方面存在巨大差异，金融需求也颇具个性化。银行应根据社区金融需求的特点，深入社区，为社区居民提供贴心、贴身、个性化、便利化的金融服务，关心社区人民的生活，这样才能真正把个人金融业务市场定位于社区，真正体现"以客户为中心"的服务理念。同时也有利于银行金融新产品的营销，拉近银行与客户的距离，培养客户的"忠诚度"。

（三）科技创新

知识经济时代，先进的计算机和通信网络，高度发达的信息服务体系，保证了商业银行能够全方位、大容量地进行产品创新，并且产品更新换代快，成本越来越低。自动化、电子化、网络化和虚拟化的银行服务将最终代表新崛起的商业银行的明天。面对知识经济的挑战和国内外两个市场的竞争，我国商业银行必须充分利用先进的电子计算机和通信设备，不断提高银行服务手段的现代化水平，用科技创新推动金融产品创新。

（四）产品开发及评估模式创新

金融市场竞争的核心是金融产品的竞争，金融商品是商业银行打开市场、占领市场和获得客户的关键。谁能不断开发和推出适合客户需求的金融商品，并不断进行金融商品的升级换代，提高金融商品的技术含量，谁就能取得更高市场份额和获得更多客户。

产品创新要以市场为导向，即根据市场需要来开发金融产品。注重对市场的研究、跟踪分析，预测经济形势、研究产业结构布局，关注区域经济、行业经济、要素市场的发展动态，认真分析市场环境中的新情况、新政策、新机遇，为业务创新提供新思路。要以效益为目标，产品创新必须遵守成本效益的财务核算原则，在市场指导下，在客户满意的基础上，不断研发和创新具有较强竞争力、较大市场份额、较高附加值的主导产品，实现自身效益的最大化。

（五）监管创新

稳健开展产品创新活动，必须建立健全一套完整、有效、合理的风险管理体系与内控机制。要对创新过程中可能发生风险的各个环节逐一加以改进，从制度建设、工作方法直至整个经营过程予以强化，做出防范和化解金融风险的应对措施。总行的决策机构和风险管理部门要建立一套全过程的、动态的跟踪管理体系，最大限度地减轻产品创新可能带来的负面影响。对一些目前还不具备发展条件、投机性和虚拟性强的金融产品创新，应认真研究，严格控制，审慎发展。要积极引进知识层次高、实践经验丰富的法律、金融、管理等方面的专家，增强监管人员的识别能力，提高监管队伍的整体素质。此外，我国对银行产品创新一直没有一个科学、规范的管理制度，所以，应加强有关这方面的立法，使商业银行产品创新在正常的轨道上稳步发展。

第三节　我国银行金融创新途径分析

我国商业银行在加快推进金融创新时，一方面，要充分考虑国内金融创新的现状，另一方面，应顺应国际银行业的金融创新趋势，选择合理的创新途径和发展对策。

第一，以产权制度为核心，重塑市场主体，激活创新的内在动力。当务之急是按照市场经济要求进一步明晰我国金融机构的产权关系，加大国有商业银行的股份制改革力度，改变现行的经营管理体制，扩大基层分支机构经营自主权，允许其可根据市场需求和竞争进行灵活的创新。

第二，大力提升技术创新能力。技术创新指伴随科学技术和管理技术的发展，为了降低银行交易成本、提高银行交易效率而在交易手段、交易方法和物资条件方面进行的创新。电子信息技术在银行经营管理中的全面运用是技术创新基础。我国金融机构与外资金融机构在技术方面的差距，以及市场竞争对技术创新的需求，为我国金融机构进行技术创新提供了机会和空间，通过银行管理信息系统，以及业务操作技术平台的建立，可以全面提高业务和管理的技术含量，为银行适应市场、提高效率、降低成本、控制风险和完善功能创造条件。

第三，积极、稳妥地进行业务创新。从入世后我国金融竞争环境和发展趋势来看，我国金融机构确保目前发展势头好的业务，同时创新的重点放在大力发展个性化、人性化的个人金融业务。同时要加强金融工具创新。鼓励金融机构在保持常规金融业务品种外，大力开拓中间业务、表外业务，推行电话银行、信用借记卡、代客理财等业务；继续发展封闭式基金，积极推行开放式基金；适时推出以银行同业拆借利率为基础的浮动利率存款、浮动利率贷款等新型银行业务品种；拓展商业保险品种，发展投资类保险和组合保险；探索资产证券化试点等等。

第四，要转变金融经营方式，实现经营方式的创新。要实现经营方式的创新必须改变落后的、制约发展的经营方式。一是改变粗放性经营，走集约性经营的路子。二是由以物理网点为基础的经营方式向物理网点与虚拟网点并重的经营方式转变。在对传统银行业务进行集约化的同时，加大技术投入，再造业务流程，大力发展服务于电子商务的网上银行新型经营方式，是我国金融创新的必然选择。三是由产品推销的经营方式向市场营销方式转变。经济全球化为发展潮流，通货紧缩趋势有所表现的今天，我国金融机构应认识市场现状和趋势，走出家门寻找优良客户，做好市场营销工作，满足现实和潜在需求，引导并激发客户消费倾向，商业银行才能在激烈的竞争中立于不败之地。因此，建立市场导向型经营方式是我国金融机构发展中的迫切任务。

第五，加大金融制度创新力度，为金融业务创新提供保障。金融制度的创新既是广义金融创新的构成部分，同时又是狭义微观金融创新必不可少的外部条件。金融制度的创新必须与国际金融创新的潮流相吻合，即逐步放松金融管制和不断改善金融监管。

参考文献

[1]李锦娟著.财务管理理论及金融创新探索[M].吉林出版集团股份有限公司.2019.

[2]王华兵主编.财务管理[M].北京：高等教育出版社.2019.

[3]刘向荣责任编辑；王庆安.金融市场学第2版[M].北京：人民邮电出版社.2019.

[4]金融科技[M].北京：机械工业出版社.2019.

[5]樊春燕著.财务会计与资产审计管理研究[M].吉林出版集团股份有限公司.2019.

[6]朱新蓉主编.金融市场学[M].北京：高等教育出版社.2019.

[7]肖奎喜著.商业银行供应链金融运行机制研究[M].北京：人民出版社.2019.

[8]（美）约翰·贝斯特（John Best）.数字化金融人工智能区块链云计算大数据与数字文化[M].北京：人民邮电出版社.2019.

[9]人民日报全国党媒公共信息平台编.质普惠畅金融[M].北京：中国金融出版社.2019.

[10]（中国）肖小和.中国票据市场创新研究[M].上海财经大学出版社.2019.

[11]投行小兵著.IPO财务核查解决之道[M].北京：法律出版社.2019.

[12]郑亮，黄爽，田天责任编辑；（中国）中国企业联合会管理现代化工作委员会.全国企业管理现代化创新成果第二十五届[M].企业管理出版社.2019.

[13]陈中放.企业价值挖掘与管理实务[M].杭州：浙江大学出版社.2019.

[14]王竹泉主编.营运资金管理[M].北京：高等教育出版社.2019.

[15]侯旭华编著.保险公司会计[M].上海：复旦大学出版社.2019.

[16]中国银行业协会银行业专业人员职业资格考试办公室编.银行管理[M].北京：中国金融出版社.2019.

[17]（中国）杜惠芬，王汀汀.公司理财[M].沈阳：东北财经大学出版社.2019.

[18]（中国）汝玲，邓银银.管理学基础理论、实务、案例、实训[M].沈阳：东北财经大学出版社.2019.

[19]宋学军责任编辑；周彦平，孙娜.期货公司与信托公司会计实务[M].中国财

政经济出版社.2019.

[20]胡诗阳，刘媛媛，杨文君著.商业银行从事理财产品业务的影响因素和经济后果研究[M].重庆：重庆大学出版社.2019.

[21]梁积江，李媛媛编著.企业资本运营管理[M].北京：企业管理出版社.2019.

[22]中公教育银行业专业人员职业资格考试研究中心.2019银行管理考前必做1000题银行业专业（中级）实务[M].上海：立信会计出版社.2019.

[23]中央财经大学政信研究院.中国PPP蓝皮书中国PPP行业发展报告2018–2019[M].社会科学文献出版社.2019.

[24]黄登仕主编.西南交通大学经管教研集刊[M].中国经济出版社.2019.

[25]龙子午，罗绍明编著.企业会计模拟实训[M].北京：清华大学出版社.2019.

[26]栾华著.投资银行学[M].北京：高等教育出版社.2019.

[27]李利斌.现代企业管理实务第2版[M].电子工业出版社.2019.

[28]崔澜主编.银行会计实务[M].大连：大连理工大学出版社.2019.

[29]袁森庚著.科创板上市实务精要[M].中国经济出版社.2019.

[30]汝涛责任编辑；王岩.人力资源管理应用·技能·案例·实训第2版[M].上海财经大学出版社.2019.

参考文献